松尾聰遺稿集

I

中古語
「ふびんなり」の語意

笠間書院

松尾聰遺稿集　全3巻

編集責任　松尾光　吉岡曠　永井和子

第Ⅰ巻　中古語「ふびんなり」の語意
第Ⅱ巻　『源氏物語』――不幸な女性たち
　　　　付「松尾聰略年譜」
第Ⅲ巻　日本語遊覧［語義百題］
　　　　付「松尾聰著述目録」

1955年ごろか。NHKラジオ録音室にて。

1954年ごろか。自宅にて。
左は妻・八洲子

1972年ごろか。
岐阜県・郡上八幡にて。

1967年３月謝恩会、教え子らと。
前列右から瞭、吉岡曠氏、一人おいて聰、左端永井和子氏。
東京・椿山荘にて。

松尾聰遺稿集 I

中古語「ふびんなり」の語意

目次

全3巻構成…vi　凡例…ix

中古語「ふびんなり」の語意

源氏物語…3　宇津保物語…15　落窪物語…29　枕草子…31　浜松中納言物語…32　夜の寝覚…33　狭衣物語…36　大鏡…38　栄花物語…50　今昔物語集…53　古本説話集…69　今鏡…71　在明の別…73　とりかへばや…74　宇治拾遺物語…76　保元物語…87　平治物語…90　平家物語…101　沙石集…110　十訓抄…116　とはずがたり…123　徒然草…129　増鏡…133　曾我物語…135　義経記…152

語意・語義

語の意味の移り変わり……164
三百代言的「もぞ・もこそ」解義……166

語義さぐりそぞろ言――「うつくし」の場合……169
源氏物語などの「うつくし」の語意について……177
「おもしろの駒なりけりや」「うつくしくめでたき御宿世ども」など
――中古の「おもしろし」「うつくし」の語意……182

諸本解説・諸本との出会い

『小夜衣』解説……216
『能因本枕草子』解説……222
学習院大学蔵『珊瑚秘抄』……229
浜松中納言物語末巻との出会いの頃のこと……236

研究余滴

新版『校異源氏』夢物語……242

百人一首の一つの歌について……247
繋ぎのための仕事をして〔国文学研究資料センター設立推進連絡協議会〕……253
十周年にあたって〔国文学研究資料館〕……255
一つの提案……259

書評

新刊紹介　橋本佳氏著『校本夜半の寝覚』と
藤田徳太郎、増淵恒吉氏著『校註夜半の寝覚』……264
書評　岸上慎二氏著『清少納言伝記攷』……274
書評　山岸徳平氏著『堤中納言物語評釈』……281
書評　鈴木弘道氏著『平安末期物語の研究』……287
書評　伊原　昭氏著『平安朝文学の色相——特に散文作品を中心として』……293

書評　三浦和雄氏著『文語文法　用例と論考』……………………299
書評　久下裕利氏著『変容する物語――物語文学史への一視角』……………305

＊　＊　＊

「あとがき」の前に　学者としての松尾先生……………………吉岡　曠……309
「あとがき」の前に　お別れの言葉……………………永井和子……314
あとがき……………………………………………………吉岡　曠……317
あとがき……………………………………………………永井和子……320

第II巻の構成

松尾聰遺稿集 II

『源氏物語』不幸な女性たち

目次

『源氏物語』――不幸な女性たち

（付）不幸な女性たち

女性の嫉妬――光源氏をめぐる女性たち

冗言補説

源氏物語　小論

源氏物語の本文

夕顔の巻の「心あてにそれかとぞ見る」の歌の「それ」は誰をさすか

「むらさき」巻頭言

ある読者との往復書簡

――『源氏物語』の「侍り」「侍る」、「御」の読み方

随想　出会い／別れ／回顧

K（薫）の死

『全釋源氏物語全十五巻』著者のことば

毎日をベートーヴェンと

昔話――昭和十年代のこと

阿部（俊子）先生のこと

回想――学習院との御縁のつきはじめから

国文科事始覚書

はがきも書かない若者たち

随想――教室での三島由紀夫

杉敏介先生とのめぐりあい

――真正の学問を悟らされる　他

追悼文／追憶

小高敏郎氏への弔辞

一つ二つの思い出（追悼・鈴木知太郎さん）

前社長（笠間書院）池田猛雄さんのこと

追憶・麻生磯次先生

近藤（忠義）さんと私

追悼宮本三郎先生

思い出すままに（三條西公正氏追悼）

偲びまつる（小西謙先生）

もう一つの偉大なお仕事（田中重太郎さん追悼）

弔辞・山岸徳平先生　他

松尾聰　略年譜

あとがき……………………………………松尾　光

第III巻の構成

松尾聰遺稿集 III
日本語遊覧
［語義百題］
目次

1 頑張る
2 頂く
3 官・公・私
4 たべる・あげる
5 「ん」と「ま」
6 あなた
7 従いまして
8 当て字
9 従来から
10 歓送会
11 恋人
12 思ふ・したふ・愛する
13 「おぼつく」ということば
14 「他人事」と「一段落」
15 の言葉・わ言葉
16 「お召しあがりになられる」
17 自称代名詞「おれ」
18 敬語のインフレーション
19 「申す」と「参る」
20 隠語
21 漢語の「申」と「参」
22 御承知願います
23 「承知」余談
24 へんしゅ・かっしゅ・かでん
25 「降灰」と「魚貝」の読み方
26 「魅入る」という表記など
27 波乱万丈
28 見れる・これる・たべれる・でれる
29 むくわれる
30 「いまい」か「いるまい」か
31 「蹴れ」と「蹴ろ」
32 とても
33 程度強調の現代語副詞のいろいろと中古語「いと」
34 弱冠
35 私淑
36 腰折れ・管見・学兄
37 挨拶語「おはようございます」と「さようございます」と「さようなら」
38 謙称につかう「小」
39 手紙の書式・「殿」「様」など
40 「迷惑」という言葉
41 命名
42 「屁理屈」と「小理屈」
43 敬称の接尾語「さん」
44 脇付けの「恵存」
45 「みいだす」と「いまだに」
46 「生き作り」と「生け作り」
47 偽・老舗
48 「よい」と「よろしい」
49 風立ちぬ、いざ生きめやも
50 「学生ら」と「学生たち」
51 短くてありぬべきもの人の娘の声
52 「一期一会」という言葉
53 「おもしろい」という言葉
54 「空恐ろし」の意味
55 「おびただしい」という言葉
56 「おもしろい」という言葉再説
57 わらふ・ゑむ・ほほゑむ
58 「ささめく」と「さざめく」

59『源氏物語』の「うつくし」
60『平家物語』など中世の「うつくし」
61中古語の「びびし」は「美美し」ではない
62「生きざま」という言葉
63「かならずや」の「や」の意味
64ウオとサカナ
65犬も歩けば
66ろくでなし
67地震
68「ら抜き言葉」再説
69一泊どまりの旅行にゆく
70「着がえる」という言葉
71人・みたく・部分
72彼女
73複数をあらわす接尾語再吟味
74「絵を描く」
75あとで後悔する
76こちらにおりますのは××先生です
77雄鶏・鳥・鶯は、なんと鳴くか
78ほととぎすの鳴き声は
79内申書
80内申書（つづき）——「内申書」のなかった頃の小学生の育ち方——
81方言コンプレックス——「いじめ」の問題と関連して——
82方言コンプレックス——「いじめ」の問題と関連して——（つづき）
83「内申書」補遺——自分の子の教育に関連して——
84「いじめる」——学校でいじめられて自殺する少年少女があるのに関連して、「いじめ」という言葉の意味を調べてみての報告——
85「いじめる」のつづき
86旧制高校的な「友情」が死語になった当然のわけ——結論に行きつくまでの長い長い冗舌には御容赦あれ——
87（ア・イ・エ・サ・ナ・ネ・ノ）
88挨拶のことば
91「ちょっと」の意味の多様性
92韻文のことばによる「韻文体の文章」
93「埃・鼻糞」からはじまる故老たちの夢物語
94「うつくし」と読もうか「うづくし」と読もうか
95郵便物投函方心得しかと申しつけ候の条々……なお遺漏有之候節は追って通達申し入るべく候
96田居
97三島由紀夫君、割腹自殺のころ
98へらず口
99「ことばのもと」さがし
100県知事と名菓

松尾聰著述目録……………………………………（松尾光作製）
あとがきにかへて……………………………………………松尾八洲子

凡　例

一　表記は元原稿を尊重したが、漢字は原則として通行の字体に統一した。引用文以外の仮名づかいは、原則として新仮名づかいに改めた。

二　必要と思われる漢字には適宜振り仮名を施した。

三　題名に付されているパーレン内の語句は元原稿にはなく、補足的に編者並びに編集部が付した。

四　本文中、必要と思われる個所には語句を補い、その旨を明記した。

中古語「ふびんなり」の語意　1～12

＊本稿は、「国語展望」（尚学図書）誌上に一九九一年二月より、一九九六年一一月まで連載されたものである。

源氏物語

『源氏物語』野分の巻は、秋八月、野分（台風）の俄かな襲来で始まる。祖母大宮の三条邸から父源氏の六条院にとりあえず見舞いに参上した夕霧は、大宮が心細がって風の音をも幼児のようにこわがっておられるようだから、おいたわしいので、これからそちらにまいりますと言うと、源氏は、大宮に同情して、「早く伺え」といって、大宮へは「かく（野分ノ風ガ）騒がしげにはべめるを、この朝臣（夕霧）さぶらへば（安心ダ）と思ひ給へ譲りてなむ」と伝言させる。大宮は夕霧を「いとうれしう頼もしと待ち受け」なさった。翌朝、夕霧は、「六条院では離れの建物などが倒れた」などと聞かされて、まだほの暗いうちに六条院に参上する。その折の源氏と夕霧との会話。

（源氏）「いかにぞ。昨夜《よべ》、宮は待ち喜びたまひきや」。（夕霧）「しか。はかなきことにつけても涙もろにものしたまへば（チョットシタコトニモ涙モロクテオイデデスノデ）、いとふびんにこそ侍れ」と申し給へば、（源氏）「いまいくばくもおはせじ（モウアマリ長イオ命デモアルマイ。〔大宮ノ年齢ハ不詳デアルガ、夫ノ故左大臣ト同年齢グライトスレバ、七〇歳グライ〕）。まめやかに仕うまつり見えたてまつれ。……」などのたまふ。

（『日本古典文学全集　源氏物語三』P264）

右の本文のうちの「いとふびんにこそ侍れ」の「ふびんに」について、『日本古典文学全集』（昭

47・阿部秋生・秋山虔・今井源衛氏校注・訳）は、

どうも困り果てでございます。（P264）

と解かれるが、同じ著者阿部秋生・秋山虔・今井源衛氏に新しく鈴木日出男氏を加えた『完訳日本の古典　源氏物語五』（昭60）では、

おいとおしゅうございます。（P276）

に変わっている。「困り果てる」ならば、ただ夕霧が困り果てるのであって、相手の大宮のことは何も考えられていないわけであるが、「おいとおしゅう」ならば、相手の大宮の身をいたわる夕霧の心情の表出である。従って、どちらの意味にとってもよいというものではなく、どちらかに決めなければならない。それを決める方法としては、『源氏物語』における他の用例に加えて、この『源氏物語』の作られた頃前後に成立していた他の仮名物語・日記類を中心とした諸文献の用例を吟味することしかない、ということは今更ことわるまでもないであろう。以下、その用例を、現在、語索引の公にされている諸書について調べてみるが、その前に、念のため、右の野分の巻の「ふびんにこそ侍れ」について『日本古典文学全集』・『完訳日本の古典』のほかの諸注ではどう解かれているかを報告しておこう。

○「困ります」と解くもの

1玉上琢彌氏『源氏物語評釈　五』（昭40）――たいそう困ります。（P459）

2中田武司氏『完訳源氏物語』(昭61)――とても困ってしまいました。(P676)

○「おかわいそう」「お気の毒」「おいとおしゅう」などと解くもの

3佐伯梅友氏『源氏物語総釈　三』(昭12)――まことにお気の毒でございます。(P313)

4窪田空穂氏『現代語訳源氏物語　四』(昭23)――まことにお可哀さうでございます。(P125)

5佐成謙太郎氏『対訳源氏物語　三』(昭26)――ほんとうにおかわいそうに存ぜられます。(P902)

6谷崎潤一郎氏『潤一郎新訳源氏物語　三』(昭31)――お可哀さうでなりませぬ。(P207)

7五十嵐力氏『昭和完訳源氏物語』(若菜上の巻途中までの訳文)(昭34)――どうもお痛はしくって堪りません。(P444)

8池田亀鑑氏『朝日古典全書　源氏物語　三』(昭42一二版)〔初版ハ昭25〕――お気の毒でございます。(P223)

9石田穣二・清水好子氏『新潮日本古典集成　源氏物語　四』(昭54)――とてもお気の毒でございます。(P131)

北村季吟『源氏物語湖月抄』・金子元臣氏『定本源氏物語新解』・吉沢義則氏『対校源氏物語新釈』・山岸徳平氏『日本古典文学大系　源氏物語』には右の部分の本文についての注はない。

さて『源氏物語』では右掲の野分の巻の用例のほかに八例が見える。

1 （源氏ハ六条辺リノ忍ビ歩キノ頃、五条ニ住ム大弐ノ乳母ノ病気ヲ見舞ッタガ、突然ノ来訪ナノデ門ガアイテイナイ。漸ク乳母子ノ惟光ガ出テ来テ）「鍵を置きまどはしはべりて、いとふびんなるわざなりや。物のあやめ見たまへ分く人もはべらぬわたりなれど（コレガ源氏ノ君ノ御車ダナドト物ノ区別ヲ見分ケサセテイタダクヨウナ人モオリマセヌ界隈デゴザイマスケレド）、らうがはしき大路に立ちおはしまして」とかしこまり申す（オワビヲ申シ上ゲル）。

（夕顔『日本古典文学全集』P211）

右の「いとふびんなるわざなりや」は、『日本古典文学全集』は「まことに困ったことでございます」、『完訳日本の古典』は「まことに不都合なしだいでございます」、『日本古典集成』は「不都合なことでございます」と解く。新釈は「不都合千万」、全書は「寔に不都合な事でございました」、昭和完訳は「大層失礼いたしました」、評釈は「申しわけもない次第でございます」と訳し、別に「不都合な。困った」と注する。大系は無注。

これを「あなたさま（源氏）にとってお気の毒なことでございます」と解こうとして解けないこともない（評釈の「申しわけもない」は、あるいはこれに近いか）が、それなら、それなりに然るべき敬語（丁寧語）が添えられていてほしい感じがする。やはり惟光がわだけの感想とみてよいであろう。

2 （源氏ハ夕顔ヲ伴ッテヒソカニ某院ニデカケル。オ供ハ夕顔ノ侍女右近ト惟光ト随身ナド一、二人ダケデアル。院ニ着クト留守番ノ男ハ）「御供に人もさぶらはざりけり、ふびんなるわざかな」とて、（ソノ留守番

ハ）睦じき下家司にて、殿（源氏ノ舅ノ左大臣家）にもつかうまつる者なりければ、参り寄りて、「さるべき人召すべきにや」など申さすれど（右近ヲ通シテ源氏ニ申シ上ゲルガ）、「ことさらに人来まじき隠れ処《が》求めたるなり。さらに心より外に漏らすな」と口かためさせ給ふ。（夕顔　全集P234）

右の「ふびんなるわざかな」は、全集は「具合のわるいことでございますな」、完訳は「不都合なことでございますな」、集成は「不都合なことで」、新釈は「それは甚だけしからぬ事です」、全書は「不都合なことでございました」、昭和完訳は「まことに不都合なことで御座いますなあ」、大系は「不都合な事であるよ」、評釈は「不都合な事で」（別に「都合がわるい、困る」と注する）と解く。これも「あなた様（源氏）にとって、甚だお気の毒なことでございますね」の意とは解けないであろう。

3（夕顔ノ急死ノアト源氏ハ病ンデ二条院ニ引キ籠ッテイル。帝ノ御使トシテ頭中将（葵上ノ兄）ガ来タノニ対シテ御簾越シニ話ス。乳母ノ病気見舞ニ行ッタラ、タマタマソノ家ノ下人ガ死ンダ穢ニ遭ッタノデ）「神わざなる（神事ガ行ワレル）頃、いとふびんなることと思ひ給へかしこまりて、え参らぬなり（参内デキナイノデス）。この暁よりしはぶき病み（咳ノ出ル病気）にや侍らむ、頭いと痛くて苦しくはべれば、いと無礼《むらい》にて聞ゆること」などの給ふ。（夕顔　全集P248）

右の「いとふびんなること」は、全集・完訳は「まことに不都合なこと」、集成も「まことに不都合なこと」、新釈も全書も大系も「不都合なこと」、昭和完訳は「甚だ不都合なる事」、評釈は「不都合千万なこと」と解く。これは、「相手にとって気の毒な」の意には、到底解けない。

4 (数エ年二歳ノ薫ハ) わづかに歩みなどし給ふほどなり。この筍《たかうな》のらいし (朱雀院ガ娘ノ女三宮 (薫ノ母) ニ贈ラレタ筍ヲ盛ッタ器) に何とも知らず立ち寄りて、いとあわたたしう取り散らして食ひかなぐりなどしたまへば、(源氏ハ) 「あならうがはしや (マア、オ行儀ガ悪イコトヨ)。いとふびんなり。かれ (筍ノライシヲ) とり隠せ。食ひ物に目とどめたまふと、物言ひさがなき女房もこそ言ひなせ (口サガナイ女房ナンカガ言イナストイケナイ)」とて笑ひ給ふ。(横笛　全集P338)

右の「いとふびんなり」に対して、全集は「まったくひどいものです」、完訳は「まったく始末がわるい」、集成は「これはいけない」(他に「『不便なり』は、不都合だの意」と注する)、新釈は「甚だけしからぬ」、大系は「全く不都合である」、全書・評釈は「いけないね」と解く。これも「薫君にとって、(そうした行動は、無作法に見られて) 気の毒だ」と解くわけにはいくまい。

5 (薫ハ匂宮ノ病気ヲ見舞ウ) いと苦しげに見えたまへば、「ふびんなるわざかな。おどろおどろしからぬ御心地の、さすがに日数経るは (タイシテ重クモオアリニナラヌ御気分デイテ、トハイエ、ソノママ

日数ガタツノハ）、いとあしきわざにはべる。御風邪よくつくろはせたまへ」など、まめやかに聞こえおきて出でたまひぬ。　（浮舟　全集Ｐ132）

右の「ふびんなるわざかな」は、全集は「困ったことですね」、完訳は「困ったことでございますな」、集成は「いけませんね」、新釈は「それはいけませんですね」、全書は「それはいけませんな」、大系は「お気の毒な事よ」、評釈は「困ったことでございますな」と解く。

大系だけが「あなた（匂宮）にとってお気の毒な事よ」と解いているけれど、前掲の1の「いとふびんなるわざなりや」は「惟光側の措置が不都合なこと」、2の「ふびんなるわざかな」も「お供側に属する留守番として、お供側の措置が不都合なこと」、3の「いとふびんなること」も「自分の現状が、神事の頃に対して不都合なこと」、4の「いとふびんなり」も「幼い薫の行動が不都合だ」の意であるのと照らし合わせると、やはり薫が、相手の匂宮の病気について、「それはあなた（匂宮）にとって不都合なことですね」と言っているだけなのであって、それが「あなたにとってお気の毒なことですね」というほどに同情やいたわりの意味までに至りついているとは考えにくい。

6　（横川ノ某僧都ノ母ガ、僧都ノ妹尼ト初瀬詣デヲシタ帰リ道ニ、宇治ノ辺デ俄カニ発病シタ。山籠リヲシテイタ僧都ハ、母尼ノ病気ト聞イテ、山ヲ下ッテ宇治ニ来テ、母尼ヲ泊ラセヨウトシタ宇治院ノ裏手デ正気ヲ失ッテ坐

リ込ンデタダ泣イテイル女〔浮舟〕ヲ助ケル。僧タチハ狐ノ変化《ヘンゲ》カト疑ウガ、僧都ハ）「これは人なり。さらに非常のけしからぬ物にあらず。寄りて問へ。亡くなりたる人（死人）にはあらぬにこそあめれ。もし死にたりける人を棄てたりけるが蘇りたるか」と言ふ。（ソレニ対シテ僧ハ）「何のさる人をか、この院のうちに棄てはべらむ。たとひまことに人なりとも、狐木魂《こだま》やうの物の、あざむきて取りもて来たるにこそはべらめ。いとふびんにもはべりけるかな。穢らひあるべき所にこそはべめれ（穢レノ生ジソウナ所デゴザイマスヨウデ）」と言ひて、ありつる宿守の男を呼ぶ。

（手習　全集P271）

右の「いとふびんにもはべりけるかな」に対して、全集は「まったく不都合なことでございますな」と訳した上で、「病気の尼を連れてこようとしているので、穢れのあるのは困る。以前にもこの種のことがあって死人も出たのではないかと想像する。この女の死をも予想して言う」と注する。病気の尼を連れてこようとしている自分たちにとって（もしこの女が死にでもすると）都合がわるい、ということである。完訳は、訳文も注も全集と一致する。集成は「困ったことになったものです」、全書は「全く具合悪いことですな（御病人をお連れする所に穢れが生じそうですよ）」、新釈は「これは誠に不都合なことでございましたね（病人をおつれ申すのに穢のある所のやうです）」、大系は「大変に、これ（死人のある事）は不都合な事で、まあ、ござるのであったなあ（病気の母尼のためには、穢れの、当然あるはずの所で、どうもござるように思う）」、評釈は「まことに困ったことですな」と訳し「病気の

尼君を連れてこようとしている所に、死のけがれがあるのは困るのである」と注する。これも「その正気のない女がかわいそうだ」などという意味ではあり得そうもないことは明白である。

7（浮舟ハ僧都ノ妹尼タチノ小野ノ住マイニ移サレ、ヤガテ意識ヲ取リ戻スガ、タマタマ妹尼ノ亡キ娘ノ婿デアッタ中将ガ訪ネテ来テ、浮舟ヲカイマ見テ心ヲ動カシ、横川デ弟ノ禅師カラ浮舟ノコトヲ聞ク。中将ト禅師トノ会話。中将ハ言ウ）「（小野デ）風の吹きあげたりつる隙より、髪いと長く、をかしげなる人こそ見えつれ。あらはなりとや思ひつらん、立ちてあなたに入りつる後手なべての人とは見えざりつ。さやうの所（アンナ尼法師バカリノ所）に、よき女はおきたるまじきものにこそあめれ。明け暮れ見るものは法師なり。おのづから目馴れておぼゆらん。ふびんなることぞかし」との給ふ。禅師の君「この春、初瀬に詣でて、あやしくて見出でたる人となむ聞きはべりし」とて、見ぬことなれば細かには言はず。（手習　全集P299）

右の「ふびんなることぞかし」に対しては、「若い女（浮舟）にとって不都合だ」または「尼君たちの女（浮舟）に対する措置が不都合だ」と解く注釈と「女（浮舟）がかわいそうだ」と解く注釈とに分かれる。前者（「不都合だ」）に属するのは新釈（「こまったことだ」）、集成（「よくないことです」）、完訳（「不都合なことですよ」。なお「目馴れて」以下に注して「馴れてそれが普通と思うようになろう。若い女らしさを失う不都合さを難じ、禅師の関心を惹いて女の素姓を聞き出そうとする」と解く）であり、後者（「かわいそ

うだ」）に属するのは、全書（「〔いつも目に入るものは法師ばかりだ。自然見なれて女らしい気持がなくなるだろう〕それが気の毒な事だな」）、大系（「いかにも気の毒な事であるなあ」）、評釈（「かわいそうなことだね」）、全集（「かわいそうなことですよ」。なお注して「自然に若い女らしさを失ってしまうだろう、の意。女に同情し、今の措置を咎めるような口調であるが、暗に結婚させたほうがよい、と相手に思わせるとともに、弟の禅師が話に乗ってきて、女の素姓を明かしてくれることを期待している」とする）であるが、1～6の用例での意味するものと比べ合わせると、やはり、「若い女（浮舟）にとって不都合だ（ぐあいがわるい）」または「女（浮舟）に対する保護者たちの措置が不都合だ（ぐあいがわるい）」と解いて然るべきだと思われる。

8（中将ノ求婚ヲ嫌ッテ浮舟ハ、僧都ノ妹尼ガ初瀬ニ礼参リニ出カケタ留守ニ、タマタマ立チ寄ッタ僧都ニ頼ンデ出家ノ志ヲ遂ゲタ。翌春、妹尼ノ甥ノ紀伊守ガ訪ネテ来テ、妹尼ニ薫ノ動静ヲ話シ、薫ガ浮舟ノ一周忌ノ法事ノ準備ヲシテイルト噂スルノヲ、浮舟ハ感無量ノ思イデ秘カニ聞イテイル。浮舟ハコノ紀伊守ガ）かのわたりの（薫大将ノオ側ニ仕エル）親しき人なりけり、と見るにも、さすが恐ろし。（紀伊守ハ言ウ）「あやしく、やうのものと、かしこにてしも失《う》せたまひけること（不思議ナコトニハ、大君トソノ御妹（浮舟）トガオ二人トモ、同ジヨウニシテ、所モアロウノニ、アソコ（宇治）デオ亡クナリニナッタコトデスヨ）。昨日も、いとふびんにはべりしかな。（薫君ハ）川近き所にて、水をのぞきたまひて、いみじう泣きたまひき（川ニ近イ所デ流レヲ見オロシナサッテ、ヒドクオ泣キニナリマシタ）。上にのぼりたまひて、柱に

書きつけたまひし、

見し人は影もとまらぬ水の上に落ち添ふ涙いとどせきあへず

となむはべりし。言《こと》にあらはしてのたまふことは少なけれど、ただ気色にはいとあはれなる御さまになん見えたまひし（オロニ出シテオッシャルコトハ少ナクテイラッシャルノデスガ、タダ御顔ノ様子デハ、トテモオイタワシイ御様子ニオ見エニナリマシタ）。……」と語るに　（手習　全集P346）

右の「いとふびんにはべりしかな」については、多くの注釈書が「薫がおいたわしい（お気の毒だ）」の意に解く。すなわち全集は「昨日も殿はまったくおいたわしゅうございました」、完訳は「昨日も殿はまったくお気の毒でございました」、大系は「昨日、御供をして宇治に参った時も、薫の様子は、大層可哀そうでござりましたよ」、評釈は「昨日はとても気の毒でございましたな」であり、はっきり「不都合」と解いたのは、所引七注釈のうち新釈だけである。新釈は「昨日も随分不都合な事がありました」とする。私は、やはりこの解が正しいのだろうと思う。なぜなら、初めに挙げた一例も含めて源氏物語の前掲の八例は、「かわいそう（気の毒だ）」では解けないものと、「かわいそう（気の毒だ）」でも解けそうだが「不都合だ」と見るべきだと判断されるものばかりであることから推量すれば、この例も「不都合だ」の意を、まず当てて考えてみなければなるまい。とすれば、この「昨日もいとふびんにはべりしかな」は、薫大将にお仕えする紀伊守として、大将という尊貴な身分にあられるお方が、川のほとりで水をのぞき込んでひどく泣いているなどという

ことは、軽々しくみっともない行動としか思えないので、「昨日も、まことに不都合なことでございましたよ」、紀伊守の立場から言えば、「昨日も、まことに困り果てましたことでございましたよ」と言ったものと解けるし、そう解くのが正しいのではないか。所引七注釈のうち残りの二注釈、すなわち全書が「実に見かねる有様でしたなあ」、集成が「昨日もまことに見ていられぬようなことでございました。薫の取り乱しようを言う」とするのも、その「見かねる」「見ていられぬ」から相手への同情へと心が向かえば「かわいそう」「お気の毒」に転換するが、やはりそうではなくて、「見かねる」「見ていられぬ」は本人がそれを不都合なことと見て「困ったこと」と受け取っているものと見てよいであろう。

こうして見てくると、稿初に挙げた野分の巻の「いとふびんにこそ侍れ」は、「困り果てましてございます」と解くのがよさそうだ、ということになろう。ただし、これは源氏物語の九用例だけによる判断だから十分確かとは言えない。「ふびんなり」を、公刊されている中古・中世の仮名文学作品の語索引で調べると、『宇津保物語』、『落窪物語』、『枕草子』、『浜松中納言物語』、『夜の寝覚』、『狭衣物語』、『大鏡』、『栄花物語』、『今昔物語集』、『古本説話集』、『今鏡』、『在明の別』、『とりかへばや』、『宇治拾遺物語』、『保元物語』、『平治物語』、『十訓抄』、『沙石集』、『平家物語（大系本）』、『徒然草』、『増鏡』、『曾我物語』、『義経記』などに用例が見られるから、それらの作品のなかで、どういう意味に用いられているかを、慎重に調べてみることによって、右の判断をそのまま

よしとするか、訂正するかを決めたいと思う。

なお初めに述べておくべきだったが、「ふびんなり」は、言うまでもなく漢語「不便」に「なり」を添えてできた形容動詞であり、その「便」は諸橋氏の『大漢和辞典』で検討すると、「都合がよい」「やすらか」「くつろぐ」などの意とある。従って「不便なり」の原義は、当然「都合がよくない→都合がわるい・具合がわるい」であるはずである。この「原義①」から、「都合がわるいこと、具合がわるいこと」は、そうしたことにかかわっている人にとっては、「②困ったこと」になり、さらに、そうしたことの当事者こそ、さぞかし困ることだろうと同情して「③気の毒だ」と思うことにすすんでゆくが、この③に当たる用例が中古の源氏物語の頃に果してあるかどうかということなのである。

§ *2*　91・6

まず『宇津保物語』の用例から吟味する。

宇津保物語（底本ハ前田家本ヲ復刻シタ古典文庫本）

1（継母ノ奸計ニ陥レラレテ、忠コソハ密カニ出家スル。帝ト父千蔭ハ驚イテ捜索スルガ、帝ハ千蔭ヲ召シテ、「忠コソハ親ヲ讒言スルヨウナ人間デハナイ」ト言ッテ、更ニツヅケテ言ワレル）「（忠コソノ）心を知れらむ人は、さるさかさまの事を言ふとも誠と思ほしなむや。この事は定めて知りぬ、（アナタハ）人に謀られ給へるなンなり。ふびんなる事なれど、左大臣のいへ（故左大臣源忠経ノ未亡人ガ千蔭ノ後妻ニ

ナッタ。忠コソノ継母デアル。「左大臣の家」トハ、コノ継母ヲサス。タダシ「いへ」ハ「うへ」ノ誤リトスレバ、ワカリヤスイ。）、昔よりよろしからず心聞ゆる人なり。そのわたりより言ひ出したることなンなり」（忠こそ巻）（『古典文庫』P247・『朝日古典全書二』P243・『日本古典文学大系一』P149）

「ふびんなる事なれど」に全書は「不都合ないひぶんだが」、大系は「不都合な事だが」と注する。私も同様に解く。

2（正頼ハ春宮ニ参上スル。春宮ハ正頼ノ病気ノ見舞ヲ言ウ。正頼ノ答エ）「あなかしこ。例、わづらひ侍る脚病、すべてえ踏み立てで、さうに（さらにカ）まかりありきといふものもし侍らで、からくいたはりやめ侍りてなん（ヤット病気ガ回復イタシマシタノデ）かくだに参り侍りつる」と。春宮「いとふびんなる事。ここにかく御うらめしく（以上ノ六字ハ「人々らめして」ノ誤カトイウ）聯句一句二句作らせしに、物し給はずなりにしかば、闇の夜のなにがしの心地なんせし（古今、秋下「見る人もなくて散りぬる奥山のもみぢは夜の錦なりけり」）」など宣ひて、その文（詩）ども見せ奉り給ふ。おとど（正頼）いとかしこく見はやし給ふ。

（嵯峨院巻）（古典文庫P328・全書一P270・「大系」本ハコノアタリ菊宴巻ノ本文ト重複スルトテ削除。菊宴巻〔二P13〕ニホボ同文ガアル）

「ふびんなる事」について全書は無注。大系は菊宴巻での本文「ふびんなることや」に「お気の毒な事ですね」と注するが、これは、前号の小稿に掲げた『源氏物語』の5の用例、薫が匂宮の病気を見舞って「ふびんなるわざかな」と言ったのについて、「それはあなた（匂宮）にとって不都合なことですね」「それはあなたにとって困ったことですね→それはいけませんね」と解いたのを正しいとすれば、これも春宮が正頼の病気見舞において発したことばであるから、それと同様な意味に解いてよいであろう。

3（正頼ハ、娘ノ貴宮ニ対シテ春宮カラ思召ノアルコトヲ妻ノ大宮ニ相談スル。大宮ハ、春宮ニハ時メイテイル妃妾タチガ多イノデ不快ダケレド（物しけれど）、直接ノ仰言ナノデ辞退ハ恐レ多カロウ、トイウ）おとど（正頼）「あり（あなカ）、何かは。かやうの宮仕へは千人仕うまつれども、人の宿世にこそあらめ。数多の中に一人こそ天子の親ともなるめれ。あまたか（たカ）び宣ふを、只今の天子にこそはおはすめれ（モウスグノ天子デイラッシャルノデショウ）。承り忍ぶれば、いとふびんなり。おもほす事もこそあれ（春宮サマガ何カオ考エニナルコトデモアルトイケナイ）。ここにもさ思う給へたらむ（「た、む」ノ誤デアロウ）（私モアナタ同様、貴宮ヲ春宮ニ差シ上ゲルヨウニ決心イタシマショウ）」宮（大宮）「何かは。宿世は知らねども、さるまじらひせんにも、けしうは人に劣らじ」などのたまふ。

（嵯峨院巻）（古典文庫P331・全集一P273・「大系」本ハコノアタリ菊宴巻ノ本文ト重複スルトテ削除。菊宴巻（二P17）ニホボ同文ガアル）

「ふびんなり」について全書は「御辞退するのはけしからんことです」と注するが、大系は菊宴巻での本文「ふびんなり」に注を付けていない。「承り忍ぶれば」以下の卑解は、全書と同意見で、
　思召しを承っておきながら御返事をこらえて申し上げずにいるなら、それはひどく不都合なことです。
である。

4（少将仲頼ハ貴宮ヲ恋ウテ、妻ノ許ニ在ル時モ心ハ上ノ空ナノデ、妻ハ親ノ部屋ノ方へ行ッテシマウガ、親ニサトサレテ立チ戻ル。翌朝、舅ノ忠保カラ十分ノモテナシノ出来ヌコトノ詫言ヲ言ワレタノニ対シ、仲頼ハ「コノ頃気分ガ悪イノデ参内モシナイデ籠ッテイルノデス」トイウ。忠保ハ言ウ）「などかさはおはしますらん」少将「知らず。この左大将どの（「の」脱カ）あるじ（饗宴）に参りて侍りしに、宮（兵部卿宮）のかはらけ（酒杯）取り給ひて、いみじく強ひ給ひしかば、こも（「よ」ノ誤カ）なくたべ（イタダイテ）酔ひにけるなごりにや侍らん」。（忠保）「いとふびんなる事かな。すべてこの御みき（オ酒）きこしめし過ぐる事こそ、いとあしきことや」。少将、「いかでこのつかさ（近衛少将ノ職）まかり放れなん（辞職シタイ）。すずろなる酒飲みは、衛府司のするわざなりけり」といふ。
（嵯峨院巻）（古典文庫P375・全集一P301・大系一P256）

「ふびんなる事かな」に対し、全書は無注。大系は「それはお気の毒な」と注するが、これも「例2」の病気見舞のことばと同じで、二日酔症状に対して、忠保が「それはあなたにとってひどく不都合なことですね」「それはあなたにとってひどく困ったことですね↓それは甚だいけませんね」と言ったのであろう。

5 （主上ガ試策ヲ聞コシ召ストテ博士・文人八〇余人ガ仁寿殿ニ参入スル予定ダッタノガ俄カニ中止トナッタノデ、大学・勧学院別当デアル正頼ニ中止ノ事情ヲ話スタメニ一同デ大学カラ正頼邸マデ列ヲ作ッテ歩コウトイウコトニナッタ。貧乏学生ノ藤英（藤原季英）ハイツモハソウシタ仲間ニ入ラナイノニ、今日ハ入ラナイデハイラレナイ）下襲の半臂もなき（ヲ）、ふとかたびらのうへの（「に」ノ誤カ）着て、上の袴、下の袴もなし。冠の破《や》れひしげて、巾子《こじ》の限りある（髻ヲ入レル所ダケガ残ッテイル）、尻切れの（藁草履ノ）破れたる穿きて、けもなく青み痩せて、ゆるぎ出で来て、「季英、今日の御歩みのおちに入らん（端ニ入リマショウ、ノ意カ）」とて交《まじ》りたく（「つ」ノ誤カ）。博士、友達より末まで笑ふ事限りなし。うものすそあらくてけさうす（以上一三字、文意不明。誤写ガアロウ）。「かの別当殿の殿（正頼邸ハ）、上の御殿（「清涼殿ノ御殿」ノ意トイウ）に劣らず、しりそく（「宿徳《しうとく》」ノ誤カ）、こう（「功」カ。「かど」トスル本モアル）ある限りつどひ立ちて、例の人だに許し給はぬ世の中に、いはんや学生の名こうのえさう（七字語意不詳。全書本・大系本ハ「男《をのこ》の御装束《みさうぞく》」トスル〔一写本ニオケル〕校異本文ヲ採ルガ。意改本文ノ疑ガ濃イ）にて参り給はば、氏の院（藤原氏ノ勧学院）の長き名（長イ恥辱）になりなん。すみやか

にまかりとどまり給へ。いとふびんなり。院をも追ひ捨てん（勧学院カラモ追放ショウ）」など言ひて、取り寄りて、うち引かぬばかり引きしうけ（「退《しりぞ》け」ノ誤カ）、押し倒しなどすれど、とまるべくもあらず（藤英ハヤハリ正頼邸ニ行コウトシテ歩ミヲ中止ショウトモシナイ）。

（祭の使巻）（古典文庫P437・全集二P120・大系一P434）

「いとふびんなり」に対し、全書は「甚だけしからん」、大系は「大変不都合な事です」と注する。これらの解で当たっていよう。

6（紀伊国ニ神南備種松トイウ長者ガイタ。大納言源恒有ノ娘トノ間ニ女子ガイタガ、ソノ女子ガ内蔵人ヲ勤メテイタ時ニ嵯峨院ノ寵ヲ蒙ッテ皇子ガ生マレタ。ソレガ臣籍ニ降下シテ源姓ヲ得テ、名ヲ涼トイッタ。母ハ産後早ク死ンダノデ、嵯峨院ハ涼ノコトヲ知ラナカッタガ、種松ハ吹上ノ浜辺ニ金銀瑠璃ノ御殿ヲ造ッテ涼ヲ住マセ、アラユル道ノ師ヲ都カラ迎エテ習ワセタトコロ、学問ニモ音楽ニモ秀デ、容貌モ心バエモ無類デアッタ。ソノ噂ヲ伝エ聞イタ少将仲頼ハ左兵衛佐行正・侍従仲忠ヲ誘ッテ吹上ヲ訪ネタ。涼ハ歓迎シテ種松ト共ニ珍客ヲモテナシタ。都ニ帰ッテ、仲頼等ハ正頼邸ヲ訪ウテ吹上ノ有様ヲ語ッタ）おとど（正頼）「いと興あることかな。さ聞きき。神南備の蔵人の腹に生まれ給ふ君ありとは。かの蔵人いとすけ高く（「す」ハ衍字カ）労ありし（心ヅカイノ行キトドイタ）人なり。父こそ下人なれ、子は有職（学識ノアル人）にて、いと心にくかりし（奥ユカシカッタ）者ぞ。とも（「し」ノ誤カ）頃ぞ聞かざりつる。いかやうにかおいらで

（「おい、で＝生ひ出で」ノ誤カ）給ひたる」。仲頼「いとふびんなる人がらなり。仲忠の朝臣とひとしくなん容貌《かたち》・心・身の才《さえ》侍る」（吹上ノ上）（古典文庫P527・全書二P80・大系一P354）

右の「ふびんなる」に対して、全書は「すぐれてゐる、の意か」、大系は「（まことに）可憐な（お人柄です）」と注し、『古語大辞典』は「ふびん」に対する「かわいいと思うこと。いとしいこと」の意の用例にこの本文を挙げる。しかしこれも「（下人の孫の分際で）いかやうにか生ひ出で給ひたる」という問いを受けて「いかにも（下人の孫らしくなく学識があり奥ゆかしくて）不都合な（けしからん・不合理な）人柄です」と言ったものであろう。前回の小稿の『源氏物語』の「用例8」［P12］が尊貴な身分の薫が、その身分に不似合な軽々しい行動をしているのを「いとふびん（不都合）に侍りしかな」といっているのを裏返しにした用例だと思う。なお全書の「すぐれてゐる、の意か」は、本文の前後の意からの推量訳で、もとより採れない。

7　（祐純ガ父正頼ト母大宮ヲ訪ネテノ会話）宰相（祐純）「男子《をのこご》に侍る祐純だに、（仲忠トイウ人ハ）憎くも侍らざりし人なり。故侍従（仲澄。祐純ノ弟。同母妹ノ「あて宮」ニ恋慕シテ焦レ死シタ）は、これ（仲忠）を妻子《めこ》のやうにてこそ、これにまかりかよふ所ならず侍りしか（他ニ通ウ女モアリマセンデシタ、ノ意カ）。をのこたちだにさ侍りし人を、この事侍らで、夜昼さぶらはせ給ふなること侍るらんと思ふこそ（男タチデサエソンナフウニ惚レコンダ仲忠ナノニ、ソノ仲忠ト「あて宮」ハ結婚デキナクテ東宮ト結

婚サセラレテ夜昼ソノオ側ニ侍シテイラッシャルト聞クヨウナコトガ現在オアリデイラッシャルノダロウト思ウノコソ）いとふびんなれ」。大宮「うたて、近き所に聞こえもこそあれ（イヤ、ソンナヒドイコトヲ。東宮ノオソバアタリニ伝ワリデモシタライケナイ）」。（蔵開上）（古典文庫P1027・全書三P199・大系二P324）

右の「いとふびんなれ」を全書は「（考へて見ても）気の毒です」、大系は「大変可愛そうです」と解く。しかしこれもあて宮の兄としての祐純の「甚だ不都合なことです」「甚だ困ったことです」と、自分の納得のいかない気持をぶちまけた発言と解く方が、母大宮の「そんな発言が東宮のお耳に入りでもしたら困る」というたしなめによく響き合うのではないか。

8（仲忠ハ父兼雅ノ三条殿ニ参上シテ、一条殿ニ離レテ住ンデイル女三宮（北ノ方。嵯峨院ノ皇女）ヲハジメトシテ父ノ愛人タチヲ全部三条殿ニ移シテ、仲忠ノ母ノ俊蔭女ト一緒ニ住マセルヨウ父ニ勧メ、父ノ使者トシテ一条殿ニ赴クガ、妻妾タチノ侍女ドモカラ白イ眼デ迎エラレル。女三宮カラモ冷タク扱ワレタガ、種々陳弁シテ漸ク心解ケタ宮ノ返事ヲ得テ、帰ロウトスル途端ニ突然柑子ガ飛ンデ来テ仲忠ノ冠ニ当ッタ。拾イアゲテ出ヨウトスルト、サラニ橘ト栗トガ飛ンデ来タ。三条殿ニ帰ッタ仲忠ハ父兼雅ニ女三宮ノ御手紙ヲ渡シテ一条殿ノ様子ヲ報告スル。仲忠ハ言ウ）「ふびんなる所に参うでて、かしこく（ヒドク）うたれ侍りつるかな。かかる礫《つぶて》どもして、かたがたに（アチラコチラカラ）ぞうたせ給へるに極《こう》じてなん侍る（スッカリ困リ果テマシタ）」とて（投ゲカケテキタ物ヲ）取り出でて奉り給へば、「あやしくもありけるかな（変ナコトヲシ

タモノダネ）」とて栗を見給へば、中を割りて実を取りて檜皮《ひはだ》色の色紙に（底本「しきに」トアルガ、「しきしに」ノ誤トミテ改ム）かく書きて入れたり。……

（蔵開中）（古典文庫P1129・全書三P268・大系二P394）

右の「ふびんなる所に云々」に対し、大系は「お気の毒な所へ伺って、えらく打たれてしまいました」という訳をつけているが、これも「仲忠自身にとって具合がわるい場所（不都合な場所）」の意に解いて然るべきであろう。なお全書には注がない。

9（正頼ノ娘ノ「あて宮」ハ春宮妃（藤壺）デ若宮ヲ生ンデイルガ、兼雅ノ娘モ春宮ニ入内シテ梨壺ト言イ妊娠中デアル。正頼ハ、「現在、世ハ兼雅・仲忠父子ノ思ウママダ。春宮ハ帝ニ従順デ、帝ハ仲忠ガオ気ニ入リダカラ、梨壺ノ腹ノ御子ヲ次ノ春宮ニト兼雅・仲忠父子ガオ願イスレバ、疑イナクソウナルダロウ。私モソレニ反対ハ出来ナイ」ト歎ク）宰相中将（正頼ノ子ノ祐澄）「いとふびんなる事。物の聞こえ侍れ（世間ノ評判トイウモノガアリマス）。天下のみ子生まれ給へりとも、さる心あるべき人か（梨壺ニ皇子ガオ生マレニナッタトシテモ、仲忠ハソノ皇子ヲ春宮ニナドト思ウ人デハアリマセン）。……」

（国譲上）（古典文庫P1306・全書四P123・大系三P98）

右の「いとふびんなる事」は、「そういう事を考えるのは、ひどく不都合なことですよ」の意で

あることは、それにつづく「物の聞こえ侍れ」によっても明白。全書には注はないが、大系は「困った事でございますな」と訳す。

10（朱雀院ノ中宮ハ太政大臣藤原忠雅・右大臣藤原兼雅ノ姉妹デアル。春宮ニハ、源正頼ノ娘「あて宮」トノ間ニ皇子二人ガアリ、ソノ一ノ宮ハ次代ノ春宮候補デアルガ、アトカラ兼雅ト嵯峨院三ノ宮トノ間ノ娘梨壺ガ春宮トノ間ニ皇子ヲ生ンダノデ、中宮ハ忠雅・兼雅ヲ呼ンデ、コノ梨壺腹ノ皇子ヲ次代ノ春宮ニ擁立スルヨウ強硬ニ主張スル。ダガ兼雅ハ兼雅一家ト正頼一家トノ入リ組ンダ婚姻関係モアルノデ、従オウトシナイ）中宮大きに御声出し給ひてぞ「仁寿殿の女《め》の子ども（底本「めのとことも」トアルガ、「と」ヲ衍字ト見テ省ク）も侍るは。など、すべてこのめのこどもは、いかなるつび（女陰）か付きたらむ。付きと付きぬる物は皆吸ひつきて、大いなる事の妨げもし居り」との給へば、太政大臣（忠雅）「かの大将の朝臣（仲忠。兼雅ノ子）の聞き侍る（底本「きはべる」デアルガ「き」ヲ一ツ脱トミテ補ウ）に、いとふびんなる仰せなりや」と聞こえ給ふ。「忠雅らは人にも侍らず。かの朝臣は男だに恥づかしく侍るものを（私ナドハ人ノ数ニモ入リマセンガ、アノ仲忠朝臣ハ男デサエモ気後レヲ覚エルホドノ人デスノニ）」とて打ち笑ひ給へば、皆笑ひぬ。

（国譲下）（古典文庫P1501・全書五P15・大系三P242）

「仁寿殿の」以下は難解であるが、忠雅は正頼の六女を後妻として四人の子を儲け、忠雅の子の忠俊は正頼の七女との間に二子があり、同じく忠雅の子の清雅は正頼の八女との間に一子がある。

更に兼雅の子の仲忠は正頼の娘の仁寿殿女御と朱雀院との間の皇女女一宮と婚して犬宮など二男子を持つ。こんな具合だから、立太子のことを兼雅側で相談して決めると正頼が聞いたら、怒って娘たちを婿から引き離して取りあげてしまうだろう、というような心配があって、兼雅は中宮の主張に従おうとしないのであった。それで腹を立てた中宮が大声をあげて「正頼の娘だけではなく、正頼の娘の仁寿殿女御が生んだ女の子たち（女一宮・女二宮・五の宮・八の宮などがいる。女一宮は仲忠の妻）もおりますよ。いったい何だってすべて、この（正頼の）娘たちには、（男たちを引きつける）どんなつびが付いているのだろう、それらの娘たちのからだに付いているあらゆる物は、皆（男に）吸い付いて（相手の男たちを束縛して）、（立太子の相談というような）大事の妨害をしている」とおっしゃった、というようなことであろうか。さて「仲忠が聞いているのに〝いとふびんなる仰せなりや〟」に対しては、大系は

　仲忠が聞いておりますのに、彼には気の毒な御言葉でございますよ（女一宮が中宮に罵られた言葉）。

と注するが、やはり「仲忠が聞いておりますのに、（いかにも聞きづらくて）ひどく具合がわるい（不都合な）仰せですよ」の意に解いてよいと思う。全書は「仲忠に聞かれては困る仰言です」と注する。従うべきであろう。

11・12（仲忠ハ姫君ノ犬宮ニ琴ヲ習ワセルタメニ父俊蔭ノ旧邸ニ二ツノ楼ヲ立テ、西ニハ仲忠ノ母、東ニハ犬宮ヲ住マセル計画デアル。噂ヲ聞イタ涼ハ仲忠ヲ訪ネテ来テ、几帳ノ蔭ニ仄カニ見エル幼イ犬宮ノカワイラシイ様子ニ

目ヲトメテ）え念じ給はで（我慢ガデキナクテ）、ゐみて見やり給ふに、大将（仲忠）「あやし（変ダ）」と見おこ（原文「う」。「こ」ノ誤トミル）せ給ふ。（犬宮ノ姿ガ）あらはなれば、（仲忠ハ）「いとふびんなりや（不都合ダ。具合ガワルイ）」とて、立ち給へば、（涼ハ）「何のふびんなるぞ（何ガ不都合ナノカ）。若き時はうちはづれて（マダ若イ時ハチョット外レテ）ほのかに人に見え給へるこそうつくしけれ（チラット人ニ見ラレナサルノコソカワイラシイノダ）。世の中にののしり給ふ人（世間デ騒ガレナサル人）もむげに見ぬは、心地むつかしき（コチラガ気分ガ悪イ）時は、いでやいかがありけん（大シタ美人デハナカッタロウ）と見ゆるものなり。……」とて、（犬宮ノコトガ）飽かずうつくしく覚え給ふ。（楼上ノ上）（古典文庫P1748・全書五P179・大系三P416）

全書は「いとふびんなりや」に「姿をあらはしてゐるのはよくない」と注し、大系は「これは不都合だ」と注する（「何のふびんなるぞ」にも「何が不都合なのですか」との注がある）。「よくない」はやや曖昧なことばであるが、「不都合だ」と同じ意にとってよいであろう。

13（楼ガ完成シテ殿移リガアリ、朱雀院カラ女一宮（朱雀院ノ娘。仲忠ノ妻）ト俊蔭女（仲忠ノ母）ニ贈リ物ト御手紙ガアル。）御使の蔵人に（仲忠ハ）出であひ給うて、東の対にて（蔵人ヲ）よき程に酔はし給うて、御返取らせ給ひて、前《さき》に押し立てて（蔵人ヲ前ニ歩カセテ）、西の対にていといみじく酔はし給ふ。「いかでかかる御使を召し籠めて、かう懲《てう》ぜさせ（次ニ「給ふ」ガアル本モアル）、いとふびん

に」と（蔵人ガ）申せば（原文ニ「ば」ハナイガ、「ハ」ヲ次ノ「い」ト見誤ッテ写シ落シタカ。他本デ仮リニ補ウ）、いみじう笑ひ給ひて「勘当（院ノオ叱リ）は仲忠こそはさい（原文「は」。誤写トミテ改メル）なまめ（コノ仲忠ヲコソハ責メタテルダロウガ、御使ハ関係ナイヨ）」とて、物も覚えず（前後不覚ニナル程）酔はし給へり。（楼上ノ上）（古典文庫P1773・全書五P196・大系三P434）

右の「ふびんに」は大系が「不都合なことでございます」（全書は無注）とするのに異存はない。

14（母ノ朱雀院女一宮カラ離サレテ、楼ノ上デ父仲忠カラ琴ヲ教エラレテイル幼ナイ犬宮ハ、檀ノ紅葉ヲ見テ、母女一宮ヲ恋シガルガ、仲忠ハ、母宮カラハ「ヨク稽古ヲスレバソコヘ出向イテオ会イシヨウ」トイウ手紙ガアッタト言ッテ慰メルト）いとうれしと思ひ給ひて、いとよう弾き給へり。……月のいと明らかに空澄み渡りて静かなるに……いと大人大人しう弾き合はせ給へるを、大将（仲忠）、かんのおとど（仲忠ノ母。俊蔭女）も、折も心細くなり行くに、涙落ちて、琴の心教へ奉り給ふ。（二人ノ）泣き給ふけしきを、犬宮「まろを宣へど（私ニ泣クナトオッシャッタケレド）、宮（ヲ）恋しく覚え給ふべかめり。ははは君（祖母君）も泣き給ふか」と内侍督（俊蔭女）に（原文「に」ナシ。仮リニ補ウ）聞こえ給へば、皆いとをかしくなり給ひぬ。……「月明かきには、なほ寝で久しう弾かん」とて、（犬宮ハ）夜中までおはす。（楼カラ）おり給ふにも、（俊蔭女ハ）犬宮を楼のはしまで抱き奉り給ひて、乳母・人々（女房タチ）参る。（俊蔭女ノ手カラ乳母ノ手ニ）抱き移させ給ひて、かんのおとど（俊蔭女）

の御手かけさせ給ひつつ、(犬宮ヲ楼カラ)おろし奉り給ふ。(仲忠ガ)「(母君ガ御自分デナサラナクテモ)人々あるものを」と宣へば、(俊蔭女ハ)「かくおはしますことだにいとかしこきを、異《こと》人のちごならば、かくもおはしますまじけれど、院の御心ばへのいと忝く万づにおはしますに、かひありて心ことに思ひ給ふる程に、いとふびんに侍り」と申し給ひて、例の(イツモノヨウニ犬宮ヲ)御送りし給ひて……　(楼上ノ下)(古典文庫P1802・全書五P215・大系三P458)

右の用例はわかりにくい。「かくおはしますことだに」以下を全書は

犬宮がここにかうしておいでになることさへ大変恐縮して居りますのに、他人の子ならかうまで大事にされてはいらつしやらないでせうが、朱雀院がいろいろありがたく御配慮下さるので、特別にお世話のしがひがあると思つて居るのです。

と注して、「いとふびんに侍り」については訳文を省略してしまっている。解きにくかったのではあるまいか。大系は

こうして犬宮がお独りで楼にいらっしゃる事だけでも勿体ないのに、(院の御孫でなく)他の人の御子だったらこうして我慢は遊ばすまいに、朱雀院の御配慮が万事に有難くも行届いているので(原注—尚侍は恐らく母宮(松尾注—女一宮)の辛抱も父院の御心遣からと推察するのであろう)、特別(お教え申す)甲斐があると存じ上げるにつけても、洵においとおしく存じあける。

と解く。大意を大系に従うとすれば、「幼い犬宮は祖父朱雀院の配慮をも意識して、独りでさびし

いのを我慢して琴の教えを受けているが、自分（俊蔭女）は院の御配慮の忝なさに教え甲斐はあると思うにつけても、犬宮が『いとふびん』、に思われる」ということになろうが、その場合、その「ふびん」は大系の解のように「いとおしい（かわいそうだ・お気の毒だ）」がふさわしいように見える。とすれば、宇津保成立の頃に、「ふびん」にすでに「いとおしい」の用例があったことになり、これまで吟味してきた13の例も再吟味しなければならないことになろうが、これから調べる他書の用例のすべてと引きくらべるまで結論は延ばすことにして、この用例も、一往（「いとおしい」ではなくて）「（幼い人がこうしてつらい教えを受けることを強《し》いられるのは、実は）ひどく具合が悪いこと（困ったこと）です」と解いておくが、吾ながらいかにも釈然としない。大系によれば「ふひん」を「けひん」とする本もあるという。誤写などもあろうか。

§3　91・10

落窪物語

1・2（継母ニ虐待サレテイル落窪ノ姫君（中納言忠頼ノ娘）ノ許ニ密カニ通ウ少将道頼ハ、中納言一家ガ賀茂祭ノ見物ニ出カケタ留守ヲ襲ッテ姫君ヲ自分ノ二条邸ニ連レ出シタ。翌年正月、清水寺ニ参詣スル中納言一家ノ忍ビノ車ニ、道頼夫婦ノ車ハ車争イヲシカケテ中納言タチヲヒドイ目ニアワセタ上ニ、道頼ハ中納言ガ参籠ノ予約ヲシテアッタ部屋ヲ、先キ廻リシテ占領スルヨウニ家来ニ命ズル。家来ハ走リいきて見れば、（中納言ノ北ノ方ハ）知りたる法師呼びて「いと疾《と》く詣でつるを、この三位の中将とかいふ者の詣で合ひて、し

かじかして車の輪折れて、今まで侍りつる。局ありや、降りなん。いと苦し」と言へば、「いとふびんなりける事かな。更に御堂の間なん、かねて仰せられ侍りしかば、とり置きて侍る。かの中将殿もいづこにかさぶらひ給はんずらん。論なうえせ者に局襲ひ敷かれむかし（アノ中将殿モドコニ参籠ナサロウトシテイラッシャルコトデショウ。キットソノ威ヲ借リル下僕タチニ、アナタ様ノ予約ノ局ハ襲ワレテ占領サレルデショウ）。あはれ（アア）、いとふびんなる夜なめりかし」と言へば、「さは疾《と》く下《お》りなん。人無き局とて取られなむ」とて急げば、……　（『日本古典文学大系』P144）

右の二つの「ふびんなる」は、「不都合な（困った・具合がわるい）」などを当てて疑義はあるまい。

3（道頼大納言ハ復讐ヲ終エタ後ハ、落窪姫ノ気持ニ従ッテ中納言ニ親孝行ヲスル気ニナッテ、中納言ニ大納言ノ職ヲ譲ル。大納言ハ喜ンデ遺産ノ大部分ヲ道頼夫妻ニ贈ルコトヲ遺言シテ死ヌ。大納言ノ長男ノ越前守ハ遺言ニ従ッテ、遺産ノ多クヲ道頼ニ譲ロウトスルガ、道頼ハソノ大部分ヲ辞退シテ）「……美濃なる所の券（地券）と帯（石帯）一つと（ヲ私ガ頂クモノトシテ）とどめつる。むげにさ為《し》置き給ひけむ御心ばへのかひなきやうなれば（余リ御辞退シテハコノヨウニ処置シテオオキニナッタ御配慮ガ無意味ニナルヨウダカラ）」となむ宣へば、越前守「いとふびんなること。自ら為置き侍らぬことなりとも、殿（道頼様）にのみなむしろしめすべき。いはむや、さらに『わがかくし置く』など言ひ置き侍りしに違《たが》ひては。……」とて取らねば、……　（P216）

この用例も「不都合な（事）」の意であること明白である。

枕草子

1雨のうちはへ降る頃、今日も降るに、（帝ノ）御使にて式部丞のりつね（三巻本「のぶつね」）参りたり。例の（三巻本「こと」アリ）御褥《しとね》さし出したるを、常よりも遠く押しやりて居たれば（坐ッテイルノデ）、「（三巻本「あれは」アリ）誰が料ぞ」と言へば、笑ひて「かかる雨にのぼり侍らば、足がた付きていとふびんにきたなげに（三巻本「きたなく」）なり侍りなん」と言へば、……

（底本ハ能因本。前田本・堺本ハコノ段ナシ）（『日本古典文学全集』P231）

この用例も「不都合で」である。

2（中宮ノ御前ノ造花ノ桜ガ、露ヤ日光ヤ雨デ形ナシニナッタ。中宮ノ父関白道隆ノモトカラ）侍の者ども下衆《げす》など来て、あまた花のもとにただ寄りに寄りて、引き倒し取りて「『みそかに行きて、まだ暗からむに取れ』とこそ（関白様ハ）仰せられつれ。明け過ぎにけり（時刻ガ過ギテ明ケテシマッタ）。ふびんなるわざかな。疾《と》く疾く」と倒し取るに、いとをかしくて……

〔三巻本・前田本ニ小異ガアルガ、文意ニ変ワリハホトンドナイノデ掲ゲルノヲ省ク。堺本ハコノ段ナシ〕（P395）

右の「ふびんなるわざかな」も「都合がわるいことよ（具合がわるいことだなあ）」の意。

浜松中納言物語

1 （主人公ノ中納言ハ永遠ノ恋人唐后ノ異父妹デアル吉野姫ヲ自分ノ乳母ノ里ニ迎エテイタガ、聖カラ「二十年タッテ姫ガ二〇ニナルマデハ契ッテハ宿世ガ恐シイ」ト戒メラレテ、清イ関係デ過シテイタトコロ、式部卿宮ガ盗ミ出シテシマッタ。シカシ姫ハ宮ノモトデハ病床ニ臥シテ瀕死状態ナノデ、宮ハ姫ニ「故里ニ知ラセタイ人ガアルカ」ト問ウト姫ハ息ノ下ニ「中納言に告げさせ給へ」ト言ウ。宮ハ急イデ中納言ヲ呼ブ）中納言参り給へれば、（女房達ハ）皆すべり隠れぬ。宮寄り給ひて、「あは、中納言ものし給へり。覚え給ふや」と宣へど、息する気色もし給はず……宮「ただ近う寄り給へ」と宣へば、（中納言ハ姫ノ側ニ）寄りて……「参りたるを覚えさせ給ふや」と度々宣へば、ほのかに見合はせて涙の流れぬる（姫ノ）けしきの、あはれにいみじきに、……「いとかうは思ひ給はず（「給はず」ハ「給へず」ノ誤トミル）こそありつれ（コンナニナッテイラレヨウトハ存ジマセンデシタ）。むげに言ふかひなくなり果て給ひにける人かな。人の世はいと知りがたく侍るわざを、今までこれに候ひける、ふびんにこそ。こよひ率《ゐ》て出で候ひなむ」と申して、その用意聞え給ふ。

（『日本古典文学大系』P419）

右の「人の世は」以下を訳すと、「現世（における人の命というもの）は大変わかりにくうございますことですのに、（こんな衰弱した状態で）今まで（あなたが）ここにお伺いしていたのだったのは、不適当なことですよ。今夜（あなたを）連れて出ましょう」となろう。「ふびんにこそ」は「瀕死の状態にある病人が、本来在るべき自宅に居ないで、他人の家にいるのは、正当ではなく不都合だ」ということであろうが、この場合の〝現代口語〟としては、「不都合」では宮を非難している気持があらわにふくまれているようにうけとられる恐れがあろうから、「不適当だ」ぐらいが当たろう。

夜の寝覚

1・2（主人公ノ中納言ハ乳母ノ病ヲ見舞ッテ、タマタマ隣家ニ従姉ノ対ノ君ニ伴ワレテ物忌ニ来テイタ太政大臣ノ中君ノ弾ク琴ノ音ニ惹カレ、入ッテ、ソノ女ヲ但馬守ノ娘ト聞カサレタママ、自ラハ宮ノ中将ヲ装ッテ一夜ノ契ヲ結ブガ、中君ハ妊娠スル。一方、中納言ハ中君ノ同腹ノ姉ノ大君ト婚約ノ仲ナノデ、ソレト結婚スルガ、ヤガテ対ノ君ハソノ夜ノ男ガ中納言デアッタコトヲ知リ、中君ニ真相ヲ告ゲ、兄ノ法性寺ノ僧都ニ打チ明ケテ相談スル）僧都驚きて、「故上（大君・中君ノ亡母。僧都ノ叔母）の、あはれに、おのが寄る辺なかりしを、かくまではぐくみ立て給ひたる御心を思ひ侍れば、この御前たち（大君・中君）の御事は朝夕の念誦のついでにはまづ祈り念じ奉るに、一所（大君）はまづ生先きあり、華やかなるさまに定まり

給ひぬるを嬉しき事と喜び侍るに、いとたいだいしき（先行キ面倒ナ）事にも侍るかな。中納言おはしつかぬ（大君ノ婿ニナラナイ）前《さき》ならましかば、この事、同じくはこなた様に（縁談ハ中君ノ方ニ）構へ侍りなまし。この中納言の（タメノ）御祈り、童におはせしよりおのれなむし侍る。（中納言ノ）御ためにも、この事いといとふびんなり。これ皆この世のみならず（コウシタ事ハ皆前世ノ因縁デス）。御祈りは心の及びたらむに従ひて仕うまつらむ。中にもこの姫君は御よそめいと警策《かうさく》なり（ヨソナガラ見タ容貌モ、トテモスグレテイラッシャル）。女と申しながらも、前《さき》の世の事（善根）により生れもし給へると見ゆるものを、かかるふびんの事のおはすらむ、空しく徒らに捨てられぬものなり（何モセズニ放ッテオケルモノデハアリマセン）」と言ひて、……

（『日本古典文学全集』P84・『日本古典文学大系』P76）

右の用例は二つとも「不都合な（だ）」で当たろう。「困ったこと」と言いかえてもよい。

3 （中君ハ隠レ家デ女子ヲ出産シタガ、主人公ガ密カニ引キ取ル。大君ハソノ子ノ母ガ中君デアルコトヲ知リ夫婦仲ハ危機ニ瀕スル。中君ノ長兄左衛門督ハ大君ニ同情シテ、出家シテイタ父入道ニ主人公ト中君トノ関係ヲ悪シザマニ告ゲルノデ、入道ハ中君ノ次兄ノ宰相中将ニ尋ネルガ、中君ニ同情シテイル中将ハ否定スル）我が御心地にも（入道ハ）「いかでかさる御事のまことにてはあらむ（ソンナ事ガ本当デアルモノカ）」とおぼすことなれば、この君の言ふ様をまこととおぼして、「（中君ヲ）見奉らむにも、いと憂かるべけれ

ど、大納言の上（大君。〔主人公ハ大納言ニ昇進シテイル〕）尼になりなむとあなり（尼ニナッテシマオウト言ッテイルト聞ク）。一人をこそいたづらにもなし侍らめ（中君一人ヲコソコンナ山里ニ空シク埋モレサセモショウガ）、いとふんびんなる（「ふんびん」ハ「ふびん」ト同ジ）ことを、さおぼし立たぬさきに（大君ガソウ決心ナサラヌウチニ）、ここに渡りてものせられよかし（中君ハコチラニ移ッテコラレルガヨイ）。我さえ見ず知らずなりなば、いかなる空にかはふれ失せむ。……」とて泣き給ふ。

（全集P207・大系P158）

右の「いとふんびんなることを」は「（大君が尼になることは）とても不都合なことだから」の意。「困ったことだから」と言いかえてもよい。

4　（主人公ニ女一宮が降嫁シテイタ。女一宮ハ物怪ニ苦シンデイタガ、ナカニ中君ノ生霊ヲ名ノル者ガアッタ。中君ハソノ噂ヲ聞イテ自分デハ意識シナイコトナノデ衝撃ヲ受ケル。女一宮ノ母大皇宮ハ、中君ヲ弁護スル主人公ニ真相ヲ見極メルヨウ責メ立テル。ソレニ対スル主人公ノ弁明）「……物狂ほしき狐などが名のりを、しか続け申し出でむことを（狂ッタ狐ナドガ中君ノ名ヲ名ノッテ、アノヨウニマコトシヤカニシャベリツヅケルヨウナ事ヲ）まこととし給ふ、いとふびんに（タイヘン不都合デ）、人聞き思ふらむことも、返りてをこがましきことにさぶらふ」と申し給ふを……

（全集P408・大系P293）

右の「ふびんは」も「困ったことで」と言いかえてもよい。

狭衣物語（底本ハ全書本。大系本トノ校異ヲ括弧内ニ掲ゲタ）

1（狭衣大将ハ飛鳥井女君ニ生マセタ遺児ヲ見ヨウト一品宮ニ忍ビ入ッタトコロヲ権大納言ニ見ラレテ、狭衣ト一品宮トノ浮名ガ流レル。狭衣ノ父堀川大殿ハ一品宮ノ降嫁ヲ願イ出ヨウト考エル。狭衣ハ困惑スルガ、堀川大殿ハ言ウ）「わがすすみ申さざらむに（コチラカラ一品宮ノ御降嫁ヲススンデオ願イ申シアゲナイ場合ニハ）あれより（アチラカラ）、いかでか（大系本四字ナシ）『かかりけり。さは（二人ノ間ニコウイウ噂ガアッタ。ダカラ降嫁サセヨウ）』とも、（大系本「いかが」アリ）宣はせむ。無き事にても（事実無根ダトシテモ）（大系本「ある事にても」アリ）かばかり（大系本「の」アリ）人（一品宮）に名を立て奉りて（浮名ヲオ立テ申シ上ゲテオキ乍ラ）、音なくてやまむはいかが。ふびんなる事なり（「音なくて」以下大系本ハ「音もせでやみなんは、いとどふびんのことなり」）。承け引き給はぬまでも、我この事を女院（一品宮ノ母）に申さむ。さのみ心に任せて見るべき事（大系本「事」ナシ）ならず」などまことしうむづかり給ひて（「など」以下大系本「と、まれ〳〵むつかり給ひて」）……（全書下P61・大系P263）

右の「ふびんなる（ふびんの）」も「不都合な」であることは明白。なお『新潮日本古典集成』本は、本文は全書本とほぼ一致するが、右の用例の部分は、「……やまむは、いとどふびんなることなり」とあり、「……なおのこと不都合きわまることだ」と訳している（全書上P74）。

2（帝〔後一条院〕ハ悪疫流行・悪夢・病弱ナドノコトガアッテ、命モ宿世モ尽キタ気持ガナサルノデ、堀川ノ大殿〔狭衣ノ父。帝ノ叔父〕ニ、「狭衣ガ預ッテ後見シテイル若宮ハ臣籍ニ降スツモリダソウダガ、ソノ若宮ヲ私ノ後嗣ニシタラドウカ」ト相談サレル。堀川ノ大殿ハ答エテ言ウ）「世の中の静かならぬ事（大系本「を」アリ）は、（帝ノ不徳ノ致ス所ナドデハナク）おのづからさのみ（大系本「のみ」ナシ）こそ侍れ。おのおの前《さき》の世の契りの程も、聞き入れさせ給ふべきにも侍らず（疫病デ死ンダ人々モ夫々前世カラノ宿命デ、ソレヲ帝ガ一々気ニナサルベキコトデモゴザイマセン）。思し召さるらむこそ（大系本「思し」以下「御心地の例ならず思さるらんこそ」）ふびんにさぶらふ事なれど、そは（大系本「も」）御祈りなどせさせ給ひて、なほ静かに試みさせ給はむこそよく侍らめ（御祈禱ナドヲオサセアソバシテ、ヤハリ御静養ナサッテ様子ヲ御覧ニナルノガヨウゴザイマショウ）。（御譲位ハ）あまり物騒がしき様に候ひなむ」（大系本「な」アリ）と奏し給ひても、……（全書下P243・大系P423）

右の「思し召さるらむこそふびんにさぶらふ事なれど」を、全書は「只今のお気持はさぞかしお辛い事と拝察致しますが」と解くが「ふびんにさぶらふ事」は「ふびんなる事」の単なる会話にける丁寧語（「『ふびん』デゴザイマス事」）であって、帝に対する尊敬語は加えられていないから、「帝がお辛い事とお思いになっていると拝察致します事」ではあり得まい。「帝がお思いあそばしていらっしゃるであろう事（世の中で疫病が流行し上下の人々が多数死に、帝御自身も御不例で悪夢を御覧になるの

で、(命も宿世も尽きた気持がしていらっしゃるであろうこと)こそは、困りました事(具合が悪うございます事)ですけれど」と解くのが穏当であろう。大系本は「御心地の例ならず」が「思さるらんこそ」の上にあるので「ふびんにさぶらふ事なれど」は、自然「(御気分が御不例であるようにお感じあそばしているであろうことこそは)困ったことでございますけれども」と解かれている。それでよいであろう。なお『日本古典集成』本は本文は全書本と全く一致するが、「思し召さるらむこそふびんに候ふことなれど」を「御身もお心もお悩みあそばしていることは、まことにお痛わしく存じますが」と訳し、「『不便《ふびん》』は、ここは、痛わしいこと、お気の毒なこと、の意」と注する。(全書下P308)従いがたい。

(順序から言えば次には『栄花物語』を置くべきであるが、紙数の配分の都合で『大鏡』をさきに取りあげることを諒解されたい)

大鏡

1 (藤原時平ハ)北野(菅原道真)と世をまつりごたせ給ふ間(政治ヲ執ッテオラレタ時ニ)非道なる事を仰せられければ、さすがにやむごとなくて(道理ニ合ワヌ事ヲ時平ガ言ウトハイエ時平ハ左大臣トイウ重イ身分ノオ方デアッテ)、「切《せち》に(時平ガ)し給ふ事をいかがは(ドウシテトメラレヨウカ)」と(道真ハ)おぼして「このおとど(時平)のし給ふ事なれば、不便なり(不都合ダ)と見れど、いかがすべからん」となげき給ひけるを……

(『日本古典文学大系』P80・『日本古典文学全集』P106)

疑義はあるまい。

2この貞信公（藤原忠平）には、宗像の明神（忠平ノ邸内ニ鎮座シテイタ）うつつに（〔夢ノ中ナドデナクテ〕現実ニ）物など申し給ひけり。「われよりは（アナタ〔忠平〕ガ）御位高くてゐさせ給へるなむ苦しき」と申し給ひければ、いと不便なる（不都合ナ）御事とて、神の御位申し（朝廷ニ奏請シテ）上げさせ給へるなり。（大系P84・全集P111）

右の用例に対して大系は「ふつごうな」を当てているが、全集は、訳文では「お気の毒な」、頭注では「ふつごうな」と記して混乱している。また『新潮日本古典集成』は「お気の毒な」と注している。神に対して「お気の毒な」と同情するのは不遜に過ぎる。筋がたたないことに恐縮して「不都合な」と感じたはずである。

3（藤原済時ノ）今一所の女君（敦道親王妃デアッタ人）こそは、いと甚しく心憂き有様にておはすめれ。……（父ノ遺産ヲ人ニ横領サレテ落チブレ、恥モ忘レテ、夜徒歩デ法成寺ノ阿弥陀堂ニ参上シテ道長ニ訴エタ。道長ハ）いといとあさましくはおぼしめせど、（言葉ヲ）荒く仰せられんもさすがにいとほしくて、「何事ぞ」と問はせ給ひければ、「知ろしめたる事に候ふらん」とて事の有様細かに申し給ふ

に、いとあはれに思しめして、「さらなり（言ウマデモナイ）。皆聞きたる事なり。いとふびんなることにこそ侍るなれ（「なれ」ハ伝聞推定ノ助動詞）。今、しかすまじき由、速かに言はせん。……」と仰せられければ、……　（大系P113・全集P158）

右の用例に対しては大系は「聞くところによれば、ふつごうなことに思われる」、全集は「たいそうお気の毒なことだ」、集成は「不都合な」と訳または注する。無法な横領事件を伝聞して「不都合な」事と言ったはずである。

4（朝成ハ蔵人頭ノ任官争デ伊尹ヲ恨ミ、死後伊尹ノ子孫ニタタル悪霊トナッタ。行成ハ伊尹ノ孫ダガ、アル時道長ノ夢ニ朝成ガ現レテ、「頭弁行成殿ガ参内スルノヲ待ッテイルノデス」ト言ウト見テ）おどろきて（目ガ覚メテ）「けふは公事ある日なれば、（行成ハ）疾《と》く参らるらん（参内サレルダロウ）。不便なるわざかな」とて、「夢に見え給へる事あり。けふは御病申しなどもして、物忌かたくして、何か参り給ふ（参内ナサルコトハアリマセン）。細かには自ら」と書きて急ぎ奉り給へど、……（大系P142・全集P201）

大系も全集も集成も「困ったことだ」の訳を付けていて（ほかに集成は「不都合、工合がわるい」と頭注も加える）異議はない。

5（花山院ハ精神障害者ダッタ）されば源民部卿（源俊賢）は、「冷泉院の狂ひよりは花山院の狂は術《ずち》なき（ドウシヨウモナイ）ものなれ」と申し給ひければ、入道殿（道長）は「いと不便なる（不都合ナ）ことを申さるるかな」と仰せられながら、いみじう笑はせ給ひけり。（大系P147・全集P208）

大系・全集・集成とも「ふつごうな事」（ただ集成は他に「失礼にあたる事」「ひどい事」をも当てている）で一致する。

6（兼家ノ娘綏子ハ、三条院ガ東宮デ元服サレタ夜ニ添臥ニ上リ尚侍トナッテ、三条院モ寵愛シテオラレタガ、源宰相頼定ヲ通ワセテイルトイウ噂ガ洩レテ里ニ下ッタ。妊娠トノ噂モ聞イテ三条院ハ道長〔綏子ノ兄。当時父兼家ハ死亡〕ニ噂ノ真偽ヲ尋ネタノデ、道長ハ綏子ヲ訪ネタ。綏子ハ様子ガ変ダト思ッテ几帳ヲ引キ寄セテ隠レヨウトスルガ、オシノケテ）「春宮（三条院）に参りたりつるに、しかじか仰せられつれば、見奉りに参りつるなり。空事《そらごと》にもおはせんに、しか聞こしめされ給はんがいとふびんなれば（アナタニトッテソレガ事実無根ノ事デオアリノ場合ニハ、春宮ガ噂ヲ事実トオ聞キアソバソウナラ、ソレガ、トテモ不都合ダ〔道理ニ合ワナイ〕カラ）」とて、御胸を引きあけさせ給ひて、乳《ち》をひねり給へりければ、御顔にさと走りかかるものか。ともかくも宣はせで、やがて立たせ給ひぬ。東宮に参り給ひて、「まことに候ひけり」とて、し給ひつる有様を啓せさせ給へれば、……（大系P171・全集P255）

右の「ふびんなれば」について、大系も全集も「お気の毒ですから」を当てるが、「事実無根の事を春宮が信じるなら、不合理・不都合だから」というのでこそ道長の手荒な行動に説得力があるはずであろう。集成は「不都合」と解く。

7このおとど（道隆）は……大疫癘の年こそ失せ給ひけれ。されどその御病にてはあらで、御みきの乱れさせ給ひにしなり。をのこは上戸一つの興の事にすれど、過ぎぬるはいと不便なる（不都合ナ）折侍りや。　（大系P175・全集P261）

これは大系・全集・集成とも「不都合な」である。

8（誤ッテ花山院ニ矢ヲ射カケタコトデ伊周ハ大宰権帥ニ左遷サレタ後、大赦ニ浴シ、准大臣ノ宣旨ヲ蒙ッテ、京ニ復帰シタガ落チ着キヲ失ッテイテ見苦シイコトガ多カッタ。或ル日伊周ノ参内ガ道長ノ参内ト差シ合イ、道長ノ下人ヲ伊周ノ供人ガ払ッタノデ）行くべき方のなくて、梅壺の屏の内にはらはらと入りたるを、「これはいかに」と殿（道長）御覧ず。「あやし（変ナコトダ）」と人々見れど、さすがに（伊周ニ遠慮シテ）えともかくもせぬに、某《なにがし》と言ひし御随身の、空《そら》知らずして、荒らかに（下人タチヲ）いたく払ひ出せば、又外様《とざま》にいと乱《らう》がはしく出づるを、帥殿（伊周）の御供の人々この度はえ払ひ敢へねば、（伊周ハ）太り給へる人にて、すがやかに（サッサト）もえ歩み退き給はで、登花殿の細殿の《の》

小蔀に押し立てられ給ひて、「やや」と仰せられけれど、狭《せば》き所に雑人いと多く払はれて、（ソレラノ道長ノ雑人ニ）押しかけられたてまつりぬれば、（伊周ハ）とみにえ退《の》かで（急ニ身ヲ引クコトモ出来ナクテ）、いとこそ不便に侍りけれ（トテモ不都合ナ〔具合ガ悪イ〕コトデゴザイマシタ）。それはげに御罪にあらねど、ただ華やかなる御歩《あり》き・ふるまひをせさせ給はずは、さやうに軽々しきことおはしますべきことかはとぞかし。　（大系P183・全集P273）

右の「不便に（侍りけれ）」に対し大系・全集は「不体裁」、集成は「何ともはや哀れな有様でございました」を当てるが、基本的には「不都合」から出た訳語であろう。

9　（道長ト不仲ト噂サレテイル伊周ハ病気ニナッテ、病気平癒ノ祈禱ヲシヨウト僧ヲ召スガ、道長ヲ憚ッテ応ジナイノデ、子ノ道雅ヲ道長邸ニ遣ワス）夜いたう更けて、人も静まりにければ、やがて御格子の許に寄りて（道雄ハ）うち咳《しはぶ》き給ふ。「誰《た》そ」と問はせ給へば、御名のり申して、「しかじかの事にて修法始めんとつかまつれば、阿闍梨に（修法ノ導師トシテ）参出来《まうでく》る人も候はぬを、給はらん（アナタノオ力デオヨコシ戴キトウゴザイマス）」と申し給へば、「いとふびなる（不都合ナ。「ふび」ハ「ふびン」ノ「ン」無表記）御事かな。えこそ承らざりけれ（ソンナ事ガアロウトハ承ワレマセンデシタヨ）。いかやうなる御心地ぞ（ドンナ御容態デスカ）。いとたいだいしき（「たいだいし」ハ「たきたぎし（道ガ凸凹シテイル）」ノ音便トイウ。「先行キ煩ワシイ」グライノ意）御事にもあるかな」といみじう驚かせ給ひて、

「誰を召したるに参らぬぞ」などくはしく問はせ給ふ。（大系P185・全集P276）

右の用例については大系・全集・集成とも「不都合な」で一致している。

10（右大臣道兼ハ関白ノ宣旨ヲ蒙リナガラ初参内ノ当日宮中デ重病ニナッテ退出シタ。祝ニ訪レタ実資ニ臥床ノママ御簾越シニ対面シタ道兼ハ縷々オ礼ヲ述ベルガ）言葉もつづかず、（実資ハ）ただ推し当てにさばかりなめりと聞きなさるるに、「御息《いき》ざしなどいと苦しげなるを、『いとふびんなるわざかな（困ッタコトダナ）』と思ひしに、風の御簾を吹き上げたりしはざまより見入れしかば、さばかり重き病を受け取り給ひてければ、御色もたがひて、きららかにおはする人とも覚えず、殊の外に不覚（正体モナイ様子）になり給ひにけりと見えながら、長かるべき事ども宣ひしなんあはれなりし」とこそ後に語り給ひけれ。（大系P198・全集P294）

右の「いとふびんなるわざかな」は『源氏物語』の「用例5」（§1　P8）の薫が匂宮の病気を見舞った時の「ふびんなるわざかな」と同じで「困ったことだ」（それは御病人にとって不都合な（困った）ことだ）の意とみてよいであろう。大系・全集・集成も「困ったことだ」と解く。

11道長大臣の御太郎、唯今の関白左大臣頼通の大臣これにおはします。この殿の御子の今までおは

しまさざりつるこそ、いと不便に侍りつるを（不都合（困ッタコト）デゴザイマシタガ）、この若宮の生まれ給へる、いとかしこき（結構ナ）事なり。（大系P232・全集P347）

右の「不便に（侍りつる）」に対して大系・全集は「困ったこと（だった）」、集成は「不都合で（ございました）」を当て異議はない。

（追記）本誌73・74・79号［編集部注、「国語展望」初出「中古における「びびし」の語意」（一）（二）と「『びびし』再考」のこと。後、『源氏物語を中心とした語意の紛れ易い中古語攷・続編』収載］で切支丹文献における「びびし」の用例について触れたが、この三月に小稿を見て下さった福島邦道氏から切支丹諸文献における用例をいろいろお知らせ賜わった。それらをここに掲げたいのだが、残念ながら今回は余白の都合がつかなくなってしまった。次回まで待って頂きたい。

§4　92・5

§1での『源氏物語』、§2での『宇津保物語』、§3での『落窪物語・枕草子・浜松中納言物語・夜の寝覚・大鏡』における、それぞれの「ふびんなり」の用例につづいて、今回は『栄花物語』以下の作品のそれを挙げてその語意を吟味する段取りなのだが、その前に、§2の『宇津保物語』の第14例［P26］の語意を不審としたことについて友人の永井和子氏（学習院女子短期大学教授、現学習

院女子大学教授）から卓抜な意見を頂戴したので、それにしたがって訂正しておきたい。じつは私は一〇年ほど前から小稿所載の本誌が発行されるとすぐに永井氏に送って目を通してもらっている。というのは老人のボケという現象は本人にはわからないものだとかねがね注意されているので、老耄の身（現在数え年なら86歳）にいつそれが始まるかも判らない、読まされるお方の御迷惑は重々申し訳ないことながら、読んでもらってそのきざしが顕れたらすぐにお知らせを頂戴して即日筆を折ろうと思っているからである（それなら原稿のうちに読んでもらうべきだと言われるだろう。確かにその通りだが、それでは、読まされる迷惑に加えてその原稿の内容にまで責任を分担してもらうことになってしまう惧れがあって失礼だから控えているのである）そんなわけで、§2が私の手許に届いてすぐに永井氏に送ったら、折返して九一年六月七日にその卓見を記した手紙を下さったので、ただちに§3（同年秋発行）の小稿の末尾にでもその御意見による訂正を記したかったのであるが、その頃、小稿はすでに校了になっていたため果し得ず、今、ようやく一〇ケ月ぶりにこの§4で訂正することができるわけなのである。あまり昔のことで、読者各位の御記憶にはないかも知れないから、その『宇津保物語』の第14例というのを、改めてここに掲げることにする。（若干、本文をふやしたり、注の誤りを訂正したりしてある）。

（母ノ朱雀院女一宮カラ離サレテ、楼ノ上デ父仲忠カラ琴ヲ教エラレテイル幼ナイ犬宮ハ、檀ノ紅葉ヲ見テ、母女一宮ヲ恋シガルガ、仲忠ハ、母宮カラハ「ヨク稽古ヲスレバ、ソコへ出向イテオ会イショウ」トイウ手紙ガアッ

タト言ッテ慰メルト）いとうれしと思ひ給ひて、いとよう弾き給へり。……月のいと明らかに空澄み渡りて静かなるに、……いと大人大人しう弾き合はせ給へるを、大将（仲忠）、かんのおとど（仲忠ノ母。俊蔭女）も、折も心細くなり行くに、涙落ちて、琴の心教へ奉り給ふ。（二人ノ）泣き給ふけしきを、犬宮「まろを宣へど（私ニ泣クナトオッシャッタケレド）、宮恋しく覚え給ふ（女一宮ノコトガ父上ニハ恋シク感ジラレナサル）べかめり。はは君（祖母君。俊蔭女）も泣き給ふか」と内侍督（俊蔭女）に（原文「に」ナシ。仮リニ補ウ）聞こえ給へば、皆いとをかしくなり給ひぬ。（犬宮ガ）苦しう思ひ給ふらんとて、（仲忠ガ犬宮ニ）「下《しも》へ（楼カラオ下ロシシテ、対ヘオ移シシマショウ）」と聞え給へば、「月明かきには、なほ寝で久しう弾かん」とて、（犬宮ハ）夜中までおはす。（楼カラ）おり給ふにも、（仲忠ハ）犬宮を楼のはしまで抱き奉り給ひて、乳母・人々（女房タチ）参る（楼ノハズレマデオ伺イスル）。抱き移させ給ひて（仲忠ハ犬宮ヲ乳母ニ渡シテオ抱カセニナッテ）、かんのおとどの（俊蔭女ガ）御手かけさせ給ひつつ、（犬宮ヲ楼カラ）おろし奉り給ふ。（ソレニ対シテ仲忠ガ）「（母君ガ御自分デナサラナクテモ）人々あるものを」と宣へば、（俊蔭女ハ）「かくおはしますことだにいとかしこきを、異《こと》人のちごならば、かくもおはしますまじけれど、院の御心ばへのいと忝く万づにおはしますに、かひありて心ことに思ひ給ふる程に、いとふびんに侍り」と申し給ひて、例の（イツモノヨウニ犬宮ヲ）御送りし給ひて「聞こし召さざめる、いといとあしきこと（オ食事ヲ召シ上ラナイノハ、タイヘン悪イコトデス）」とて、手づからさるべきさまに調じて参りたまふとて、おはしぬ。

（楼上ノ下）（古典文庫P1802・全書五P215・大系三P458）

さて右の「院の御心ばへの」から「いとふびんに侍り」までに対して全書は「朱雀院がいろいろありがたく御配慮下さるので、特別にお世話のしがひがあると思つて居るのです」と注して「いとふびんに侍り」を無視し、大系は「朱雀院の御配慮が万事に有難くも行届いているので、特別（お教え申す）甲斐があると存じ上げるにつけても、洵においとおしく存じあげる」という訳文を掲げる。全書は、恐らく解きかねて「いとふびんに侍り」を省いたのであろうから、これはさし措くとして、大系のように「ふびん（に侍り）」を「いとおしい」と解くとすると、これまで私が見てきた「ふびんなり」の用例のすべてが「不都合だ」「具合が悪い」の範囲の意に用いられているのに合わないことになって困惑したのであった。それを永井氏が解いてくれた。曰わく、私（松尾）の挙げた『宇津保物語』の「ふびんなり」の用例を見ると、会話の例では、問に対して答えて「ふびんなり」と判断しているものが多い。それから考えて、この例では、仲忠が「（御自分がなさらなくても）人々あるものを」と言ったのに対して、俊蔭女が答えて「云々だから、人々が世話をするのは不都合（ふびん）だ。（それ故自分でするのだ）」とおっしゃって「例の御送りし給ひて……」というふうに流れてゆく文脈と解いてよろしいのではないか――という主旨のことを（私の勤めていた大学の大学院での三〇年ばかり前の〝教え子〟であったという立場による御遠慮からであろうが）まことに礼儀正しく、控え目なことばで綴って送って来られたのであった。教えられて見れば、まさにその通りで、「おり給ふにも犬宮を楼のはしまで抱き奉り給ひて」以下を、右の主旨に従って、改めて、訳せば、

（犬宮が）楼からお降りになるのにも、（仲忠は）犬宮を楼のはずれまでお抱き申し上げなさって、（お迎えに）乳母や女房たちは（その楼のはずれまで）お伺いする。（仲忠は犬宮を乳母に）抱いたまま移してお抱かせになって、（その犬宮に）内侍督〔俊蔭女〕がお手をお添えになりお添えになりして（楼から）お下ろし申し上げなさる。（その様子を見た仲忠は母君〔俊蔭女〕に向かって）「（お祖母様が御自分でそうまでなさらなくても）人〔乳母や女房〕が大勢おりますのに」とおっしゃると、内侍督〔俊蔭女〕は（それに答えて）「（犬宮が琴をお習いになるために、お母上の女一宮から離れてこの楼に）こうしておいでになることさえ大変おそれ多いのですが、（もしも犬宮が朱雀院の御孫でなくて）他人の幼児ならば、こうまでも（大切にされては）おいであそばしますまいけれど、朱雀院さま〔女一宮は朱雀院の娘。犬宮は女一宮と仲忠との間の娘〕の御配慮がまことに勿体ない程万事につけてあらせられますので、私はお教えがいがあるように特別に思われますことでございますから、（そんな犬宮を私自らでなくて、乳母や女房たちにお世話させるのは）はなはだ不都合でございます」と申し上げなさって、いつものように（内侍督は）御自分で（犬宮を対の屋へ）お送りなさって、「お食事を召し上らないのは、とてもとても悪いこと」ということで、御自身で、ちょうどよいように調理してさし上げなさるとて、持っておいでになった。

ということになろう。犬宮の食事も「手づからさるべきさまに調じて参り給ふ」ほどの祖母君〔俊蔭女〕なのだから、たしかに高い楼から下りる犬宮を他人まかせにするのは「いとふびん（不都合）に侍り」であろう。永井説による解は動かしがたいであろう。こうして、「例外」は消えた。永井

氏に奉謝する。

さて本題に立ち戻って、『栄花物語』の用例の吟味から始める。

栄花物語

1（一条天皇ノ承香殿ノ女御〔元子〕ハ臨月スギテモ生マナイノデ、広隆寺ニ参籠シテ修法・読経ナド七日過ギルガ、更ニ日延ベシテ祈禱シタトコロ、御気色ガアッタノデ、父ノ顕光ハ宮中ノ右近内侍ニ知ラセタラ、帝ニ奏上シテ、見舞ノ御使ガアル。）女院よりも「いかにいかにとおぼつかなく」など聞えさせ給ふに、「この御寺のうちにては、いとふびんなる事にてこそはあらめ（御寺ノ中デオ産ヲスルノハ〔霊場ヲ汚ス恐レモアリ〕不都合ナコトデアロウ）。さりとて里に出させ給はむもいとうしろめたき事なり」とこの寺の別当なども申し思ふ程に……

（『日本古典文学大系』上Ｐ192）

2かの筑紫には赤瘡《あかかさ》かしこにもいみじければ、帥殿（伊周ハ上洛ヲ）急ぎ立たせ給へども、大弐の「この頃過して上らせ給へ。道の程（赤瘡ガ蔓延シテイテ）いと恐ろしう侍り。御送りに参らむ下人など（ニトッテ）もいと不便に侍らむ（不都合デ〔困ルコトデ〕ゴザイマショウ）」など申しければ、げにとおぼしめして……

（大系上Ｐ194）

3〔三条帝ハ宣耀殿女御〔故大納言済時ノ娘〕ノ立后ヲ考エテオラレルガ、道長ノ娘ノ中宮妍子ガイルノデ、道長

ニ言イ出セナイ）かかる程に、大殿（道長）の御心、何事もあさましきまで（アキレル程）人の心をくませ給ふにより、内（宮中）にしばしば参らせ給ひて、「ここらの（大勢ノ）宮達のおはしますに、宣耀殿のかくて（女御ノママデ）おはします、いとふびんなる（不都合ナ）ことに侍り。早うこの御事（女御立后ノ事）をこそせさせ給はめ」と奏せさせ給へば、……

（大系上P326）

4（道長ノ子右馬頭顕信ハ深夜ニ皮聖（行円上人）ヲ訪ネ、法師ニシテクレト頼ム。決心ガ固イノデ皮聖ハ法師ニシタトコロ、顕信ハソノママ比叡山ノ無動寺ニ出カケタ。翌朝ソレヲ知ッタ道長ハ皮聖ヲ呼ンデ事情ヲ尋ネル）聖の申ししやう、「宣はせしさま、かうかう。いとふびんなる（不都合ナ）事をつかまつりて、かしこまり申し侍り（恐縮申上ゲテオリマス）」と申せば、（道長ハ）「などてか、ともかくも思はん。聖なさずとも、さばかり思ひ立ちては止るべき事ならず。……」とて山へ急ぎ上らせ給ふ。

（大系上P335）

5（故済時ノ娘腹ノ（三条帝ノ）御子敦明親王ハ春宮ヲ退位ショウト決意シテ、道長ニソノ旨ヲ話スト、道長ハ「ソレハ物ノ怪ガソウ思ワセルノニ過ギナイ」ト言ッテ反対スルガ、春宮ハ「物ノ怪デハナイ。元来遊ビ心ニ慣レテキタノデ、春宮ノ位ニアルノガ煩ワシイノダ。ソレデモアルマジキ事ダト思ウノナラ、本来志スコト（出家）ガアルカラ、ソウショウ」ト言ワレルノデ、道長ハ言ウ）「いとふびんなる事（不都合ナコト（困ッタコト））なり。出家とまで思し召されば、いと殊の外に侍り。さらばさるべき様に仕うまつるべきにこそ

候ふなれ。一院（上皇）にておはしまさんも御身はいとめでたき事におはします。……」（大系上P398）などよく御心のどかに聞えさせ給ひて、まかで給ひぬ。

6（法成寺阿弥陀堂ニ来ラレタ三后・東宮女御・一品宮ガ金堂ノ方ニオ帰リニナッタノデ）この殿ばらやがて（ソノママ）御堂の簀子に御円座《わらうだ》に居させ給ひぬ。さるべき御果物・御みきなど参らせ給ふ程に、やや御土器《かはらけ》過ぎて、しばしこそあれ、皆酔《ゑ》ひ乱れ給ひて、御畏《かしこま》り無きまでなれば、（道長ハ）「いとふびんなる（不都合ナ）ことなり。まかでて（一旦退出シテ）夜さりの御送りども（今夜ノ御五方ノ御帰還ノオ見送リ）にこそ参り侍らめ」など申させ給ふ。（大系下P78）

7・8かかる程に、大宮の御前（皇太后妍子。道長ノ娘）あやしう悩しうおぼされて、ともすればうち臥させ給ふ。……関白殿（頼通）参らせ給へるに、「など御けしきの苦しげにおはしますぞ」と申させ給へば、内侍のすけ御前にて、「この四五日にならせ給ひぬ。御風にやとて朴（朴ノ皮。煎ジテ服用スル）などきこしめせど、おこたらせ給はず（ヨクオナリナサイマセン）」と申させ給へば、「いとふびんなる御事にこそ（タイソウ困ッタ御事デゴザイマスネ）」とて、（頼通ハ）侍《さぶらひ》召して、守道（陰陽博士賀茂保憲ノ孫、暦博士光栄ノ子デ本人モ暦博士）召しに（使ヲ）遣《つか》はすべき由仰せらる。さて参りたれば、かうかうおはします由を問はせ給へば、「御氏神の祟《たたり》にや。土の気《け》（土公神ノイル方角ヲ犯シテ工事ナドシテイルコトニヨル氏神ノ祟デショウ）」など申せば、御前にて御祓仕うまつる。「すべ

て物を露きこしめさぬなり。(研子所生ノ禎子内親王ノ東宮ヘノ御参リノ時ナノデ) いと折悪しきわざかな」とて、(頼通ハ) 御祓《はらへ》日に二三度仕うまつるべき由宣はす。さて (道長ノイル) 御堂に参らせ給ひて申させ給へば、(道長ハ)「いとふびんなる事なり (タイソウ困ッタ事ダ)。なほなほさるべき様に (祈禱ヤ祓ナド) おぼし掟《おき》てよ」と申させ給ふ。

(大系下P285)

右の「用例7」は「ふびんなる御事」とあるのに「用例8」では「ふびんなる事」とあるのは、前者は直接大宮の許に参上しての頼通のことばであるから「御事」と言ったのに対し、後者は大宮とは言え、道長にとっては娘なので、頼通との会話においては「事」ですませたのであろう。両方とも (「頼通 (又ハ道長)」にとって困った (御) 事」ではなく、)「病んでいる大宮にとって困った (御) 事」と見てよいであろう。

今昔物語集 (『日本古典文学大系』本)

1 (女亀が難産を避けるのに猿の肝がほしいというので、男亀は「食糧が豊富な所に連れて行ってやる」と猿をだましてつれだして、本心を明かすと、猿は「自分たち仲間は、身体の中に肝はない。傍の木にかけておくのだ。だから) 譬ヒ自ラヲ殺シ給ヒタリトモ、身ノ中ニ肝ノ有ラバコソ、其ノ益ハ有ラメ。極《キハメ》テ不便 (フビン) ナル態《ワザ》カナ」ト云ヘバ、……

(『日本古典文学大系』巻5、語25)

大系本頭注に「字類抄のよみによる。まずいことだなあ」とする。「不都合な」「具合がわるい」と同義である。

2 (神明という山寺の睿実という僧は法華読誦の功によって病者をよく治療したので、円融天皇の御悩の折に召されたが、参内の途中で、道ばたに菰一枚で囲った中に髪は乱れ、異様な物を腰に引っかけて寝ている女がいる。はやり病の重病人なので捨て置かれたのだった。睿実はこれを見て、参内のための案内者の蔵人に「内裏には自分が参上しなくても、尊い僧たちが沢山伺候しているのだから、どうということもあるまい。この病人は助ける人もないようだ。何とかしてこれに食物を与えて、夕方参内しよう。一方、あなたは参内して、そのうち参内するということを奏上して下さい」という) 蔵人ノ云ハク、「比レ極《キハメ》テ不便(フビン)ノ事也。宣旨ニ随《シタガヒ》テ参給《マヰリタマヒ》タラバ、此許《カクバカリ》ノ病者ヲ見テ逗留シ不可給《タマフベカラ》ズ」ト。持経者(睿実)「我君《アガキミ》ミミ」ト云《イヒ》テ、車ノ前ノ方ヨリ踊リ下《オリ》ヌ。(大系巻12、語35)

右の用例も大系頭注に「然るべからざる、の意で、茲は、巻十四、語三九の『今日ヲ延ベムモ不便ナルベシ』と同じく、面白くない、不都合、の意」とあるとおりである。

3 (比叡山横川の源信僧都が内供だった頃、涅槃経供養を発願して、多くの僧たちと心を一つにして各一巻を書写した。それを西塔の実因僧都が聞いて、結縁のために自分も書こうと言って書いたので、西塔の人も皆聞き伝え

て書いた。東塔、無動寺まで聞き伝え、結局比叡全山参加の行事となった。供養の当日、おのおの横川に持ちよった数は極めて多い。そこへ実因僧都が経共を具し奉って、同じ寺の人たち七、八〇人を連れてやって来たので、誰もが「今日の講師はこの僧都が当然勤めなさるのだ」と思っていたが、そのけはいもなくて、一所に固まって坐っていて時が過ぎたところが）実因僧都源信内供ニ云《イハ》ク、「今ハ疾《トク》コソ始メ給ヒテメ。何ゾ遅ク成ルゾ」ト。内供ノ云ク「実《マコト》ニ久《ヒサシ》ク罷《マカ》リ成《ナリ》ヌ。疾《ト》ク礼拝ニ令登《ノボラシ》メ可給《タマフベ》キ也」ト。僧都ノ云ク、「己《オノ》レ、今日ノ講師仕ラム事、更ニ可有《アルベキ》事ニ非ズ。御房ノ可勤給《ツトメタマフベ》キ也」ト。……（重ねて内供が譲ると、僧都は、「それなら今日の供養は行なうことができぬ。どう仰せられても私がすべきでない。それなら西塔に帰る」という。）……如此《カクノゴト》ク互ニ譲ル間ニ、日モ漸ク傾キヌレバ、内供「此《カ》ク被仰《オホセラ》レム事ヲ、強《アナガチ》ニ申シ返サムモ極《キハメ》テ忝ク思《オボ》ユ。亦《マタ》、人々ノ無限《カギリナ》キ道心ヲ発《オコ》シ給ヘルニ、今日ヲ延ベムモ不便（フビン）ナルベシ。然レバ、只、形《カタ》ノ如ク申シ上《アゲ》ム」ト云テ、立《タチ》テ寄ルヲ見レバ、……

（大系巻14、語39）

右についての大系頭注は「用例2」に掲げたとおりで、「不都合」がぴったり合う。

4　（雲林院の菩提講を始めた聖人は、もと極悪の盗人だった。七度目に捕えられた時、検非違使が合議して賀茂河原に連れて行って、足を切る刑に処せんとしたところへ、人の形を見て善悪を相するのに一事として違うことのなかった、世に高名の人相見が来合わせて、この盗人を見て「これは必ず往生すべき相を具している者だから

切ってはならぬ」と言うが、処刑人は従おうとしない。それで）相人、其ノ切ラムト為《ス》ル足ノ上ニ居《ヰ》テ、「此ノ足ノ代《カハリ》ニ我ガ足ヲ可切《キルベ》シ。必ズ可往生《ワウジヤウスベ》キ相有ラム者ノ足ヲ切ラセテ、我レ見バ、罪難遁《ツミノガレガタ》カリナメ」ト云《イヒ》テ、音《コエ》ヲ挙《アゲ》テ叫ビケレバ、切ラムト為ル者共結《アツカヒ》テ〔「もてあまして」の意か〕、検非違使ノ許《モト》ニ行《ユキ》テ、「然々《シカシカ》ノ事ナム侍ル」ト云《イヒ》ケレバ、検非違使共、亦、相ヒ議シテ、「然ル止《ヤム》事無キ相人ノ云フ事ナレバ、此レヲ不用《モチヰ》ザラムモ不便（ふびん）也」トテ、非違ノ別当□〔欠字〕ト云フ人ニ、此ノ事ヲ申スニ、「然《シカラ》バ免《ユルシテ》追ヒ棄テヨ」ト有《アリ》ケレバ、足ヲ不切《キラ》ズシテ追ヒ棄テケリ。……（大系巻15、語22）

右の用例も「不都合だ」「具合が悪い」である。

5（敦賀で父母に死なれて独りで貧しく暮らしている女がいた。常に観音を拝んでいたが夢に老僧が現われて、「夫を見つけてやろう、明日来る者の言う通りにしろ」と言う、女は翌日、宿を借りに訪れた男と寝た。男には、その女は死んだ妻の生写しであったので契りを求めたのだが、ひとまず従者二〇人ばかりをこの家に残して、所用の旅に出かけた。女にはこの従者たちの食料もなく、馬の飼い葉もない。そこへ、昔親が使っていた召使い女の娘が、突然やって来て、無沙汰をわびて、「こんなに不自由していられるのなら、粗末でも私の家においで下さい」などと細々《こまごま》と語って「一体ここにいる人たちは何なのですか」と問うので）「此《ココ》ニ宿《ヤドリ》タル人ノ若狭へ今朝行《ユキ》ヌルガ、明日此《ココ》ニ返リ来ラムトシテ、留《トド》メ置《オキ》タル也」ト云へバ、女ノ云《イハ》ク、「知リ奉ラセ可給《タマフベキ》

人〔お世話申し上げなければならないお方〕ノ御共人ニヤ」ト。参〔「答」の誤か〕テ云《イハ》ク、「態《ワザ》トハ不思《オボエ》ネドモ〔格別そうするほどの必要はないこととは思うけれど〕、此《ココ》ニ宿リタラム人ニ物ヲ不食《クハ》セデ過《スグ》サムモ口惜《クチヲシ》カルベシ。只思ヒ可放《ハナツベ》キ人ニモ非ズ」ト。女ノ云《イハ》ク、「糸《イト》、不便(フビン)ニ候《サブラ》ヒケル事カナ。今日シモ賢《カシコ》ク〔うまいぐあいに〕参リ候ヒニケリ。然ラバ、返《カヘリ》テ、其ノ事構《カマヘ》テ参ラム」ト云《イヒ》テ出《イデ》ヌレバ、……

（大系巻16、語7）

右の用例も「(それはたいへん)具合がわるい(ことでございましたね)」である。

この『今昔物語集』には、なお7例を残すが、余白がないので、次に譲る。

（補記） 小稿の73・74・79号［編集部注、『国語展望』「中古における『びびし』の語意」］に引用した切支丹文献における「びびし」の用例のほかに、切支丹文献類にはなお幾つもの用例があることを昨年三月に福島邦道氏から御教示頂きながら、紙幅の都合があって、紹介させて頂くのが遅れていた。以下にそのあらましを掲げるのに当たって、改めて氏に深謝申し上げる。

○『サントスの御作業の内抜書』（ローマ字本。文語体。一五九一年島原半島加津佐で刊行）

（1）bibixiqu 輝しことをふりすてて（巻一P241）

（2）うつくしき身を飾り bibixiqi 体にて（巻一P258）

（3）Bibixiqu 立てる殿閣に歩み行き（巻一P271）

（4）馬上の御供数輩うちつれ bibixiqi 馳走奔走にて（巻一P285）

○『ヒィデスの導師』（ローマ字本。文語体。一五九二年天草で刊行）

（1）ソロモン帝王の御衣にもこれほど bibixiqi はなかりしとなり。（巻一P56）〔右についての「言葉の和らげ」に「Bibixij. i（スナワチ）、Sugurete itçucuxiij coto」とある〕

○『ぎや・ど・ぺかどる』（漢字まじり平仮名文。文語体。一五九九年長崎で刊行）

（1）存生の時の美々しき楽しみを極め（下三四ウ）

○『スピリツアル修行』（ローマ字本。文語体。一六〇七年長崎で刊行）

（1）御上天なさるれば、跡に残り給ふ人々は御上天の bibixiqi 粧ひを見給ひ（P377ウ）

○『羅葡日対訳辞書』（一五九五年天草で刊行）

（1）ラテン語「Apparo」（よく準備する）→日本語「bibixiqu cazaru」（びびしく飾る）

（2）ラテン語「Mausoleum」（王の棺箱）→日本語「Aru teivǒ no bibixiqi miquan」（或る帝王のびびしき御棺）

（3）ラテン語「Opipave」（すばらしき・華麗）→日本語「Quareini, bibixiqu」（華麗に・びびしく）

（4）ラテン語「Pollucibiliter」（贅沢・立派）→日本語「Quareini, bibixiqu」（華麗に・びびしく）

（5）ラテン語「Pompa」（華美・豪奢）→日本語「vobitataxisa, bibixisa」（おびただしさ・びびしさ）

以上を通覧すると、一六〇〇年頃、少なくとも九州では「びびし」は（「便々し」の意ではなく）「美々し」の意のことばとして通用していたことが確認される、と言ってよいのであろう。

§ 5　92・11

今昔物語集（ツヅキ）

6（讃岐国に「心極メテ猛クシテ殺生ヲ以テ業トス」る源大夫という者がいた。日夜、山野で狩りをし、海や川で魚をとり、また人の首を切り、足や手を折らぬ日は少なかった。仏教で説く因果応報の理も知らず、三宝を信ぜず、まして「法師ト云ハム者ヲバ故《コトサラ》ニ忌《イミ》テ当リニモ不寄《ヨセザリ》ケリ」という日常であった。そうした男が、鹿狩りの帰路に立ち寄った法会の講師から阿弥陀仏の本願を説き聞かされて、にわかに一念発起、その場で出家して念仏を唱え、金鼓を叩いて西に向かって直進、西海があらわに見える所の二股の木に登って往生を遂げたという話。その初め、源大夫は狩りの帰路にお堂に人が沢山集っているのを見て、「何をする所か」と郎等に聞き、仏経を供養する場だと知らされて）「然ル態《ワ》ザ為スル者有《アリ》トハ髴《ホノカ》ニ時々聞《キキ》ケレドモ、此《カ》ク目近クハ不見《ミ》ザリツ。『何《イカ》ナル事ヲ云フゾ』ト去来《イザ》行《ユキ》テ聞カム。暫ク留《トドマ》レ」ト云《イヒ》テ、馬ヨリ下《オリ》ヌ。然レバ郎等共モ皆下《オリ》テ、「此《コ》ハ何《イカ》ナル事セムズルニカ有ラム。講師ナム凌《レウ》ゼムズルニヤ（「凌」は底本は手偏《てへん》であるが、仮りに改めた。「凌ず」は、ひどい目にあわせる意）。不便（フビン）ノ態《ワザ》カナ」ト思フ程ニ、……

（大系巻19、語14）

右の「不便ノ態カナ」に対して岩波の大系本は「然るべからざる、の意で、……『面白くない、不都合、の意』と注し、小学館の全集本は「気の毒なことだな」と訳するが、勿論前者の「不都

合」を採るべきである。郎等共が咄嗟に考えたことは、ふだんから忌み嫌っていた法師に向ってゆく源大夫のことだから、てっきり相手に有無を言わせるひまもなく、衆人環視のもとで手荒く暴力をふるうにちがいない、ということであろう。だからその場景を想像して、「これは不都合な（ぐあいがわるい）ことだな」と思ったのである。相手の法師のことを「気の毒なことだな」などと思いやるような心のゆとりはないであろう。

7 （平維叙が任国の陸奥に始めて下って神拝をするとて国内の所々の神に参拝して歩いているうちに、小さい廃社があって人の寄りついたけはいがないのを見て、随行の同国人に尋ねたら、老人の庁官が「ここには尊い神がおられたが、昔田村の将軍（坂上田村麻呂）がこの国守だった時、社の神職の中から思いがけぬ事が出来《しゅったい》し、朝廷にまで奏上されなどし、神拝も遠のき、朔幣（毎月ノ朔日ニ国司ガ奉ル幣帛）なども停止されてから後、社も倒れ失せ、人の参拝も絶えて久しくなったのだ、と祖父で八〇歳ばかりだったのが、聞き伝えとして私に申しました。これで考えると、それから二〇〇年ばかりになっておりますようです」と語るので）守此レヲ聞テ、「極《キハメ》テ不便（フビン）也ケル事カナ、神ノ御錯《アヤマチ》ニハ非《アラ》ジ物ヲ（神さまのあやまちではなかろうものになあ）。此ノ神、本ノ如ク崇《アガ》メ奉ラム」ト云テ……

（大系巻19、語32）

右の「不便也ケル」に対して大系本はこの巻の「語14」の例（本稿ノ右掲ノ「6」）参照と指示しているとおり、「不都合だった」の意であることは明らかであろう。神職の罪であって、神のあやま

ちではなかろうのに、こうした扱いをお受けになるのは不合理であり、不都合だというのである。全集本が「それはまことにお気の毒なことだ」と解くのは採れない。

8（右近将監下毛野敦行が老後法師に成って西京の家に住んでいた時、隣家の人が死んだので弔問に行ったところ、その家の子が、「死人を出そうとするのに家の門の方角が悪いとて困ってはいるが、他にどうしようもないからこの門から出すほかはない」と話したので、敦行は「それは極めて悪いことと聞いている。あなた方のために最も忌むべきことだ。だから私の家の隔ての垣をこわさせて、私の家の方角からお出ししなさい。故人は心が正しくて、年頃私のために何かにつけて情けをかけて下さった。だから今御恩報じしなかったら、他に御恩の報じようがない」と言った）死人ノ子共、此ヲ聞テ云ク、「糸《イト》不便（フビン）ナル事宣フ。人ノ御家ノ方ヨリ死人ヲ将《ヰテ》通サム事ハ、惣《スベ》テ可有《アルベキ》事ニモ非ズ。忌ム方也ト云フトモ、只此ノ門ヨリ可将出《ヰテイダスベ》キ也」ト。……　（大系巻20、語44）

右の「不便ナル事」は「あなた（敦行）にとってお気の毒な事（になるような事）」の意とは到底考えがたい。明らかに「不都合な事」の意である。大系は「巻19、語14」「巻19、語32」（本稿ノ右掲ノ「6」「7」）参照としつつ「意訳すれば、とんでもないことをおっしゃる」と頭注する。全集本も、この用例については「不都合、もってのほかの意。敦行の常識破りの申し出に驚いてかくいったもの」と注する。それで誤りではないが、「非常識」というより「不合理」の方に近いことばであろ

う。なお右に掲げた本文の「死人ノ子共」の言葉につづいて、敦行が「そんな僻事《ひがごと》をおっしゃるな。私の家の門から出しなさい」と言い置いて帰宅して、自分の子供たちを呼んでいう言葉に、

隣ノ主ノ死給《シニタマイ》タルガ哀レニ糸惜《イトヲシ》ケレバ、訪《トブラ》ハムガ為ニ行《ユキ》タリツルニ……（その子たちがしかじか言ったので）…我、極《キハメ》テ糸惜《イトヲシ》ク思《オモフ》ニ依《ヨリ》、我ガ中垣ヲ壊《コボチ》テ、我ガ方ヨリ将出《サテ》セトナム云テ来《キタリ》ヌルゾ

とあるのに注意したい。隣家の主が死んだことには「糸惜シ（いとほし）」を使っている。この「いとほし」こそ「（相手に対して）気の毒だ」という意味の語である。ここでは「死給タルガ哀レニ不便ナレバ」とも「我極テ不便ニ思ニ依」とも言っていないのである。

9（駿河前司橘季通が若い頃、自分の仕えている家でない、高貴な家にいた女房に忍んで通っていたが、その家の警衛の侍たちが集って「この殿の人間でもない者が宵暁に邸内から出入りするのは、極めて気にくわんことだ。取り囲んでやっつけよう」としめし合わせたのを、季通は、そんな事とは知らずにこれまで通り小舎人童一人を連れて、歩いて出かけ、こっそり女の局に入り、童には「暁に迎えに来い」といって家に帰した。季通が女の局に入ったのを知った侍たちは、あちこちの門に錠をかけ、それぞれ棒を持って土塀の崩などのある所に立ち塞がって見張っていたのを女の召使う女童が見て、主人の女房に告げたので、女房も驚いて季通に告げた。季通は起き上がって衣装をつけて、意外なことと思案していた。女房は主人の所に様子を探りに行ったが、侍共が示し合わせての行動をこの家の主人は、知って知らぬふりをしているのだと判って、女房は途方にくれた）此ノ季通

思量《オモバカ》リ賢ク力ナドゾ極《イミジ》ク強カリケルニ、思《オモヒ》ケル様、「今ハ何《イカ》ガセム。此ヲ可然《サルベ》キ事也（こうなるのは宿命なのだ）。只、夜ハ明クトモ、此ノ局ニ居テコソハ曳出来《ヒキイデキタラ》ム者共（自分を引っぱり出しに来るであろう侍共）ニ取合《トリアヒ》テ（さしちがえて）死ナメ。然《サ》リトモ夜明《アケ》テ後ニハ我ト知リナム、此《ト》モ彼《カク》モ否《エ》不為《セ》ジ物ヲ（〔そうしたらおれの武勇を知っている〕彼等もどうもこうもすることはできまいから）然《サ》ラム程ニ、従者共呼ビニ遣《ヤリ》テコソハ出デ行カメ」ト、「但シ此《コノ》童ノ心モ不得《エ》デ、暁ニ来《キタリ》テ門叩カバ（だがしかし、あの小舎人童が何も知らずに夜明けに迎えにやってきて、門を叩くなら）、『我が小舎人童ゾ』ト心得テ、捕《トラヘ》テ被縛《シバラレ》ヤセムズラム」。其レゾ不便（フビン）ニ思《オボ》ヘケル。然《サ》レバ女《メ》ノ童部《ワラハベ》ヲ出シテ「若《モ》シヤ来《キタ》ル」ト伺ハセケルヲモ、侍共ノ半《ハシタ》無ク云《イヒ》ケレバ（口汚く罵ったので）、泣《ナキ》ツヽ返《カヘリ》テ屈《カガマ》リ居《ヲ》リ。……　（大系巻23、語16）

右の「其レゾ不便ニ思へ（エ）ケル」については、全集本が「それがかわいそうに思われた」と解いているのが、一見、まさにぴったりのようであるが、前掲の「8」の本文で「不便」は「不都合」、「いとを（ほ）し」は「気の毒（かわいそう）」と言い分けられていることから勘案しても、又、これまでに吟味して来た中古の諸作品の「ふびんなり」の用例は、一つの例外もなく、「不都合だ・具合がわるい・困った」の意で解けることから推量しても、まだ右の用例に後世の転義「かわいそう」を当てて考えるのは誤りと見なければなるまい。「小舎人童が何も知らずにやって来て門を叩くなら、『自分（季通）の小舎人童だ』と侍共は気付いて、多分つかまえてしばられることにな

るであろう。それこそ具合がわるい（不都合な・困った）ことだと感じられた」の意と解くのが正しいであろう。自分（季通）の密事に、本来は関わりのない小舎人童が捕えられてひどい目に遭うということは、その事自体が不体裁でもあり、多くの人の目にも触れるということも具合のわるいことである。「困ったことになるな」と思われた、というくらいが適訳であろうか。大系本には注がない。

10 （大学頭藤原明衡が見知らぬ下人の家を借りて、愛人である宮仕え女房と密会している時、事情を知らないその家の主に密《みそか》男とまちがわれて、あやうく刺し殺されそうになる）男、（明衡ノ）寝引《イビキ》ノ為《ス》ル方ニ和《ヤハ》ラ寄《ヨリ》テ、刀ヲ抜《ヌキ》テ逆手ニ取《トリ》テ、腹ノ上ト思《オモヒ》シキ所ヲ捜得《サグリエ》テ、「突《ツキ》テム」ト思《オモヒ》テ、肱《カヒナ》ヲ持上《モチアゲ》タル程ニ、月影ノ屋ノ上ノ板間ヨリ漏《モリ》タリケルニ、指貫ノ扶《ククリ》ノ長ヤカデ物ニ懸《カカリ》タルニ、急《キ》ト見ヱ《（エ）》ケレバ、見付《ツケ》テ（次に「思フ」脱か）様《ヤウ》、「我ガ妻《メ》ノ女ノ許《モト》ニ、此様《カクヤウ》ノ指貫着タル人ハ密男トテ不来者《キタラジ》ヲ。若《モシ》人違《タガヘ》シタラムハ極メテ不便（フビン）ナルベキ事カナ」ト思《オモヒ》ケル程ニ……　（大系巻26、語4）

右の「不便ナル」も「不都合な」である事は明白であろう。大系本は無注、全集本は「とんでもない」と訳す。

11 （赴任する陸奥守の奸計にしてやられて白河の関で捨てられた男が、たまたまその近くの川で砂金を見つけ、そ

れをひそかに携えて、年来親しくしていた越後守をたよって行き、尋ねられるままに陸奥守の奸計の次弟を語り）「…京ヨリ始《ハジメ》テ道ノ程モ、万ノ事ヲ被云合《イヒアハシ》候《サブラヒ》ツレバ、賢《カシコ》シト思ヒ候《サブラヒ》ツルニ（大系「意訳すれば、何の不首尾もないものと当然思っておりましたところ」と注する）、毒含《フクミ》タリケル心ニテ、白河ノ関ニテ、被指《サシ》出《イダサレ》候《サブラヒ》ヌレバ（随行者としての指名から外されてしまいましたので）、可為様《スベキヤウ》モ不候《サブラハ》デ、（あなた様に）憑《タノミ》ヲ懸《カケ》奉テ、這々《ハフ》参《マキリ》候《サブラヒ》ツル也」トイヘバ、守「糸《イト》不便（フビン）也ケル事哉《カナ》。此ノ世ノミノ敵《カタキ》ニハ非《アラ》ヌ人ニコソハ有《アリ》ナレ（陸奥守はそなたにとって前世からの仇であるようだね）。……」トイヘバ……

（大系巻26、語14）

右の「イト不便ナリケル事哉」に対して全集本は「それはまことに気の毒なことであった」との訳を施しているが、大系本が前掲の「6」「7」「8」の用例と同じ意と注するように「まことに不都合なことだったね」の意であるはずである。その道理に外れていることを指しての語であろう。

12（利仁将軍が若い頃、芋粥好きの五位をだまして京から舅の敦賀の家へ連れて行って芋粥を存分に食べさせてやろうと企てる。道中、三津の浜で狐を捕えてそれに「おまえは今夜じゅうに敦賀の家に行って『俄に客人をお連れして行くから高島の辺りまで男共を迎えによこせ』と伝えろ」と言って放したところ、その通り迎えの男共が来て「昨夜希有の事がございました。戌の時頃、奥様が俄にひどい胸痛を病まれたので、どうした事かと思いましたら、御自身で『別のことではありません。今日の昼三津の浜で、殿にお会いして、逃げたら捕らえられて、

しかじかせよと命ぜられました。遅参したら、お叱りを受けるでしょう』とおびえ騒ぎなさいましたので、殿〔舅〕が『お安い御用です』と言って男共に命令なさったら、立ち所に正気に戻られました」と言う。敦賀の家に到着したところ、「此《コレ》、見ヨ。実《マコト》也ケリ」とて家人は大騒をして迎えた）食喰《ジキハミ》ナドシテ静《シヅマ》リテ後、舅ノ有仁出来《イデキタリ》テ、「此《コ》ハ何《イカ》ニ、俄ニハ下《クダ》セ給ヒテ、御使ノ様、物狂《クル》ハシキ（これはどうしたことですか。だしぬけに京からお下りになって、あのようなお使の様子は常軌を逸していますよ）。上《ウヘ》俄《ニハカニ》病《ヤミ》給フ（奥方〔自分の娘であるが、利仁の妻なので敬語を用いたのであろう〕が急に発病なさいました）、糸《イト》不便（フビン）ノ事也」トイヘバ、利仁打咲《ウチエミ》テ、「試《ココロミ》ムト思《オモヒ》給ヘテ（狐はどうするかためしてみようと存じまして）申《マウシ》タリツル事ヲ、実《マコト》ニ詣来《マウデキタリ》テ（ほんとうにやってまいりまして）、告《ツゲ》候ヒケルニコソ」トイヘバ、舅モ咲《エミ》テ「希《ケ》有《ウ》ノ事也」トテ……

（大系巻26、語17）

長々と事情を説明して本文を引いたのは、右の「イト不便ノ事ナリ」が、全集本の訳文のような「まことにお気の毒なことでしたよ」の意ではなくて、「まことに不都合な（または具合がわるい・困った）ことでしたよ」であることのあかしを汲みとってほしかったからである。「あなた（利仁）が、狐の使いなどをよこしたものだから、あなたの奥方（私の娘）は急病になられた。これはひどくけしからんことですよ」と、それでもすぐ正気に戻って実害はなかったので、怒気は見せずに言ったのである。だから「利仁打咲テ」とつづいたわけなのである。大系本は注をつけていない。

13・14（美濃国の紀遠助が京から帰国の途中、熱田の橋の上で一人の女から「この箱を美濃国方縣郡の云々の橋の西詰に一人の女房が待っているはずだから、それに渡してほしい」とて、小箱を渡された。女の様子が何やら恐ろしかったので断りきれずに受け取って、「もし会えなかったら」と言うと「その女房はきっと待っています。ただしゆめゆめこの箱を開けて見給うな」といって立ち去ったが、遠助の共の従者共には女がいたことも見えなかった。遠助は）其ノ後、馬ニ乗《ノリ》テ行クニ、美濃ニ下着《クダリツキ》テ、比ノ橋ノ許ヲ、忘レテ過《スギ》ニケレバ、此ノ箱ヲ不取《トラ》セザリケレバ、家ニ行着《ユキツキ》テ思出《オモヒイダ》シテ「糸《イト》不便（フビン）也ケル、此ノ箱ヲ不取《トラセザ》リケル」ト思《オモヒ》テ、「今故《コトサラ》ニ持行《モチユキ》テ尋《タヅネ》テ取《トラ》セム」トテ、……（物置めいた部屋の物の上に載せて置いたところ、遠助の妻は、「女に与えようとて京から買って来て隠しておいたのだろう」と勘ぐって、遠助の外出中に、箱を開けて見たら、えぐり取った人間の目玉多数と毛が少しついた男根の切ったものが沢山入っている）……妻《メ》、此レヲ見テ、奇異《アサマシ》ク怖《オソロ》シク成《ナリ》テ、遠助ガ返リ来《キタリ》タルニ、迷《マド》ヒ呼寄《ヨビ》セテ見スレバ、遠助「哀レ、不見《ミ》マジト云《イヒ》テシ物ヲ、不便（フビン）ナル態《ワザ》カナ」ト云《イヒ》テ、迷《マド》ヒ覆ヒテ（あわててふたをして）本《モト》ノ様ニ結《ムスビ》テ、ヤガテ即チ彼《カ》ノ女ノ教ヘシ橋ノ許ニ持行《モチユキ》テ立テリケレバ、実《マコト》ニ女房出来《イデキタリ》タリ。……

（大系巻27、語21）

右の二用例に対して、全集本は前者には「悪いことをした」との訳を施しているが、頭注には、「たいへん気の毒なことをした。たいへん悪いことをした」と二様の解を載せている。ただし「悪いことをした」も「気の毒なことをした」に近い意味合いのことばとして重ねて加えたのかも知れ

ないが、いささかあいまいである。後者には「困ったことになったわい」と訳しただけで頭注はない。大系本は前者には「大変済まないことをした」と注し、本稿の「6」「7」「8」「11」の用例と同じ「不都合な」の意とし、後者には注を施していない。基本的には両例とも「不都合なこと」という訳語で当たろう。

15（六衛府の官人・下人たちが越前守藤原為盛の大粮米不進を怒って京の為盛邸に押しかけ、家人をも封じ込めて責めたてた。真夏の日長を未明から日盛りまで我慢して坐り込んでいると、邸の門を細目にあけて、年輩の侍が頸を出して守の言葉を伝えて言う、「守は対面させて頂きたいと思っているのだが、あまり騒がしくお責めなので女子供がこわがっているので、お目にかかって実情もお話しできない。暑さに咽喉も乾いているだろう。又、物越しに対面して事情を申そうと思う。こっそり御飯などさし上げようと思うが、いかが。不都合でなかったら、手狭な所なので、まず左右近衛の官人たち舎人などが入られよ」と。その言葉に乗せられた官人・舎人たちは中に入って食膳に向うと、出されている物はすべて塩辛い物ばかりだが、守との対面にはなお長時間待たされたので、それを食べ、乾く咽喉をいやすべく酒を立て続けに飲んだ。そのうち漸く、風邪と称する守が簾越しに居ざり出て来て、「任国の旱魃のために徴税不能の上に、徴収米は公事に全部取り上げられ、無収入で家の飯米にも事欠くので、こうして貴方方へろくなお膳も差上げられなくて。これも前世の宿報でしょう」などとひどく泣く。それを聞いて）兼時・敦行（舎人の代表格の老人たち）ガ云《イハ》ク「被仰《オホセラル》ル事極《キハメ》タル道理ニ候フ。皆押量リ思《オモヒ》給フル事也。然レドモ己等《オノレラ》一人ガ事ニモ非ズ。近来《コノゴロ》府ニ露《ツユ》物不候《サブラハ》デ、陣ノ恪勤《カクゴン》ノ者共侘《ワビ》申スニ依《ヨリ》

テ此ク発《オコ》リ候ヘバ、此レ皆互《タガヒ》ニテ候ヘバ、糸惜《イトホシ》ク思ヒ奉リ乍ラ（これも皆相見互いのことですから、あなたをお気の毒には存じながら）此《カ》ク参《マヰリ》テ候フモ（こうしてお伺いしているのも）、極《キハメ》テ不便（フビン）ニ思フ」ナド云フ程ニ、……　（大系巻28、語5）

右の「極テ不便ニ思フ」に対して全集本は「まことに不本意なことであります」と訳して、更に「不本意に思います。役目でしかたなく出向いていることを強調して国守への同情を示したもの」と注し「気の毒に思う」に接近している意をほのめかしているようであるが、直前にすでに「いとほしく（オ気ノ毒ニ）」があるのだから、それでは文意は通じない。やはり「自分にとってまことに具合がわるい（不都合な・困った）ことです」の意であることは明白であろう。大系本には注はない。

古本説話集

1　（天下ニ孤独ナ青侍ガ為ベキ方モナクテ、長谷観音ノ前デ「コノ世デコノママデ在ルベキナラ、コノ御前デ餓死シテシマオウ。又自然頼リ所モアルハズナラ、ソレヲ夢デ見ナイ限リハ、ココヲ出マイ」トテ、ウツブシテイタノヲ、寺ノ僧ガ見テ、「何者ダ、物モ食ウ様子モ見エズウツ臥シテイルノダカラ、寺ノタメ穢レ（死穢）ガ生ジテ大事トナロウ。師ハ誰カ。ドコデ物ヲ食ウノカ」ナドト問ウト）「かく頼りなき人は、師取りもいかにしてかし侍らん。物たぶる（「たぶる」ハ下二段活用。食物ヲ戴ク）所もなく、あはれと申す人もなければ、仏の給はん物をたべて（戴イテ）、仏を師と頼み奉りて候也」と答へければ、寺の僧ども集ま

りて、「この事いとふび（「ふびん」ノ「ん」無表記）のこと也。寺のために大事なり。観音をかこち申す（観音ニ言イガカリヲオツケ申シ上ゲル）人にこそあめれ。集まりて養ひて候はせん（皆デ協力シテ養ッテヤロウ）」とて、代る代る物を食はせければ、……

（『長谷寺参詣男以蝱替大柑子事』第五十八、岩波文庫本P113）

右の「ふび（ん）」は「不都合な」の意であることは明白であろう。岩波の新大系本は「困ったこと」と注する。

2（「1」ノ話ノツヅキ）（コノ男ハ参籠三七日ノ夜ノ夢ニ、仏ノ告ゲガアリ、「ココヲ出タラ、何ニアレ、手ニ当タル物ヲ取ッテ捨テズニオレ」トイワレタ。出タ途端ニツマズイテ倒レテ、フト手ニ握ッタ藁《ワラ》一本持ッテ行クト、虻ガウルサクツキマトウノデ、捕エテ藁デ括ッテ持チ歩イテイルト、長谷詣デノ女車ノ中ノ子供ガホシガルノデ与エタラ、礼ニ大柑子三ツヲクレタ。ソレヲ持ッテ歩イテイルト、故アル人ノ忍ビノ参詣ラシク徒歩デ来ル女性ガ疲レ果テテ水ヲ求メテイルガ、供人タチハ大騒ギシテ探シテモ水ガ見ツカラナイ。折カラ歩イテ来タコノ男ニ水ノ在リ所ヲ尋ネル）

「歩み困《こう》ぜさせ給ひて、御のどのかはかせ給ひて、水召さんと仰せらるるに、水のなきが大事なれば、尋ぬるぞ」と言ひければ、「ふびむ（不便）にさぶらふことかな。水候ふ所は遠き也。くみて帰り参らば、程へ候ひなん。これはいかが」とて、包みたる柑子を三つながら取らせたれば

……（岩波文庫Ｐ116）

右の「ふびむにさぶらふことかな」は、「それは困った（具合がわるい・不都合な）ことですね」の意。欲しい水が近くになくて遠くまで行かなければならないからである。新大系本は「お気の毒なことですね」と注するが、採れない。

今　鏡

1（堀河帝ハ）時の歌よみ十四人に百首の歌をの〳〵奉らせ給けり。……尊勝寺造られ侍ける頃、殿上人、花まむ（華鬘。仏堂ノ内ノ欄間ノ飾リ）あてられ侍りけるに、俊頼歌人にておはしけるに、百首歌案ぜむとすれば、五文字には「花まむの」とのみ置かるるといふと聞かせ給て、ふびむの事かなとて、のぞかせ給けるとぞ聞へ侍し。（たまづさ、『今鏡本文及び総索引』Ｐ49）

右の「ふびむの事」は、五文字の句に「花まむの」という四文字を置くのは「具合がわるい（不都合な）事」の意。（以下、次ニツヅク）

§6　93・6

今　鏡（ツヅキ）

2 （大納言顕雅ハ）かぜなどのれう（料。「タメ」ノ意カ）にておはしけるにや、ひが事ぞ常にし給ける。雨の降るに、「車ひき入れよ」といはむとては、「車降る。時雨さし入れよ」と侍りければ、車のさまざま空より降らむ、いとおそろしかるべしなど思ひあへりける。かやうの事を堀河の院きこしめして、「ひが事こそふびむなれ。祈りはせぬか」と仰せられければ、御返り申されける程に、鼠の走りわたりければ、「されば等身の鼠作らむと侍か」と申されければ、「おほかたいふにもたえず」となむ仰せられける。これは信濃守これつねのむすめの腹がするなるべし。

（むさしのゝくさ、『今鏡本文及び総索引』P226）

右の「ひが事こそふびむなれ」とは、「ひが事ぞ常にし給ける」のは風邪などが原因か、と述べているものの、堀河院は、物のけなどに憑かれての精神障害かと思われて「祈りはせぬか」と仰せられているらしいのだから、「こうした錯誤現象こそ不都合な（困った）ことだ」の意と解いてよいのであろう。

3 （紫式部ノ親ダッタ為時ガ懸召デ淡路守ニナッテ失望シテ、女房ヲ通ジテ奏上シタ文ニ「苦学ノ寒夜ニ紅涙襟ヲウルヲシ、除目ノ春朝蒼天マナコアリ」ト書イテアッタノヲ）一条の帝御覧じて、夜の御殿に入らせ給て、ひきかづきて臥させ給へりけるを、御堂（道長）参らせ給ひて、「いかにかくは」と問はせ給ければ、女房の、為時が奉りて侍つる文を御覧じてより御殿籠り給へる由申ければ、（道長ハ）

「いとふびんなることかな」とて、国盛といひしを召して、「越前になしたる、返し奉る由の文書きて奉れ」とて、為時に越前なさせ給へりしにぞ、帝の御心ゆかせ給て（御満足ナサッテ）、……

（からうた、同右P266）

右の「いとふびんなることかな」は、ちょっと見ると、「それは為時にとってひどく気の毒なことよ」の意と取れそうであるが、道長の気がかりな点は、もっぱら帝の異常な行動の原因にあったのだから「それ（為時ノ奏上シタ詩デ帝ガ感動ナサッテオ悲シミノタメニ衾ヲカブッテ臥サレタトイウコト）は大変困った（具合がわるい）ことだな」の意であるはずである。

在明の別（大槻修氏の『在明の別の研究』の索引に拠る）

1（男装ノ女右大将ハ帝ニ見破ラレテ契ラレタ。帰邸シテ苦悩、病床ニ臥ス。両親ノ左大臣夫妻モ祈禱ヲ頼ンダリ大騒ギ。ソレヲ聞イタ帝ノオ見舞ノ使モ頻繁デアルガ、帝ハ内心「女右大将ハ惑乱ノアマリニ、自分（帝）カラ逃レヨウト仮病ヲ使ッテイルノダロウ」ト思ウニツケテ、恨メシクテ）蔵人の少将とて親しく侍ふを召し寄せて「右大将の病重き由を聞き驚くうちに（「うちに」ハ「……ノ中デモトリワケテ」ノ意）、切に確かに伝ふべきことなんある。（右大将ニハ、両親デアル）おとど・宮など添ひものすらんに、顕証なるさまならで（目立タヌヨウニシテ）、この文確かにかのみづから（右大将）にものせよ（渡セ）」とて、いみじく封《ふん》じ込めたる御文を賜はせたれば、（蔵人少将ハ）「夜べまで御前に侍ひ給ひしを、い

とふんびんなるわざかなと思ひ驚きて、殿（左大臣邸）に参りて見れば……

（『在明の別の研究』の索引P85）

右の「ふんびん（「ふびん」ト同ジ）云々」は、「昨夜まで帝の御前に伺候しておられたのに、急に重病だなどとは、ひどく不都合なこと（具合がわるいこと）だなあ」の意。大槻氏も「不都合なこと」と注する。

2（女院〔モトノ女右大将〕が御風邪気ト太政大臣カラ聞カサレテ左大臣ハオ見舞ニ伺ウ。女院ハ「別条ハナイ。女房ノ少将ガ故意ニアナタヲ驚カソウトシタノダロウ」ト言ワレル）院（モトノ「帝」）も笑はせ給ひて、「けさは少将が偽りのみにもあらず、いとふんびんになんものし給ひつる。よべたち返り暑かりしに、明け解けしていたく吹かれたるけにや。……」と宣はす。

（同右P171）

右の「ふんびんに」も「具合がわるい状態で（院として困った状態で）」の意。大槻氏の注はない。

とりかへばや（鈴木弘道氏『とりかへばや物語の研究　校注編・解題編』に拠る）

1おほかた（一般ノ人タチ）にはしのびて、例の中納言（実ハ女性）の方なる西の対に、（宰相中将ハ）しのびやかに入りたまへれば、いと暑き日にて、うちとけ、ときちらしてゐたりける。（入ッテ来

タ宰相中将ヲ、女中納言ハ）見つけて、「いとふびんに無礼《むらい》にて侍るに」とて逃げ入るに、……
（『とりかへばや物語の研究　校注編・解題編』P80・岩波新大系P180）

鈴木氏の頭注に「今、お入りになってはつごうが悪くて失礼な様子をしていますから」

とある通りである。新大系も「具合の悪い」と解く。

2（中納言（モトノ宰相中将）ニ契ラレテ懐妊シタ女大将（モトノ女中納言）ハ、中納言ノ父式部卿宮ノ宇治ノ別荘ニ身ヲ隠シテ、女ニ戻ル。中納言ハ誠意ヲ尽シテコノ女君ヲ扱ウノデ、女モ心ガ慰サンデユク。一方、女大将ノ妻デアル右大臣四ノ君ハカネテ中納言ニ冒サレテソノ娘ヲ生ンデイタガ、父右大臣ハ事情ヲ知ラズ、女大将ノ失踪ヲ娘四君ノ中納言トノ密通ニ原因ガアルト思イ込ンデ四ノ君ヲ勘当シタ。四ノ君ノ乳母ノ左衛門ハ困ッテ、以前中納言ノ使トシテ来タ侍ニ手紙ヲ托ス。中納言ハ）この御文を見て、「（女君（モトノ女大将）トハ）つゆ隔てあらじ」と持て入りて見せ、「わがためも、世の聞き耳、殿（女大将ノ父左大臣）の聞き給ふらん所も、いとかたはらいたく（キマリガ悪ク）ふびんなることに侍りしな。この人（四ノ君）もげにいかなる心地すらん。我故にいたづらになりぬる身ぞと思ひ入るらんも、いとほしのことや」
といふも……
（同右P125・新大系P225）

右の「ふびんなること」も「自分（中納言）にとって具合が悪い（困った）こと」の意。鈴木氏も

新大系も「困ったこと」と注する。

宇治拾遺物語

1前回（§5）掲載ノ『今昔物語集』ノ例「9」［P62］トホトンド同意ノ文章ナノデ、用例ノ語ノ前後ダケヲ掲ゲル）暁、此童の来て、心も得ず門たゝきなどして、わが小舎人童と心得られて、とらへしばられやせむずらんと、それぞ不便（ふびん）におぼえければ、女の童をいだして、もしや聞きつくると、うかがひけるをも、侍共は、はしたなくいひければ、…

（『日本古典文学大系』P104・『日本古典文学全集』P114・『新大系』P59）

『今昔物語集』における用例は、同集での他の一四例における語意と照合して、やはり「具合がわるい」意と解いた。ここも「具合がわるい」と解いてよさそうでもあるが、この物語の成立年代を中世に入って、二、三〇年後の一二二〇年頃とすれば、あるいは、この物語での語意は「（小舎人童が）かわいそうだ」に変わっているのかも知れない。つまり、『宇治拾遺物語』の作者は、『今昔物語集』などからこの話を採りながら、『今昔物語集』などで「都合がわるい」意に用いている「ふびんなり」を当時の口語での語意の「かわいそうだ」に受け取ってそのまま用いたということである。以下のこの物語での用例と比べ合わせつつ、あとでもう一度考えたい。なお大系は注せず、全集・新大系は「かわいそう」と解く。

2（コノ例モ§5掲載ノ『今昔物語集』ノ例「10」ト同ジ話ナノデ、用例ノ語ノ前後ダケヲ掲ゲテオク）指貫のくくり長やかにて、ふと見えければ、それにきと思ふやう、わが妻のもとには、かやうに指貫きたる人は、よも来じものを、もし人たがへしたらんは、いとほしくふびんなるべきことと思ひて

（大系P109・全集P120・新大系P64）

右の「もし」以下について、全集は「もし人違いでもしたら、かわいそうで気の毒なことになる」、新大系は「気の毒で心が痛むことだ」（大系は注がない）と訳す。「かわいそう」「気の毒」「心が痛む」は同義語に近くて、ここに並べて用いるべき理由が即座には理解しにくいのであるが、実は、一方、ここの部分は『今昔物語集』では「『若《モシ》人違《タガヘ》シタラムハ極メテ不便ナルベキ事カナ』ト思《オモヒ》ケル程ニ」となっているのである。そして『今昔物語集』では「不便ナル」は「不都合な」の意なのである。この男は、そこに眠っていた男女を、妻とその間男と思い込んで、その間男を刺し殺そうとするのだが、様子がちがうことに気づいた。もし気づかなかったら、全然罪もない別人を殺してしまうことになるのだから、その「不都合さ（不合理さ）」は並々のことではない。だからその上に「極メテ」を冠することが当然必要だったわけである。それなのに『宇治拾遺物語』では、作者はその「極メテ」を削って「いとほしく」を加えている。ということは、やはりこの物語の成立の頃には「ふびんなる」はすでに「気の毒な」の意と受けとるのが普通一般になって来ていたため

に、無関係の人を殺しておいて、ただ「気の毒な」ぐらいの一言ですませてしまうのは表現不足だと作者が感じたからではなかろうか。（以上は、この物語が直接『今昔物語集』のこの説話を受けたものとしての推測であるが、仮りに他の、今は逸亡した説話集のこの説話を受けたものとしても同様な推測は可能であろう）つまり「極メテ」を冠するだけでは程度を強調するにとどまって、あっさりし過ぎているから、せめて「気の毒な（ふびんなる）」の近似語ではあるが、「いとほしき」を重ねて用いることで、「極メテ不便ナル」よりは、哀傷の気持をあらわすことができると考えたのではなかろうか。だとすれば、この例を見る限りでは、前掲の1の例も小舎人童が「かわいそうだ（気の毒だ）」と解く方がよさそうだということになりそうである。

3是も今は昔、業遠朝臣死ぬる時、御堂の入道（藤原道長）おほせられけるは、「いひ置くべきことあらんかし。不便の事也」とて、解脱寺観取僧正をめし、業遠が家にむかひ給ひて加持する間、死人たちまちに蘇生して、用事をいひてのち、又目を閉ぢてけりとか。

（大系P168・全集P189・新大系P124）

右の「不便の事」は、「（言い置くべきことがあるにちがいなかろうのに、そのまま死なせるのは）具合がわるい事（困った事）」の意と解いて解けないことはないが、「かわいそう（気の毒）な事」と解く方がどうやら自然のようである。大系・全集・新大系ともに「かわいそうなこと」と解く。

4 （主ノ死亡デ妻ト共ニ田舎ニ帰ッテイタ侍ガ途方ニ暮レテ上京シタガ、ソノ死ンダ主ノ実子ト称シテ親ノ家ニ住ミツイテイテ世間カラハソウハ信ジラレテイナイ男ガイルト聞イテ、侍ハソノ家ヲ訪ネテ、案内ヲ乞イ、亡キ主ノ子ト称スル男ニ会ウヤ否ヤ侍ハ大泣キニ泣ク。男ハワケヲ尋ネルト「亡キ主ソックリナノデ」ト答エタノデ、男ハ「自分ハ幼時母ノモトニイタノデ亡父ノ様子ヲヨク覚エテイナイ。今後ハオ前ヲ亡父ト見ナシテ頼ミニシヨウ」トテ）綿ふくよかなる衣《きぬ》一つぬぎて賜《た》びて「今は左右《さう》なし。これへ参るべきなり」といふ。この侍、しおほせてゐたり（男ノ言ウコトニウマク調子ヲ合ワセテイタ）。昨日今日の者（新参ノ者）の、かく言はんだにあり（コウ言オウノデサエウレシイノニ）、いはむや、故殿の年比《ごろ》の者の、かく言へば、家ぬし笑《ゑ》みて、「此男の、年比ずちなくて（ドウショウモナク困窮シテ）ありけん。不便のことなり」とて……

（大系P185・全集P209・新大系P142）

右の「不便のこと」について大系は「かわいそうなこと。隣むべきこと」、全集は「気の毒なこと」、新大系は「かわいそうだ」と解く。これも困窮生活の不当であったことを「不都合なこと（具合がわるいこと）」といったとして解けないこともないが、やはり「気の毒」と解くのが自然であろう。

5 （コノ例ハ5　P68掲載ノ『古本説話集』ノ「例1」ト同ジ話ナノデ、用例ノ前後ダケ掲ゲル）寺の僧どもあ

つまりて、「このこと、いと不便の事なり。寺のためにあしかりなん。観音をかこち申す人にこそあんなれ。是《これ》あつまりて、やしなひて、さぶらはせん」とて、かはる〳〵物をくはせければ

（大系P225・全集P259・新大系P183）

右の「不便の事」については、大系は「都合の悪いこと。困ったこと」と解いて迷いはないが、全集は頭注に「気の毒。あわれ。ここは不都合なこと」と記し、口語訳には「困ったこと」を当てている。つまり一般の用例では「気の毒。あわれ」なのだが、ここでは「不都合な」の意に用いているというつもりの説明なのであろう。事実はそれでよいのであるが、一般読者への注としてはわかりにくかろう。こうした用例があるということは、当時古めかしくなってはいながら、やはり「不都合な」の意の存在も当時の読者に諒解されていたことを想像させる。新大系は「具合が悪いことだ」とする。そうした意味で貴重な用例である。なおこの説話は『今昔物語集』にもあるのだが、ここの部分は、

寺ノ僧共、此レヲ聞テ、集テ云《イハク》、「此人、偏《ヒトヘ》ニ観音ヲ恐喝《カシコマリ》奉テ有ル也。更ニ寄ル（わきへどく）所無シ。寺ノ為ニ大事出来ナムトスル。然レバ、集テ、此ノ人ヲ養ハム」ト定テ……（巻16、語28）

とあって、「不便」の用例を欠いている。

6 （コノ例モ§5所掲ノ『古本説話集』ノ「例2」［本書P70］ト同ジ話ダカラ、用例ノ前後ノミ掲ゲル）「あゆみ困ぜさせ給て、御のどかはかせ給て。水ほしがらせ給に、水のなきが大事なれば尋ぬるぞ」といひければ、「不便に（大系・全集ガトモニ拠ッテイル『無刊記古活字印本』ニハ「に」ガナイガ、諸本ニヨッテ補ッテイル。新大系ハ「に」ノアル『陽明文庫本』ニ拠ル）候御事かな。水の所は遠くて、くみて参らば、ほど経候なん。これはいかゞ」とて、つゝみたる柑子を三ながらとらせたりければ、……

（大系P228・全集P262・新大系P186）

右の「不便に候御事かな」は一一三〇年頃に成立したという『古本説話集』でならば、「それは困った（具合が悪い・不都合な）御事でございますね」の意であるが、この物語では、大系・全集（新大系ハ注ナシ）が「おきのどくなことです」と解いているのに同意してよいかも知れない。

7・8 （敏行朝臣ハ他人ニ頼マレテ法華経二〇〇部バカリ書イタガ、魚モ食イ、女ニモ触レ、潔斎モセズニ書イタノデ、ソノ功徳ガ叶ワナクテ依頼者タチハ地獄ニ恐ロシイ形相ヲシタ軍兵トシテ生マレタ。ソレラノ依頼者ノ訴エニヨッテ、敏行ハ地獄ニ引キタテラレタガ、ソノ引キタテテユク者カラ、「助カル方法ハ金光明経四巻ヲ書写シヨウトイウ願ヲオコスコトダ」ト教エラレテ、ソノ願ヲオコシタ。閻魔大王ノ庁ニ引キ据エラレタ敏行ハ危ク、訴エタ者共ニ思イノママニサセルベク引キ渡サレヨウトシタ時ニ）わなく〱「四巻経書き、供養せんと申す願のさぶらふを、そのことをなん、いまだ遂げ候はぬに、召されさぶらひぬれば、此罪おも

く、いとどあらがふかた候はぬなり」と申せば、この沙汰する人（裁判ヲスル人）聞きおどろきて、「さることやはある。誠ならば、不便なりけることかな。帳を引きてみよ」といへば、又人（モウ一人ノ人）大なる文（帳簿）をとり出でて、引く〳〵みるに、わがせし事どもを、一事もおとさず、しるしつけたる中に、罪のことのみありて、功徳の事一もなし。この門いりつるほどにおこしつる願なれば、奥のはてにしるされにけり。文引きはてて（クリヒロゲ終ッテ）、今はとする時に、「さる事侍り。この奥にこそしるされて侍れ」と申上げければ、「さてはいと不便の事なり。此度のいとまをばゆるしたびて（許シテクレテヤッテ）、その願とげさせて、ともかくもあるべき事なり」と定められければ、その目をいからかして、吾をとく得んと、てをねぶりつる軍ども（手ニツバヲツケテ待チ構エテイタ軍兵（訴エタ者タチ））うせにけり。

（大系P248・全集P286・新大系P206）

右の「7」「8」の例について大系は「かわいそうである」、全集は「まことに気の毒なことである」、新大系は「気の毒なことだ」と解く。（「8」の例については、大系・新大系は改めて頭注を加えてはいないが、当然同義に解いているはずである。）しかし、一方、「7」は「（その申し立てが本当ならば）罪状を審査決定する自分たち審判者の側にとって、（誤判となるから）不都合だったことになる」の意に、「8」も同じく「そんなことなら、（罪に当てるのは）大変不都合な事だ」の意と解けるはずである。どちらが正しいのか、にわかには定めかねるが、この敏行の話は『今昔物語集』巻14・語29にあり、『宇治拾遺物語』は、いちおうそれを承けていると考えてよいと思われる。右の引用本文に当る部

分は『今昔物語集』では次のようになっているのである。

敏行、恐《オヅォ》〻ヅ申サク、『我、「四巻経ヲ書キ供養シ奉ラム」ト願ヲ発《オコ》セリ。而ルニ、未ダ、其ノ願ヲ不遂《トゲザル》ニ、此《カ》ク被召《メサレ》ヌレバ、只、此ノ罪贖《アガ》フ方《ハウ》不有《アラ》ジ』ト。政《マツリゴト》ノ人、此レヲ聞キ、驚《オドロキ》テ、「然ル事ヤ有ル」ト、「速ニ帳ヲ引《ヒキ》テ見ヨ」ト行ヘバ（「行フ」は「定める」意かという）、大《オホキ》ナル文《フミ》ヲ取《トリ》テ、引《ヒキ》テ見ルヲ、敏行、髴《ホノカ》ニ見ルニ、我ガ罪ヲ造《ツクリ》シ事、一事ヲ不落《オトサ》ズ注《シル》シ付《ツケ》タリ。其ノ中ニ功徳ノ事不交《マジラ》ズ。其レニ、此ノ門入《イリ》ツル程ニ発《オコ》シツル願《ネガヒ》ナレバ、奥ノ畢《ハテ》ニ『四巻経書キ供養シ奉ラム』ト被注《シルサ》レニケリ。文引畢《ヒキハ》ツル程ニ、此ノ事有《アリ》ケリ。『奥ニコソ被注《シルサレ》タレ』ト申シ上《アグ》レバ、『而《シカ》ルニテハ此ノ度ハ暇《イトマ》免《ユル》シ給テ、其ノ願《ネガヒ》ヲ令遂《トゲシ》メテ、何《イカ》ニモ可有《アルベ》キ事也』ト被定《サダメラ》レヌレバ、前《サキ》ノ軍《イクサ》、皆、不見《ミ》エズ成《ナリ》ヌ、

（大系三（巻14語29）P317）

右の二つの本文は、きびしく言えば、直接前者が後者を承けて改変の手を加えたものか、あるいは両本文は同じ遡源本文から生まれた兄弟本文か、などなど吟味の余地はあろうが、とにもかくにも、中古の一一〇〇年代前半に成立したという『今昔物語集』には、一二〇〇年代に成立したというこの『宇治拾遺物語』の

「誠ならば、不便なりけることかな」

「さてはいと不便の事なり」

の部分がなく、無いのが自然に見える、つまり『宇治拾遺物語』で新たに「不便云々」の本文が加

わったと推定して、まず誤りはないと考えてよいのではなかろうか。とすれば、そこに用いられている「不便なり」「不便の」の語意は、当時一般化していたらしい「気の毒だ」「気の毒な」と推測する方が穏当だということになるであろう。

9 （御堂関白ノ愛犬ガ途デ関白ノ行先ヲ妨ゲタノデ、安倍晴明ヲ召シテ占ワセタトコロ、関白ヲ呪咀シタモノガ道ニ埋マッテイルノヲ犬ガ教エタノダトノコトナノデ、掘ラセタラ、案ノ如ク物ガアッタ。左大臣顕光ノ依頼ニヨル道魔法師ノシワザダッタ）此顕光公は、死後に怨霊となりて、御堂殿辺へはたゝりをなされけり。悪霊左府と名づく云々。犬はいよ〳〵不便にせさせ給ひけるとなん。

（大系P406・全集P475・新大系P367）

右の「不便にせさせ」に対しては、大系・全集・新大系ともすべて「大切にかわいがる」と解する。この用例は「不都合だ」とか「困ったことだ」の意を当てて考える余地は全くあるまい。

10 （土佐判官代通清ハ風流人ダッタノデ、後徳大寺左大臣実定ニ仁和寺ノ花見ニ誘ワレテ、「結構ナ事ニ出会ッタ」ト思ッテ、スグニボロ車ニ乗ッテ出カケテ行ッタトコロガ）跡より車二つ三つばかりして人のくれば、うたがひなきこの左大臣のおはすると思ひて、尻の簾《すだれ》をかきあげて、「あなうたて〳〵、とく〳〵おはせ（マアナント、ショウガナイナア、早ク早クオイデナサイマシ（左大臣ガ後カラ遅レテ来タノヲ軽ク難ジ

タコトバ〕〕」と、扇を開いてまねきけり。はやう（実ノトコロソレハ）関白殿の物へおはしますなりけり。招くを見て、御供の随身、馬を走らせてかけよせて、（無礼ナフルマイヲスル通清ノ）車の尻の簾をかり落してけり（切リ落シテシマッタ）。其時ぞ（人違イト気付イタ）通清あわてさわぎて、（車ノ）前よりまろびおちけるほどに、烏帽子おちにけり。いと〳〵ふびんなりけりとか。すきぬるもの（風流ヲ好ム者）は、すこしをこ（愚カ）にもありけるにや。（大系P420・全集P492・新大系P381）

右の「ふびんなり」を大系は「かわいそうなことの意」、全集・新大系は「気の毒であった」と解く。多分それでよかろうとは思うが、いささか疑問が残るふしもある。というのは、§*1*所掲の『源氏物語』の「ふびんなり」の用例「8」で、紀伊守が、入水した浮舟をしのんで川のほとりで水をのぞいて泣いていた薫のことを僧都の妹尼に語ることばの

　昨日もいとふびんにはべりしかな。（薫君ハ）川近き所にて、水をのぞきたまひて、いみじう泣きたまひき。（手習）

のうちの「いとふびんにはべりしかな」は「薫君がいたわしい（気の毒だ）」の意味ではなく、薫大将にお仕えする紀伊守としては、大将という尊貴な身分にあられるお方が、川のほとりで水をのぞき込んでひどく泣いているなどということは、軽々しくみっともない行動としか思えないので「昨日も、（よそ目にその御行動を拝見していて）まことに困り果てましたこと（具合がわるいこと・不都合なこと）でございましたよ」の意味と解くべきだと考えられたことと思い合わせると、この通清の例

も、通清風情の者が、事もあろうに関白様に向かって、ぼろ車から尻の簾をかき上げて、扇を開いて招くなどという無礼極まる行動をしたことが、「まことにまことに不都合極まる（具合がわるい・はたから見て困り果てた）ことだった」の意と見なせないこともないのである。通清のふるまいは、普通の人々から見ても奇矯に過ぎて眉をひそめさせる体《てい》のものであり、関白の供人の処置は特に苛酷という程のことでもあるまい。まして供人は通清の身体に直接手を加えたのではなく、あわてた通清が自分で転落して、烏帽子を落したぶざまな姿を人目にさらしたにすぎない。その人目も、洛北の仁和寺からあまり遠からぬ道とすれば、関白の供人たちを除いては、稀だったことが自然想像されよう。そのいきさつを見知っていた人の評語が「いといとふびんなりけり」だとすると、惻隠の情を動かして「気の毒」とか「かわいそう」とか思うとしても、「いと」を重ねて「いといと」を冠らせるほどの同情を寄せるのは不自然に過ぎるのではなかろうか。やはり「（お調子者のこの所業は）なんともいやはや困った（不都合な）ことでした」の意と解く方が当っているような気がしてくる。いかがであろう。少なくとも全集が「文化的センスは豊かであるが、早のみこみのそこつ者―そういう傾向の通清のとんだしくじりを『ふびん』と言っていたわりの眼で語っている。」と注しておられるのをそのまま鵜呑みにはしにくい思いが残る。今後の研究に待ちたい。

以上が『宇治拾遺物語』での用例のすべてであるが、ここで初めて「ふびんなり」の原義「（自分の当面したことについて）不都合だ・具合がわるい（と感じる）」ことから、「（具合がわるいことにかかわっている人こそさぞ困るだろうと同情して）気の毒だ（と感じる）」の意に転じて用いる用例が俄かにい

くつかあらわれて来たのは、この物語が王朝の貴族文学からは離れて庶民生活に眼を向けた説話文学だからであって、そこには口語的表現も取り入れられ、王朝期から伝来の語でも、王朝期にはなかった転義が中世に入って行なわれればその転義をも自由に用いるということであったわけであろう。

§７　93・10

保元物語

１　（山田小三郎維行ガ死ヲ覚悟シテ八郎為朝ノ矢ニ向ウニ当タッテ、家来ノ）舎人《とねり》男にいひけるは、「やをれ（オイ）、おのれ（オマエハ）年ごろ付きつかへて、させる思ひ出もなくて止みなんこそ不便（ふびんト振仮名スル）なれ。されども、しかるべき先世の宿習にてこそ、主ともなり郎等ともなりて、かかる最後までもつきしたがふらめ。……」とて……　（『日本古典文学大系』P102）

この「ふびんなれ」も、この例だけを見て「不都合だ」の意ではないと言い切ることはむずかしかろうが、やはり、この物語と、次掲の『平治物語』を通じての用例から考えて「かわいそうだ（気の毒だ）」の意と解くのが穏当と思われる。

２　（新院（崇徳上皇）ハ三井寺マデ落チノビヨウトサレタガ途中デ気絶サレル程ノオ疲レヨウデ）家弘「敵定め

て追ひまゐらせ候はむずらむ。とう〳〵のび（逃ゲノビ）させ給ふべき」よし申しければ、（新院ハ）「今は此の身の事をば各《おのおの》しるべからず。いづかたへもたち忍び、汝等が身をたすくべきなり。さしもの奉公をいたして身をいたづらにすつる事こそ不便（ふびんト振仮名スル）なれ」とてよに御心弱げにて御涙をながさせ給ふ。（大系P122）

右の「ふびんなれ」も「（理に合わず）不都合だ」ではなくて、「かわいそうだ（気の毒だ）」の意と思われる。

3 （新院ニ与《くみ》シテ敗レタ為義ノ首ヲハネヨト子ノ源義朝ニ朝廷カラ厳命ガアリ、進退窮マッタ義朝ハ部下ノ政清ノ言ニ従ッテ、ダマシ討チニスル決心ヲシテ、父為義ニ）「御頸をはねて参らせよと、度々仰せ下され候間、今度の（私ニ対スル）忠賞に申しかへて御命許りをこそ申し助け参らせて候へ（オ願イ申シ上ゲテオ助ケ申シ上ゲマシタ）。……（私ハ）東山なる所に庵室を構へ持ちて候。貴き所にて候へば、彼に渡らせ給ひ候ひて、御念仏候へかし」と申されければ、入道（義朝）先づ泪をながして、「あはれ、人間の宝には子に過ぎたる物こそなかりけれ。子ならざらん者、たれかは身にかへて助くべき。生々世々にも此の恩忘れまじきぞよ」とて、手を合はせ悦び給ふ。……（シカシ、途中デ車カラ輿ニ乗リ移ルトキニ政清ニヨッテ討タレル手筈ニナッテイルコトヲ知ラサレテ）入道大きにおどろき「さては口惜しき事こさんなれ（「事ニコソアンナレ」ノ約）。義朝はだしぬきけるよな。……さては犬死

せんずるにこそ。今度の合戦に院方（崇徳上皇方）かたせ給ひたらば、（私ハ自分ノ）軍功勲賞にも申し替へ、又命にかへても、などか（我ガ子ノ）義朝一人を助けざるべき。あはれ、親の子を思ふやうに子は親を思はざりけるよ。……但しかくはあれども、我が子のわろかれとはおもはぬ也。願はくは上《かみ》梵天帝釈・下《しも》堅牢地神に至り給ふ迄も、義朝逆罪（五逆罪。ソノ筆頭ガ父ヲ殺ス罪）を助けさせ給へ」との給ひもはてず涙に咽び給ひけり。敷皮半畳構へたれば、其の上に下り居て、「汝等おもへかし。子を思ふならひ、何をわけておろか（疎カ）なるべきにはなけれども、六条堀川の当腹の（今ノ妻ノ腹ニ生マレタ）四人の幼き者共、殊更不敏（ふびんト振仮名スル）に覚ゆる也。相構へ而《て》比等《これら》をば義朝に申し助けて、善くは子ともおもへ（モシモ善イ児ダッタラ自分ノ子トモ思ッテクレ）、悪しくは切つても捨てよ。弓矢取る者は、親しき（血縁）に過ぎたる方人（味方）なし。彼等四人生立《そだ》ちたらば、能き郎等百人にはかへまじき也。能々《よくよく》義朝に云ふべし」とて又泪に咽び給ふ。（大系P146）

長々と本文を引いたのは、この大系本の底本（金刀比羅宮蔵本）は本文の漢字に平仮名で振仮名がしてあることが多く、それについては本稿では適宜その本文の振仮名を省いたり本文を平仮名に改めたりしておくことが多かったが、「例1・2」の用例の原本文は、前にもそれぞれに注記したように、いずれも「不便《ふびん》なれ」であった。ところが、ここの用例は「不敏《ふびん》に」なので、いちおう「不敏に」の意で吟味する必要があろうかと思ったからである。その「不敏」は『大漢和辞典』では「さ

とくない。賢くない。転じて自己の謙称。魯鈍。不才。」と解き、「儀礼」ほか古典五書の用例を挙げているが、すべて右の解の意におさまる。『日本国語大辞典』も「①敏捷でないこと。機敏でないこと。また、そのさま。」「②才能に乏しいこと。またそのさま。不明。不才。自分をへりくだっていうときに用いられる。」と解き、用例は①に対しては、近代の、②に対しては『本朝文粋』『論語』の他、近代のものを挙げている。となれば、右の用例の前後の文章から推測しても到底「不敏に」では意は通じまい。殊に「善くは子ともおもへ」と言っているのだから「不敏」とは思っていないはずである。あるいは伝写の間に平仮名書きの「ふびん」が不用意のうちに「不敏」に当て替えられたというようなことであろうか。そして語意はやはり「かわいそうに」であることは確かであろう。

平治物語

1・2（信頼ハ義朝ヲカタラッテ、信西ヲ滅ボソウタメニ、平治元年一二月、清盛・重盛ノ熊野参詣ノ隙ニ乗ジテ挙兵）九日の子の刻、信頼・義朝数百騎にて院（後白河上皇）の御所へ参りて申されけるは、「信頼を討つべき者あるよし告げ知らする者候ふ間、東国の方へ落ち行かばやと存じ候。幼少より御不敏（ごふひんト振仮名スル）を蒙り候ひつるに、都の中《うち》を出で候はむ事、行く空も覚え候ふまじ」と申されければ、上皇「何者が汝をうたんと申すぞ」とてあきれさせ給へる御有様也。伏見の源中納言師仲卿御車をさしよせてめさるべき由申せば、信頼「まことに御不便（ごふびんト振仮名スル）

なりとの御気色にて候はば、とくとくめさるべく候」と申す間、上皇取りあへさせ給はぬ御有様にて御車にめされけり。……大内へ御幸なしまゐらせて、一品の御書所に打ち籠めたてまつる。

（『日本古典文学大系』P194）

第1例の「御不敏」と第2例の「御不便」とは「敏」と「便」とのちがいがあるのにかかわらず、同じ人（信頼）が同じ相手（上皇）に同じ事がらを、つまり、第1例は、「信頼が幼少の頃から上皇の御ふびん（かわいそうだ（かわいらしい））との御心くばりを頂戴した」ということ（ナオ「ふびん」ヲ名詞トシテ用イタノハ稀ナ例。マタ第2例ノヨウニ形容動詞ノ「ふびんなり」ニマデ尊敬ノ接頭語ノ「御」ヲ冠スルヨウニナッタノハ時代ノ下ッテイルコトヲ思ワセル）を、第2例も「信頼に対して上皇がまことにかわいそうだとの御心持ちでいらっしゃる」ということを言っているのだから、この「不敏」は「不便」という語と全く同義の語であるものとして記され、又読みとられることが期待されていたことは明瞭であろう。そしてこの大系本の本文の底本は、前掲の『保元物語』と一対《いっつい》の、形式・体裁も同じ本で、同じく金刀比羅宮の蔵のもの。従って前掲の『保元物語』の用例「3」の「不敏」という用字も、ただ単にそこでだけの不用意な当てちがいということでは必ずしもなかったらしいことに、改めて気が付かなければならないようである。ということであれば、この『保元・平治』の物語の、少くとも金刀比羅宮本が書写された頃は、すでに「不便なり」（便宜ニアラズ）の原義である「都合がよくない（不都合だ）。具合がわるい」も、第二義の「困ったことだ」もほとんど用いられ

なくなって、第三義の「気の毒だ（いたわりたい感じだ）。かわいそうだ（かわいらしい）」の意に用いられるのが一般になっていたために、「ふびん」を伝来のまま「不便」と書くことに不審を覚えた書写者が「不敏」を当て直してみたというようなことだったのではなかろうか。「不敏」なら「賢くない・機敏でない」の意から、自分の庇護下に在る賢くなく機敏でない者に対しては、「いたわってやりたい感じ・かわいそうだという感じ」さらには「かわいらしいという感じ」も生まれるだろうから、何となく納得できたというようなことではあるまいか。なお、その後（いつ頃からか私には調べかねるが）「不愍」「下憫」が当てられるようになったが、この二つの漢字はそれ自体が「あはれむ（カワイソウガル）」の意の語だから、それを否定する「不」を冠したら全く反対の意となるわけで、勿論採れない。だが、そのことを当然承知の上で、この二人の〝当て字犯人〟はこの〝暴挙〟を敢行したのであろうわけは、ともかくこの「ふびん」の語の中に「アワレム」の意の文字を何が何でもはめ込みたかったのであろう。ひょっとしたら、「不」を冠していても「アハレナラズヤ」と読めるとでも考えたのだろうか。

　ところでこの「不便」を「不敏」に写しかえたのはいつ頃かを知りたいのであるが、周知のとおり、この『保元・平治』の両物語は、『平家物語』などと同様に、本文自体が「語り物」として琵琶法師などによって語り伝えられる間に、最初に成立した形の本（原形本）に少なからぬ加除変改の手が加えられつつ伝来したものであり、ことに金刀比羅宮本は、近世初期に古活字本・整版本が刊行されて流布するまでは流布本であった系統本の一本で、原作本に近いとは言えないようであり、

その（流布本としての）成立時期は室町期に入ってかららしく、早くても一四四六年以降かと言われている由である。そうした性質の本の伝写本の用字が「便」から「敏」に変わった時期を知ることは困難だというほかはない（『保元・平治物語』の、世に知られた限りでの諸写本の、少なくとも本稿に挙げた『保元』の「3」の用例、および『平治』の「1」の用例の「敏」の部分がどうなっているかを調べれば、ある程度はわかるかも知れないが、そういう諸写本は、今のところ活字刊行も写真本刊行もされていないようだから、どうしようもないのである）。

3 （信頼ハ戦ニ敗レテ仁和寺ニ行ク途中デ山法師タチニ行キ逢イ、鎧・直垂・馬・鞍ヲトラレ、大白衣ニナッタママノ身デ、ヤット）仁和寺殿（後白河上皇）へ参り、「上皇をたのみまゐらせて参りし」と申し、さまざまに申し入れられければ、（上皇ハ）もとより御ふびんにおぼしめされしかば、傍にかくしおかせ給ひけり。やがて（スグニ）「信頼をばたすけおかせ給ふべくや候ふらん」と主上（二条天皇）へ（上皇ハ）御書をまゐらせ給へども、御返事もわたらせ給はず。「丸《まろ》をたのみて参りたる者にて候。たすけさせ給へ」と御書ありしかども、御返事も申させ給はねば、上皇力およばせたまはず。
（大系P244）

右の「ふびん」は、底本はそのまま仮名書きである。これも「かわいそうに（気の毒に）」の意であることに異論はあるまい。上皇がひたすらに助命を懇願しておられるのは、庇護を頼んできた男

の無力な境遇にあることをあわれみ給うたのである。

4 (義朝討死ノ後、悪源太義平ハ越前国足羽カラ唯一人デ上京シテ、親ノ敵デアル平家ヲ窺ッテイタガ、タマタマ義朝ノ郎等デ丹波国ノ住人志内六郎景住ニ逢ッタ。下級ノ侍ナノデ平家カラノ捜索モナイバカリカ、ツテヲ求メテ平家ニ奉公シテイタノダガ、義平カラ現在ノ身ノ上ヲ尋ネラレテ「身の捨てがたさに、(源氏ノ)御代にならん程と存じて平家に奉公仕り候」ト答エ、義平ニ従ウ。義平ハ、景住ヲ主ニシタテ自ラハ下人ノ装ヲシテ、景住ノ出仕スル六波羅ニ随行シテ機ヲネラッテイタガ、果サヌウチニ、三条烏丸ノ宿舎ノ主ガ、主従ガ食膳ヲ入レカエテ食ベテイルノヲ障子ノ隙カラ見テ、六波羅ニ密告シタノデ、難波二郎経遠ガ率イル三百余騎ガ三条烏丸へ押シ寄セタガ、義平ハ正面ニ進ム者共二三人ヲ切リ伏セテ築地ヲ越エテ消エ失セタ。景住ダケ生ケ捕リニサレテ、縁ノ際ニ引キ据エラレタ) 清盛出でむかひて宣ひけるは、「いかに汝は当家に奉公して世にあるべきものが、返り忠して(裏切リヲシテ)切らるることの不便(ふびんト振仮名スル)さよ」とのたまへば、景住申しけるは、「源氏は(私ニトッテ)相伝の主《しう》、御辺(アナタ)は今の主《しう》なり。源氏の御代にならんほどと存じ候ひ而《て》ほうこうせんと申すを、まことにしてつかはるる御辺こそ尾籠《びろう》人なれ(バカゲタ人ダ)」と申しければ、「きやつ狼藉なり」とて六条河原へ引き出し……
(大系P269)

右の「ふびん」も「(理ニ合ワナクテ)不都合」でも「(清盛トシテ、処置ニタメライノ心ガアッテ)困ったこと」でも、対等の者として清盛の感じる「気の毒」でもなく、勝者が敗者を見下しての「かわ

いそう」の意であることは、右の長々と記した括弧内の説明とそれにつづく本文とで明白であろう。

5 （生ケ捕ラレタ頼朝ハ斬ラレルベキ運命ニ在ッタガ、池ノ禅尼〔平忠盛ノ後室〕ハ、死ンダ愛児ノ家盛ニ生キ写シト聞カサレタコトモアッテ、重盛ヲ介シテ清盛ニ助命ヲ申シ入レタ。シカシ清盛ハ「助けんことは思ひもよらず。とくとく切るべし」トイウ）重盛池殿にこのよし申されければ、涙を流し給ひて、「あはれ恋しき昔かな。忠盛（清盛ノ父）の時ならば、是ほどかろくは思はれたてまつらじ。過去に頼朝に我がいのちを助けられてありけるやらん（頼朝ハ自分ノ子デモナイノニ、〔コンナニ私ガ関心ヲ持ツノハ〕前世デ頼朝ニ私ノ命ガ助ケラレタコトガアッタノダロウカ）、いたく不便（ふびんト振仮名スル）におもふなり。頼朝切られれば、我も生きて何かせむ。さらば、干死《ひじに》せむ」とて、湯水をものみ給はずとて（「とて」ヲ欠ク本モアル）ふししづみ泣かれければ、……　（大系P278）

右の「不便に」も「かわいそうに」で異論はあるまい。

6 （常葉《トキハ》〔近衛天皇ノ皇后九条院ノ雑仕ダッタガ義朝ニ嫁シテ、今若・乙若・牛若ヲ生ム。義朝ノ死後、大和ニ隠レテイタ。〕ハ、六波羅ノ使ノ伊東景綱ガ母親ヲ訪ネテ常葉ノ所在ヲ尋ネタトコロガ、母親ハ知ラナイト答エルバカリナノデ、召シ捕ラレテ徹底的ニ問イタダサレタト伝エ聞イテ、母ノ命ヲ救ウタメニ幼イ子タチヲ連レテ六波羅

ニ出頭シタ。）景綱（清盛ノ御前ニ）参りて、清盛にこのよし申せば、「母の命を助けむために参りたるな。もとよりさこそあるべけれ。具して参れ」と宣へば、常葉を具して参りけり。母の尼公もつれて参る。清盛さぶらひ（侍ノ詰所）へ出で給ひ、常葉に対面して、「この間いづくにありけるぞ」と宣へば、常葉、「義朝の少《をさな》い人々の候ふを、取りいだされ失はるべしと承り、かたはら（片田舎ノ地）にしのびて候ひつれど、とがもなき母の命を失はるべしとうけ給はり候程に、助けむ為に参りて候。幼き者ども失ひ給はば、まづわらはを失はせ給へ」とて泣きゐたり。母の尼公うしろにて、「孫と女《むすめ》と失はせ給はば、尼をまづ失なはせ給へ」とぞなげきける。今若殿、敵《かたき》清盛の方へ一目《ひとめ》、常葉が方を一目見て、「泣いて物を申せば、ぜひ（正邪）も聞えぬに、泣かで申させ給はで（オ母サマハ泣カズニ申シ上ゲナサラナクテハ駄目デスヨ）」と宣へば、平家の人々侍共、「義朝の子なれば、少《をさ》なけれども申しつることのおそろしさよ」とて舌をふりて（舌ヲマイテ）おぢあへり。常葉十六歳より義朝にとりおかれ、七年の契りなれば、言ひ捨つることば（不用意ニ言ッタ言葉）までもかたくななる（気ガ利カナイ）こと一つも無し。……大宰大貳清盛は（生年二三歳デ絶世ノ美女デアル）常葉が姿を見給ふより、よしなき（イワレノナイ）心をぞうつされける。清盛宣ひけるは、「大かたとり行ふにてこそ候へ（大体、今、処刑スルトコロナノダ）。さればとていかでか情《なさけ》なきことあるべき」とて、景綱がもとへかへされけり。……（ソノ後、清盛ハ常葉ノ許ヘ恋文ヲ遣ワスガ、返事モシナイノデ、「三人ノ幼イ者共ヲ助ケテヤロウ。従ワナイナラ、目ノ前デ殺ス」ト言イ遣ッタトコロ、ソレデモ常葉ハ返事ヲシナイ。母ノ尼公ガ「幼イ者ト尼トノ命ヲ助ケヨウト思ウナラ、仰セニ従ウノガヨイ」ト様々

ニ言ウノデ）さすが少《をさな》き人々の命《いのち》も惜しく、母の命《めい》をもそむかじと思へば、御返事申して、敵の命《めい》にしたがひける。侍ども申しけるは、「一人二人にても候はず、敵の子ども三四人までたすけさせ給はんことはいかが候べき」と申しければ、清盛、「池の禅尼（清盛ノ継母ニ当タル）のさりがたく（自分トシテハ避ケヨウモナク）宣へば、頼朝をだに助け置くに（「例5」ニ引用シタヨウニ頼朝ハコノ池ノ禅尼ノ必死ノ申シ入レニヨッテ死罪ヲ免カレ流罪ニナッタ）、それより少《をさな》き者どもをうしなはんことふびん（平仮名書キ）におぼゆるぞ」と中中《なかなか》しげに（「なかなか」ハ、「ナントカ肯定デキル程度ニ」ノ意デアルカラ「中中しげに」ハ「ハタカラ見テマア何トカモットモダト受ケトッテモラエソウニ」ノ意デアロウ）宣ひける。……三人の子どもの命をたすけしは、清水寺《せいすいじ》の観音の御利生といふ。日本一の美人たりし故也。容《かたち》は幸《さいはひ》の花とはかやうのことを申すべき。（大系P287）

またも長々と本文を引いたのは、清盛の発言は、本心からでなく無理にごまかした理由づけの中での「ふびんにおぼゆるぞ」であるから、いちおう情況を説明しておきたいからである。はじめは、義朝の遺した男の子たちは、当然殺さなければならないと清盛は考えていた。征服者が被征服者の遺した男子を生かしておいたら、いつの日か必ずそれを擁して被征服者の残党や友党が再起して戦をいどんでくることは目に見えている。まして、同じ裁きの場において、母常葉の傍に在って「泣いて物を申せばぜひも聞えぬに、泣かで申させ給はで」と毅然として助言する幼児の言動に、平家の侍共は衝撃的な恐怖におののいた。生かしておけば必ず復讐されると思ったからである。そ

んなことは清盛も当然感じとっていたにちがいない。だがその清盛がコロッと考えを翻したのは、絶世の美女常葉に一目惚れをしてしまったからである。「死罪にする手筈になっているのだが、情状酌量ということがないことがあろうか」と咄嗟にとりつくろって、それを餌に常葉の身体を要求する。それでも肯ぜぬ常葉を手に入れるために、あろうことか、義朝の三人の男子の命を助けることを条件に出す。侍共は当然〝吾が君ご乱心〟とばかりに、「一人二人でもなく、敵の子たち三四人まで助けるとは、何ごとか」と諫言するのに対して「頼朝さえ助け置いたのに、それより小さい者を殺すのはふびんに感じられるのだ」と詭弁を弄する。頼朝は流罪にされて、周囲の情勢からみても再起の可能性は、まずない。それに比べて、俊秀らしい三人の遺児たちを野に放つのは、将来に禍根を残すこと明白である。それを知りながら敢えてした処置であるが、その理由を正当化するための言葉が「云々しようことが『ふびんにおぼゆるぞ』」であったのである。

右の「ふびんに」は、「頼朝をさえ助けて置くのにそれより幼い者たちを殺すのは、理屈の上から不都合だ（具合がわるい）」の意に解けないことはない。だが、その前に清盛は「いかで情《なさけ》なきことあるべき」と言って情《じょう》を先きに立てることを表明しているのだし、前掲の『保元・平治』の両物語の用例を通じて「気の毒」「かわいそう」の意と判断されることと照らし合わせれば、やはり「かわいそうに」と解くのが至当と思われる。

なお大系本には、「付録」として両物語の古活字本（宮内庁書陵部蔵）が載せられているので右に

掲げた用例を含む本文に該当すべき個所を拾ってみると、

『保元物語』の用例「1」の部分はなく、「2」の新院の詞の部分は、

「武士共は皆いづちへも落ち行くべし。丸《まろ》はいかにもかなはねば、先づここにてやすむべし。もし兵追ひ来らば、手を合はせて降を乞ひても、命計《ばかり》はたすかりなん」と仰せ成りけれども……　（大系P369）

とあるだけで「ふびん」はない。用例「3」の部分に当る本文（P379）には、斬られる場所にのぞんでの為義は、遺児のことなどは口にしていない。『平治物語』の用例「1」「2」に当たる部分は、

右衛門督（信頼）、（馬ニ）乗りながら、南庭にうッたッて、「年来御いとほしみをかうぶりつるに、信西が讒によッて信頼うたれまゐらすべき由承り候間、しばしの命助からんために東国の方へこそまかり下り候へ」と申せば、上皇大きに驚かせ給ひて「何者が信頼をば失ふべかンなるぞ」とて、あきれさせ給へば、伏見源中納言師仲卿、御車をさしよせ、急ぎ召さるべき由申されければ、「早や火をかけよ」と声々にぞ申しける。上皇あわてて御車に召さるれば……
（大系P407）

とあり、全く「不敏」「不便」の部分はない。用例「3」の「もとより御ふびんにおぼしめされしかば云々」に当たる本文は「上皇もとよりふびんにおぼしめさるる人々なれば、傍にかくしおかれて……」（P437）とあり、形も意味もほぼ合致するが、「ふびん」に「御」を冠していないことから、

この部分は金刀比羅宮本より古形であることが察せられる。用例「4」に当たる本文（P449）には志内景住（最澄）が義平の身代り役を勤めたことは記されているが、義平が逃れたあとで捕えられて斬られる話はない。従って清盛の言葉もない。用例「5」に当たる本文をふくむ章には「ふびん（不便）」が二箇所に見える。一つは、金刀比羅宮本では池の禅尼が重盛を呼び寄せて言う言葉は

兵衛佐頼朝が、尼につきて命を申し助かり、父の後生をもとぶらひ候はばやと歎くなるが、故家盛の姿に少しもちがはずときく。家盛は清盛が弟也。御辺の為には伯父ぞかし。伯父の孝養に、頼朝を申し助けて、家盛の形見に尼に見せ給へ。（P277）

であるが、古活字本では

頼朝が尼に付きて、命を申し助けよ。父の後世とはん、と申すなるが、餘りに不便にさぶらふ。よきやうに申してたべ。ことに家盛が幼な生ひに少しもたがはずときけば、なつかしうこそ侍れ。右馬助（家盛）は、それの御為にも伯父ぞかし。頼朝を申し助けて、家盛が形見に尼にみせ給へ。（P453）

となっている。この「不便に」は、やはり「かわいそう」の意。もう一例は、用例「5」に当たるもので、前後の文意はほとんど変わらない。

あの幼き者ひとり助け置かれたりとも、何ばかりの事か侍らん。先きの世に頼朝に助けられたる故やらん、聞くよりいたはしくふびんに（カワイソウデ）侍るぞとよ。……（P454）

用例「6」は「それ（頼朝）より少《をさな》き者どもをうしなはんことふびんにおぼゆるぞ」であったが、

それに当たる古活字本の本文は「兄（頼朝）をば助け、幼きを誅すべきならねば、力なき次第なり」で、「ふびん」の語は用いられていない（なお、この用例「6」をふくむ金刀比羅宮本の本文は「常葉六波羅に参る事」の章に在り、そのあらましは前掲の長い引用文で諒解されたと思うが、皆殺しにするつもりだった常葉腹の三児を、出頭した常葉の美貌に迷った清盛が、急に変心して、常葉がおのれの妾になることを条件に三児の命を助け、部下の男たちの強い反対に会うが、「中中しげな理屈で押し切る話で、無類の権力者清盛の、思いがけない、隠れた人間性の弱み——好色の本能と照れかくしの強弁——を巧みに描いて、香りの高い文章となり得ているのに対して、古活字本では、清盛は、対面する前から「子ども相具して参りたる条、神妙なり」とほめることから始めて常葉の自己犠牲の精神に感動して「さしも心強げにおはしつる清盛もしきりに涙のすすみければ……」というようなことで、三児の断罪を許すという話になっていて、常葉の美貌は全く関係がない〔P456以下〕。薄っぺらな、低俗単純な人情話で終っている。これを見ると、少くともこの一章で見る限り、古活字本は、金刀比羅宮本より、更に低俗な読者たちに合わせた改変本らしく、原形本からは遥かに離れた本かと思われる）。

§8　94・6

平家物語（『日本古典文学大系』本）

『平家物語』の原本は一二一八年以前の成立といわれるが、現存しない。大系本の拠る底本は龍

谷大学図書館蔵本で、いわゆる「語り系」の「覚一本」系に属し、一二〇〇年代の半ば頃以後の成立かという。従ってこの本に見える「ふびんなり」はその頃通行の語意を持っていたつもりで、まず読むべきであろう。

1（白拍子ノ祇王祇女ハ入道相国（清盛）ノ最愛ノ寵妓ダッタガ、仏御前トイウ白拍子ガ、召サレモシナイノニ入道ノ邸へ参上シタ。入道ハソノ無礼ヲ怒ッテ「遊女ハ召シニ従ッテ参上スルモノダ。ソレニ祇王ガイル所ヘハ神トイオウト仏トイオウト叶ワヌコトダ。トットト退出シロ」トイッタ）仏御前はすげなう言はれ奉つて、既に出でんとしけるを、祇王入道殿に申しけるは「遊び者の推参は常の習ひでこそさぶらへ。その上年もいまだ幼なうさぶらふなるが（マダ幼ナイト聞イテオリマス者ガ）適々《たま〱》思ひたつて参りてさぶらふを、すげなう仰せられて帰させ給はん事こそ不便（ふびん）なれ。いかばかり恥づかしう、かたはら痛くもさぶらふらむ（「モシソンナコトデモシタラ」自分トシテドンナニ心ガトガメ、マタ、気ノ毒ニ思ウデショウ。以上ハ「いかばかり」以下ニツイテノ「大系」ノ訳。ソレニ従ウ）。わが立てし道なれば、人の上とも覚えず。たとひ舞を御覧じ歌をきこしめさずとも、御対面ばかりさぶらうて帰させ給ひたらば、ありがたき御情でこそさぶらはんずれ。唯理を曲げて、召し返して御対面さぶらへ」と申しければ……

（祇王『日本古典文学大系』上P96）

右の「不便なれ」は原義の「不都合だ」「具合が悪い」でも通じるが、前記のように、成立年時

を考え、それが当時の聴衆への語り物であることを考えれば、転義の「(相手が)気の毒だ」であることに疑いはないであろう。

2 (漢ノ武帝ノ将軍李少卿ハ胡国ヲ攻メテ敗レ捕虜トナリ、故国へ帰リタガッタガ胡王ハ許サナカッタ)漢王これを知り給はず。君のため不忠の者なりとて、はかなくなれる二親が死骸《しかばね》を掘り起こいて打たせらる。其《その》外六親(父母・兄弟・妻子)を皆罪せらる。李少卿是《これ》を伝へきいて、恨深うぞなりにける。さりながらも猶《なほ》古郷を恋ひつつ、君に不忠なき様《やう》を一巻の書に作りて参らせたりければ、「さては不便(ふびん)の事ござんなれ(「不便ノ事ニコソアンナレ」ノ約。「ナレ」ハ伝聞推定ノ助動詞「ナリ」ノ已然形。ソレデハドウヤラ不便ナコトデアルヨウダ)とて父母がかばねを掘り出だいて打たせられたることをぞ悔《くや》しみ給ひける。　(蘇武　大系上P207)

この「不便の事」も原義の「(理に合わず)不都合な事」で通じるが、やはり「かわいそうな事」「気の毒な事」と解くべきであろう。

3 (清盛ノ娘デアル中宮徳子ガ懐妊。月ガ重ナルニツレテ苦シゲデ、手ゴワイ物ノ怪ガ取リツキ、平氏ヲ怨ム生霊・死霊ガ名ノリヲアゲタ)門脇の宰相(教盛)か様の事共伝へ聞いて、小松殿(重盛)に申されけるは、「中宮御産の御祈さまざまに候ふなり。なにと申し候ふとも、非常の赦(有罪者ノ赦免)に過ぎた

る事あるべしともおぼえ候はず。中にも、鬼界の島の流人ども召し返されたらむ程の功徳善根、争《いかで》か候ふべき」と申されたれば、小松殿父の禅門（清盛）の御まへにおはして、「あの丹波少将（成経。清盛ノ弟ノ教盛ハ成経ノ舅）が事を、宰相（教盛）のあながちに（ムヤミニ）歎き（歎願）申し候ふが不便（ふびん）に候ふ。中宮御悩《ごなう》の御事承り及ぶごとくんば、殊更成親卿（〔空席ニナッタ大将ノ地位ヲ望ンダノニ清盛ノ子重盛宗盛ニ取ラレタノヲ恨ンデ俊寛・西光・康頼ラト共ニ鹿ヶ谷デ平氏討滅ヲ謀ッテ清盛ニ捕エラレ殺サレタ〕）が死霊なンど聞え候ふ（中宮ノ御悩ノ御事ガ私ノ聞キ及ブ通リナラ、トリワケ成親卿ノ死霊ノ所為《セイ》ダナドト噂ニ聞イテイマス）。大納言が（成親ノ）死霊をなだめむとおぼしめさむにつけても、生きて候ふ少将（成親ノ子デアル成経）をこそ（島流シ先カラ）召し返され候はめ（召還ナサルノガヨイデショウ）。人の思ひ（他人ノ心配事）をやめさせ給はば、おぼしめす事も叶ひ、人の願ひを叶へさせ給はば、御願もすなはち（スグニ）成就して、中宮やがて皇子御誕生あッて、家門の栄花弥《いよいよ》さかんに候ふべし」と申されければ、……（赦文　大系上P211）

右の「不便に候ふ」は原義の「不都合（困ったこと）でございます」では意味不通になる。「気の毒（かわいそう）でございます」の意でしかあり得ない。

4 （「3」ノ文ニツヅク）（重盛ノ話ヲ聞イテ清盛ハ日頃ニ似合ワズ穏カニナッテ、俊寛以外ノ者ノ赦免ヲ認メタノデ、重盛ハ帰宅シテ叔父ノ教盛ヲ呼ンデ）「少将（成経）はすでに赦免候はんずるぞ。御心安うおぼしめ

され候へ」とのたまへば、宰相（教盛）手を合はせてぞ悦ばれける。「下《くだ》りし時も、などか申し受けざらむと思ひたりげにて（成経ガ流刑地ノ九州ヘ下ッテイッタ時モ、ドウシテ私ガ貰イウケテクレナイノカト思ッテイルヨウナ様子デ）、教盛（コノ私）を見候ふたびごとには涙を流して候ひしが（涙ヲ流シテオリマシタコトガ）不便（ふびん）に（底本「に」ナシ。仮リニ諸本デ補ウガ、「語り本」トシテ発音上省略サレタモノトスレバ底本ノママデヨイデアロウ）候ふ」と申されければ、小松殿「まことにさこそおぼしめされ候ふらめ。子は誰とてもかなしければ（カワイイノダカラ）、よくよく（父清盛ニ）申し候はん」とて（奥へ）入りたまひぬ。　（赦免　大系上P212）

右の「不便に候ふ」も原義を当てては解けない。転義も「気の毒でございます」は当たるまい。「かわいそうでございます」に決まろう。

5　（鬼界ガ島ヘ流サレタ三人ノウチ俊寛僧都一人ダケガ赦免サレズ残サレテ）うかりし島の島守になりにけるこそうたてけれ。僧都の幼なうより不便（ふびん）にして、召しつかはれける童《わらは》あり。名をば有王とぞ申しける。　（有王　大系上P232）

この「不便にして」は「かわいがって」の意である。「不便」は、原義の「都合がわるい。具合がわるい。自分にとって困ったことである。」から転義の「気の毒」になってゆくが、その「気の

毒」とは本来「他人の苦痛・困難を見て自分の心を痛めること」で、それが「自分の心の毒になる意」（『改訂新潮国語辞典』昭49刊）なのだから「自分にとって困ったこと」の意からはっきりつながっているわけである。それに比べると「かわいがる」は自分の心痛とは無関係な言葉のようにも見えるが、やはりそうではなく「かわいがる」は強者に対しては用いられない言葉であることでもわかるように、自分より弱い立場にある者に憐愍の気持ち（気の毒な気持ち）をもって庇護する動作が「かわいがる」なのである。この「かわいがる」の意の「不便にす」は、時代が下るにつれて用例はふえてゆく。

6 （高倉宮以仁王ヲ擁シテ平家追討ヲ企テタ源三位入道頼政ハ、宇治デ平家ノ大軍ニ敗レル）六条蔵人仲家、其子蔵人太郎仲光も、さんざんに戦ひ、分捕りあまたして遂に討死してンげり。この仲家と申すは、帯刀先生《たてわきのせんじやう》義賢が嫡子なり。（父ニ死ナレテ）みなし子にてありしを、三位入道養子にして不便（ふびん）にし給ひしが、日来《ひごろ》の契りを変ぜず、一所《いっしょ》にて（同ジ所デ）死ににけるこそむざんなれ（イタマシイコトデアル）。（宮御最期　大系上P316）

この「不便にす」も「かわいがる」である。みなし子という弱い立場にいた子に自分の心を痛め同情して、養子にしてかわいがった、ということである。

7 （戦ニ敗レタ本三位中将重衡ハ乳母子ノ後藤兵衛盛長ト二騎ダケデ落チノビヨウトシタガ、梶原源太景季ノ遠矢デ馬ヲ射ラレタ。盛長ハ自分ノ馬ヲ重衡ニ取ラレルノヲ恐レテ大急ギデ逃ゲ去ッタ。重衡ハ「いかに盛長、年来日頃、さは契らざりしものを、我を捨てていづくへ行くぞ」ト言ッタガ、聞カヌフリヲシテ逃ゲタノダッタ。重衡ハ生ケ捕ラレタ。盛長ハ熊野法師ノ尾中法橋ヲ頼ッテソコニイタガ、法橋ノ死後ハ後家ノ尼公ガ訴訟ノタメ上京シタ時）盛長供してのぼッたりければ、三位中将（重衡）の乳母子《めのとご》にて、上下（身分ノ高イ人・低イ人）には多く見知られたり。「あな、むざんの（コノ「むざん」ハ、「例6」ノ末尾ノ「むざん」ガ転義デアルノニ対シテ、原義ノ「恥知ラズ」ノ意）盛長や、さしも（重衡ガアレホド）不便（ふびん）にし給ひしに、一所《いっしょ》でいかにもならずして（同ジ所デ命ヲ捨テルコトモシナイデ）、思ひもかけぬ（誰モ考エモシナカッタ）尼公の供したる憎さよ」とて爪はじきをしければ、盛長もさすがに恥づかしげにて、扇を顔にかざしけるとぞ聞えし。　（重衡生捕　大系下P219）

長々と無用の引用をしたきらいがあるが、「むざん」の語意を「例6」の「むざん」と同じに「いたましい」「気の毒」とでも解くと、わけがわからなくなるから、話を初めから、かいつまんで記して「むざん」の語意の読み分けを納得してほしかったのである。この「不便にす」も乳母という生まれながらにして自分の従者という低い立場にいる盛長だから、「かわいがった」のである。

8 （維盛ハ都ニ残シタ妻子ニ会イタクテ八島ノ館ヲ抜ケ出テ与三兵衛重景ト石童丸ヲ連レテ出タモノノ都デハ捕エ

ラレルカラ、モト重盛ニ仕エタ斎藤滝口時頼ガ出家シテ高野山ニイルノヲ訪ネテ智覚上人ノ手デ出家スル決心ヲスル。ソレヲ聞イテ重景モ自ラ髻ヲ切ッテ滝口入道ニ頭ヲ剃ラセタ）石童丸もこれを見て、元結際より髪を切る。これ（石童丸）も八つより（維盛ニ）付き奉つて、重景にも劣らず不便（ふびん）にし給ひければ、同じく滝口入道に剃らせけり。（維盛出家　大系下P275）

右の「不便にす」も「かわいがる」である。

9　（内大臣宗盛ハ関東ニ送ラレル前日ニ九郎大夫判官義経ニ頼ンデ八歳ノ息子能宗ト面会シタ。コノ息子ノ母親ハ産後ノ病デ七日目ニ死ンダノダッタ。宗盛ハ守護ノ武士タチニ言ウ）「是はおのおの聞き給へ。母もなき者にてあるぞとよ。この子が母は是を生むとて、産をば平らかにしたりしかども、やがて（スグニ）うち臥して悩みしが、『いかなる人の腹に公達をまうけ給ふとも、思ひかへず（愛情ヲ変エルコトナク）育てて、わらはが形見に御覧ぜよ。さし放つて乳母《めのと》などのもとにつかはすな』と言ひしことが不便（ふびん）さに、あの右衛門督（清宗。能宗ノ兄）をば、朝敵を平らげん時は大将軍せさせ、これをば副将軍せさせんずればとて、名（ヨビ名）を副将と付けたりしかば（母親ハ）なのめならず嬉しげに思ひて、すでに限りの時までも名を呼びなンどして愛せしが、七日《なぬか》といふにはかなくなりてあるぞとよ。此子を見るたびごとには、その事が忘れがたく覚ゆるなり」とて涙もせき敢へ給はねば……（副将被斬　大系下P359）

この「不便さ」は「かわいらしさ」ではなく、「かわいそうであること」である。

10（鎌倉ノ源二位頼朝ノ父、故左馬頭義朝〔一一六〇年死ス〕ノ正真正銘ノ首ダトイッテ、文治二年〔一一八五〕八月、高雄ノ文覚上人ガソレヲ自ラノ首ニカケテ鎌倉ニ下ッタ。実ハ治承四年〔一一八〇〕ノ頃差シ出シタ首ハ偽首《ニセクビ》デ、頼朝ニ謀反ヲ勧メルタメノ謀ダッタノデアル。頼朝ハソレヲ信ジテ謀反ヲ起コシテ天下ヲ奪ッタトコロヘ今度ハ再ビ本当ノ首ヲ探シ出シテ下ッタノダッタ）是は年頃義朝の不便（ふびん）にして召し使はれける紺掻きの男（藍染メ職人）、年来獄門にかけられて後世《ごせ》とぶらふ人もなかりし事を悲しんで、時の大理（検非違使別当ノ唐名）に会ひ奉り、申し給はり、（獄門カラ）取り下して、「兵衛佐殿（頼朝）流人でおはすれども、末頼もしき人なり。もし世に出で尋ねらるる事もこそあれ（モシモ将来出世シテ父ノ義朝ノ首ヲオ探シニナリデモスルトイケナイ。〔「もこそ」ハ将来起コリソウナ事ヲ危惧スル意ヲアラワス語法。確実性ガアル予測ダカラ将来ノ事ナノニ「あらめ」ト結バズ、「あれ」ト結ンデイルコトニ注意〕）とて、東山円覚寺といふ所に深う納めて置きたりけるを、（文覚ガ聞キ出シテ、紺掻キノ男ヲ連レテ再ビ下ッタノダッタトカ）　（紺掻之沙汰　大系下P381）

右の「不便にして」は、「気の毒がって」と解いては、「（義朝が心を痛めて）気の毒がる」具体的な理由が明らかに示されていないから、当たるまい。この藍染めの男は、義朝の首が年来（一一六

○年からかなりの長い年月であろう）獄門にさらされっ放しになって、誰も手を出すことをしないことを悲しんで、平家全盛の世に、わが身の危険をも顧みないで、勇敢にも検非違使別当の許に出頭して、もらい下げて、首を取りおろして人に知られぬように寺に深く納めた、というのだから、――「今は流人だが、末頼もしい人だから云々」というような、若干打算的な考えが動いていたにせよ――世にも稀な誠実な男であったことは確かであろう。その誠実さを見込んで義朝は「不便にし」たのだから「かわいがって」の意と断定して、ほぼ誤りはないであろう。

次には『十訓抄』（一二五二年成る）を挙げるべきだが、紙幅の都合もあって、先きに『沙石集』（一二七九年起稿、四年後に脱稿の後も著者無住《むじゅう》の手で加筆訂正が加えられた）を掲げる。

沙石集（底本は『慶長十年古活字本沙石集総索引――影印本』）

1（村上帝の頃か内裏で五壇法が修せられた時、慈恵僧正は行法の中で不動に成って本尊そっくりだったが、寛朝僧正は本尊に成ったり僧正に成ったりした）御門コレヲ御覧ジテ「不便ノ事カナ。寛朝ハ妄念ノオコルニコソ」ト仰ラレケル。……

（影印本の〔上部に記された〕頁数では(11)・『日本古典文学大系』本〔底本は梵舜本など〕ではP66）

右の「不便ノ事カナ」は「かわいそう（気の毒）な事だな」で当たろう。

2（讃岐房という僧が病み息絶えてのち蘇って語った話――炎魔の王宮へ行ったが、まだ命は尽きないとて捨てられて途方に暮れていたら、師の論識房に会い広野を遙々と連れてゆかれた。その野中に無数の餓鬼がいてその中に或る餓鬼が論識房に「あの讃岐房は我が子だ。あれを養うとて多くの罪を作って飢渇の苦しみに責められて術なき身なので、あれを頂いて食おう」と言ったが、師は「汝の子にそっくりの別人だ」と拒み、遙かに行き過ぎて）「ゲニハカレハ汝ガ母也。汝ヲヤシナヒシ故ニ彼報ヲ得タリ。然ドモ汝ヲ食タリトテモ其苦ノタスカル事モ久シカルマジ。又汝人間ニ生ジテ思出モナウシテ命ヲウシナハン事モ不便ナレバ、我空事ヲモテ汝ヲタスケツル也。穴賢々々（あな、かしこ〳〵）。母ノ孝養能々シテ彼苦患ヲタスケ、ヲノレガ後生菩提ノ為勤ヲコナフベシ。……」（と言って忙しげに立ち去ったと見て蘇った）

（慶長十年古活字本(69)・大系Ｐ111）

右の「不便ナレバ」も「かわいそうだから」である。

3（九州で、父が貧窮して所領を売ったのを嫡子が買い取って父に還してあげていた。それをどういう子細があってか、父は次男に全部譲ってしまった。兄は関東で訴えた。代官の泰時は嫡子の兄の申し分に道理があると思ったが、弟は譲文を持っているので、法家の判定に従って弟へ所有権を認める文書を下付したが）泰時、コノ兄ヲ不便ニ思ハレケレバ、自然ニ闕所（荘園などの領主が犯罪その他のことでその領地を没収されて、まだ新しい領主の定まらぬ領地）モアラバ申アツベシトテ、我内ニヲキテ衣食ノ二事思アテラレケリ。

……（同右(112)・大系P143）

右の「不便ニ」も「かわいそうだと」の意。

4（三井寺に式部と侍従という若い僧がいた。式部は仏道修業に堪え得る学生として評判高いのに対して、侍従は学問には不向きだが、心操穏和で万人に受け入れられ慈悲も情もあり、小児を遊ばせた。或る僧綱が新羅明神に参籠して見た夢に、異類異形の鬼神が明神の前に参ると、神官一人出向かって「侍従を助け、式部を給われとの仰せだ」と言う。この僧綱は夢の中で、侍従より式部の方が仏道修業者として優秀なのに、この仰せは心得がたいと思って神官に申し入れたところ、神官はその御返事を伝えて）「式部ハ誠ニ学生ナレドモ自利ノ心ニテ人ノタメ益アルマジキ者ナリ。侍従ハ慈悲アル者ニテ、我《わが》寺ニ住《ぢう》スマジキ者、彼レ故ニ住セル者百人ニアマリ、不便ニ思食《おぼしめす》也ト仰ニテ侯」ト云ト思テ夢覚《さめ》ヌ（不思議に覚えて侍従房に使者を遣って問わせたら、この両三日重病で臥っていたが今暁軽快したと云う。式部房に遣った使者が聞いたのは今暁から重病になって死んだとの話であった）。（同右(201)・大系P206）

この「不便ニ思食也」も、「自分の寺に住むべきではない者や、慈悲心のある彼だからそれにつけこんで住んでいる者が一〇〇人余もいる。それの生活の世話をする苦労は、どんなにか大変だろうとて、『かわいそうだ（気の毒だ）とお思いあそばす』」の意。

5（昔、鹿野苑に鹿王がいた。五〇〇の群鹿を領した。この鹿王は釈迦如来が菩薩である時の因行〔修行〕である。もう一人鹿王がいた。同じく群鹿を領した。これは提婆達多〔釈迦の従兄。釈迦の競争者で、後に悶死する〕である）国王狩シテ一日ノ中ニ多《おほく》ノ鹿ヲ殺シ玉《たま》フ事ヲ菩薩ノ鹿王悲テ進出テ国王ニ申ス、「少事ヲ以テ多《おほく》ノ鹿ノ命ヲ失ヒ玉フ事不便ニ侍リ。毎日ニ一ノ鹿ヲ奉テ供御（国王の食物）トスベキ」由ヲ申ニ……

（同右(202)・大系P207）

右の「不便ニ侍リ」も「（殺される多くの鹿にとって）かわいそうでございます」の意。

6・7（武州に裕福な地頭がいた。慈悲深く芳心もあるという評判だった。京都の人とか。近所の地頭が世間と合わず、所領も年々売ったのを、度毎に皆買い取ったが、その地頭は身代も衰え遂に死んだ。唯一人の息子は譲られる財宝所領もないので浮浪者となった。さすがに一門が広かったので、親しい辺に通い歩いて命をつないでいたが、一族も）ミナ小名（所領が少ない者）ナレバ、哀ミナガラ思アツル（所領を分けてやる）事マデハナカリケリ。サスガニ見ルモカハユカリケル（かわいそうだった）ニヤ、一門ノ者共ヨリアヒテ申談ジケルハ「ソレガシ（何の某《なにがし》）ノ子息マドヒハテテ（すっかり浮浪者になってしまって）侍ル事不便ノ次第也。彼親ノ所領買タル人ハ芳心モアリ慈悲深キ人也。世間不足ナケレバ、各列参シテ屋敷一所乞テトラセバヤ、サリトモ空シカラジ」トイフ。（こうして一門集まって出向いたところ、酒をす

すめなどして、願とは何かという主に対し、すでに御存じの何某は）「一門ニテ候シガ世間不調ニシテ僅ノ所領コト〴〵ク沽却（売却）仕《つかまつり》キ。是ニメサレテ候トコソ承候へ。彼子息ノ只一人候ガマドヒ者ニテ候ヲ不便ニ存ジ候ヘドモ、各ガ身モ云甲斐ナク候マヽニ見タスクルニ及候ハズ。且《かつ》ハ親ノカタミニモ彼所領ノ中ニ屋敷一所思食《おぼしめし》アテサセ給ナンヤ。面々ニ各御恩ヲカブリタリトコソ存ジ候ハンズレ」トイフニ（主は、「その殿（御子息）はどこにおいでか」と、その息子を招き入れ、「今後とも宜しく」と挨拶して酒をすすめ、引出物とて、買い取った証文を皆渡して「乍レ恐子息トコソ憑ミ奉ラメ」と言ったので、出向いた一門の者は、意想外で茫然とした。）

（同右(280)(281)・大系P374）

右の二例の「不便」も「かわいそう（気の毒）」である。

8 （故相州禅門（時頼）に近侍した女房で、怒りっぽいのが、同じくお仕えしている息子に、些細な事で立腹して打とうとして物に蹴つまずいてひどく倒れて、一層腹を据えかねて、禅門に「息子が私を打ちました」と訴えたので、禅門は息子に「本当か」と尋ねたところが、息子は本当だと答えたので、所領を取り上げ流罪と決まった。腹もおさまり意外な事の成り行きに驚いた母の女房は又禅門に事実を述べて息子の赦免を乞うたので、息子を呼んで子細を尋ねたら）「母ガ打タリト申サン上ハ我身コソトガニモシヅミ候ハメ。母ヲ虚誕（いつわり）ノ者ニハイカヾナシ候ベキ」ト申ケレバ、イミジキ至孝ノ志フカキ者也トテ、大ニ感ジテ別ノ所領ヲソヘテ給《たまは》リ、コトニ不便ノ者ニオモハレタリ。……

（同右(287)・大系P381）

右の「不便ノ」は、「かわいらしい」である。

9 （南都にいた悪僧（荒法師）が年をとって死を考えて今生で善業があれば善処に行けると思って、密かに考えたことは、自分は強盗に仲間入りして人を助ける謀をしようということだった。上京して強盗仲間となり、押入る時は先きに入って家人を逃し物を隠させ、多くの人命を助けた。分配には「入用の時に言う」とて受けず、密かに念仏を唱えていた。こうして年月を経て検非違使に捕えられたが、その検非違使の夢に金色の阿弥陀の像を縛って柱に結いつけたと度々見えたので、この法師に不審訊問したが答えない。だが、しかじかの夢を見たと言われて）コノ法師ハラ〳〵トウチナキテ「本ハ南都ノ悪僧ニテ侍ルガ、近頃後世ノ事オソロシク覚エ候テ武勇ノ道ニナレタル故ニ、同クハ此道ヲ以テ善根ノ因ニセバヤト思侍ル。其故ハ京都ノ強盗イタヅラニ人ヲ殺シソコバク（多く）ノ物ヲカスメトリ候コト不便ニ覚テ、人ノ命ヲモタスケ物ヲモスコシクカ（二字「カク」の誤写）サセテ、コノホカハ一向念仏ヲ申サント思立テカヽルワザヲナンツカマツルナリ。コノ事心バカリニ思ヒヨリテ人ニトフコトナク候ツルガ、サテハ仏ノ御意ニカナヒテバシ（「バシ」は強めの助詞）候ニヤ」ト申。検非遺使涙ヲナガシテ随喜シ上ニ申テユルシテケリ。……

（同右(418)・大系P415）

右の「不便ニ覚エテ」は、原義の「不都合なこと（けしからんこと）と思われて」でなければなる

まい。ただしこの用例だけが原義であるのは無住の学識のあらわれと見るのには、なお若干不安を覚えるとすれば、「被害者にとって気の毒に思われて」の意と強《し》いて解くことも考えられようか。

10醍醐ノ尊師、僧正ニナリ給テ悦（官位昇進の御礼）申給ケルニハ、雨ノフリタリケル日簑笠キテ参内シテ簑笠ヲバ紫宸殿ノ高蘭（欄）ニカケラレタリケリ。伴ニハ磐若寺ノ観賢僧正一人ハキモノ（履物）モチテオハシケリ。御門モ敬ヒ給テ「観賢ハ法器ノ者（仏法を受けるに堪え得る者）也。不便ニシ給ヘ」ト被仰《おほせられ》ケル。……　（同右(427)・大系P422）

右の「不便ニシ給ヘ」は「かわいがって（よく目をかけて）おやりなさい」の意。

§9　94・11

十訓抄（古典文庫本。底本ハ書陵部蔵本）

『十訓抄』の成立は一二五二年である。

1源経兼下野守ニテ在国ノ時、或者便書（手紙）ヲモテ雑事ナド乞ニ、大方タヨリナキ（自分は貧乏している）由ナド云テ、ハカ〴〵シキ事モセネバ（その男は）、冷然トシテ（腹を立てて冷え冷えした気持で）二三町バカリ行ヲ、（経兼が）人ヲ走カシテ、「サラバ」ト（あとから使いの者を出して、その男

を追いかけさせて「それならお話ししよう」と）ヨビカヘシケレバ、「不便ナリ」トテ然ベキ物ナドタブベキカ（何か相当な価値のあるものをくれるにちがいなかろうか）ト思テ、帰タルニ（引っ返したのに）、経兼云、「アレ見給へ。室ノ八島ハ是也。都ニテ人〳〵ニ語給ヘ」ト云。イヨ〳〵腹立気有テ帰ニケリ。是モ又カタ腹イタクオカシ。

（古典文庫上P76）（底本は片仮名本。濁点を加えた以外は、原文のままにした）

右の「不便ナリトテ」は、「（ソノ訪ネテ来タ男ヲ）気の毒だと思って」の意であることに異義はあるまい。

2公任卿ノ家ニテ、三月尽ノ夜、人々アツメテ、暮ヌル春ヲ惜ム心ノ歌ヲ読ケルニ、長能、

心ウキ年ニモ有カナ廿日アマリ九日トイフニ春ノ暮ヌル

大納言ウチ聞テ、思モアヘズ、「春ハ卅日ヤハアル」トイハレタリケルヲ聞テ、長能披講ヲモ聞ハテズ出ニケリ。……（翌年、長能はこの大納言のことばを気に病んで物も食えず死んだので、大納言は殊の外に歎いた）是ハカク程有ベシトハ（大納言は）思給ハザリケレドモ、サバカリ思ハム□（欠字）アル身ニテ、何トナク口トク（口早やに）難ゼラレタリケル、イト不便ナリシカ。

（古典文庫上P140）

本文に欠損があったりするので、わかりにくいが、この「不便ナリシカ」も「気の毒だった（かわいそうだった）」の意と推量してまずあやまりはないであろう。

3 （武則・公相と云う随身父子がいた。右近馬場の賭弓で失敗したとて、その晴れの場で父は子を打ったが、子は逃げずに打たれた。見る人が「どうして逃げなかったか」と問うたら）「若《もし》逃退カバ、衰老ノ父オハントシテタフレナムトシナバ、極テ不便ナリヌベケレバ如此ク心ノ行クカギリ打ル、也」ト申ケレバ、世人イミジキ孝子也トテ、世ノオボエ事ノ外ナリ。……　（古典文庫上P196）

右の「不便ナリヌベケレバ」（「不便ニアリヌベケレバ」の約）の「不便ナリ」は、子が父について言うことばなのだから、いかに小児同様の「衰老」だとしても「かわいそう」や「気の毒」ではなくて、原義の「不都合である」「具合がわるい」「困ったことである」を当てて解かなければなるまい。だとすれば、一二二〇年頃に成ったという『宇治拾遺物語』の頃から原義の用例が減って、転義の「気の毒（かわいそう）」の用例が多くなり、「語り本」系統の本文を伝える『平家物語』『保元物語』『平治物語』などでは原義の用例はほとんど影をひそめているように見えるのに、この『十訓抄』では原義の「不都合である」の意の用例が、この用例をはじめとして以下幾つもあるのは、作者の六波羅二臈左衛門入道の個人的な事情によるのであろうか。

4 （人は貴賤を問わず物心づいたら主に仕え己を省み、家を興し身を立てる道を考え、父兄の業を継いで励むべきだ。愚な類の者は親や乳母に甘えて、自然何とかなると思って、将来の事を辨えない）又親モアヒソヘテ愛子ニ咎ヤワス（忘）ルラム、後ノ毒ヲカヘリミズ、其子ヲ教ヘセセカマス（こせこせといじりまわす）ダニ不便ナルニ、セメテノ糸惜サ（いとを〔ほ〕しさ）ノアマリニハ、人ノ報ハキタ（来）ル物ナレバ、カセ（稼）グ（一所懸命に働く）ニヨラズ、能（才能）モ無益也。……　（古典文庫下P3）

右の「不便ナルニ」も原義の「不都合だのに」「困ったことだのに」の意と解くほかはあるまい。

5 （信濃国は極めて風が速いので諏訪明神の社に風祝《かぜのはふり》（風を鎮めるために風神を祭る神職）を置き、風神を）深クコメス（据）ヘテイハ（齋）ヒヲキテ、百日ノ間尊重スル（大切にあがめまつる）事也。シカレバ其年風静ニテ農業ノタメニ目出《めでた》シ。自ラスキマモアリ、日ノ光モミセツレバ、風オサマラズシテアシト云コトヲ、能登大夫資基ト云人聞テ、「如此承ル。是ヲ歌ニヨマント思フ」ト、俊頼ニカタリケレバ、俊頼答テ云、「無下ニ俗ニ近シ。カヤウノコト更ニ思ヨルベカラズ。不便〳〵」と云ケレバ、其旨ヲ存ズル（その言葉の趣旨をそうと心得ていた）所ニ、俊頼後ニ此事ヲヨミケル。

信濃ナル木曾路ノ桜咲ニケリ（油断して散るといけないから）風ノハフリニスキマアラスナ

尤腹迷事歟（誤字があろうか、解けない、吉田幸一氏蔵大島本には「腹黒事也」とある由）五品（俊頼）後悔シケリ。　（古典文庫下P29）

右の「不便〳〵」でしめくくられている俊頼のことばは「農作に害になるからとて風神を鎮めるために風祝りという神職が百日間も祈願するというようなことはきわめて鄙俗な行事だ。それをみやびな和歌に詠もうと考えるなどということは、あってならないことだ」という意味であろう。だから「不便〳〵」は、「不都合極まりないことだ」「けしからんことだ」と解いてよかろうと思う。後日、俊頼は、穀物の花の受粉を妨げる強風を、都を離れた田舎の木曽路に爛漫と咲きほこる桜の花を吹き散らす強風に移し変えて、一挙に無下に鄙俗の現実世界を、高雅な幻想の世界に組み立て直してしまった。「後悔シケリ」はまさに実感であったにちがいない。

6（禅師の君という中流階級出の怠け坊主が賀茂の神官だった者の娘に言い寄ってその里の援助によって生活していたが、世の中が騒がしくなった年末の頃上京して師の僧の許に出かけて行き、何となく紛れ歩いていると、言葉巧みに話しかけてくる「太刀佩《は》きたる侍」がいた。それの口車に乗せられて、高貴な人の姫君で豊かな女の家に迎え入れられる約束をする。そして）此賀茂ノ妻ニ云ヤウ「カクテアレドモ、イツヲ待トモナキ身ニテ侍レバ、御タメ不便ノ事ナリ。今ハヨシナク侍リ。年カヘラムマ、ニハ、聖ナドウチタテ、ヒトリ過ント思フニ、サラバ旧年ニカヘリオハシマセ。カクテモイカヾセサセ給ベキ」ト云ケレバ、此女アサマシト思ヘドモ、カクホドニ云事ナレバ、イカヾセントテ出立ケリ。……

（古典文庫下P43）

右の「不便ノ事ナリ」は「不都合なことです（ぐあいがわるいことです）」の意と解く方が作者の意に合いそうでもあるが、やはり「気の毒なことです」と解くべきであろうか。

7　（六条修理大夫顕季は東国に領地を持っていたが、たての三郎義光が争いをしかけてきた。顕季は自分に理があるので院に申し立てたのだが、院はなかなか裁定してくれなかった。そのわけを院は「顕季に理があるにしても、顕季はその領地がなくても困るまい。義光はあの土地に命をかけているという。義光がいとおしいのではない。顕季がいとおしいのだ。義光は野蛮で無思慮の男だから、不満なら、そなたにいつどこで何をするかわからない。それを考えて今まで裁定を控えていたのだ」と仰せられたので、顕季は感涙に咽んで、帰宅するとすぐに義光を呼びよせた。義光は）「人マドハサントシ給殿ノ何事ニヨビ給フ」ト云ナガラ参タリケレバ、（顕季は）出アヒテ、「彼庄事（あの領地の事）申サントテ、案内イハセ侍ツルナリ。此事理ノイタル所ハ申侍シカドモ、能々《ヨクヨク》思給フレバ（下二段活用の「給ふ」は自卑の意。私が考えさせていただくと）、我タメハ是ナクトテモ事闕《カク》ベキ（不自由をするような）事ナシ。ソコ（あなた）ニハ是（この領地）ヲ憑（生活の頼み）トアレバ、実（ほんとうに）不便ナリト申サン（吉田本は「不便也、コノコト申サン」）トテ聞ヱツルナリ」トテ、去文（自分の所有権を放棄して他に譲り渡す旨をしたためた文書）ヲ書テトラセラレケレバ、義光畏テ……　（古典文庫下P84）

右の「実不便《マコトフビン》ナリト申サントテ聞ヱツルナリ」は、「ほんとうにあなたにとっては無くては不都合なのだ（ぐあいがわるいのだ）と申し上げようとて、あなたをお呼び寄せするよう御案内申し上げたのだ」の意であろう（ただし吉田本に従えば「ほんとうに、あなたにとっては、無くては不都合なのだ（ぐあいがわるいのだ）。そのことを申し上げようとて、御案内申し上げたのだ」となって、一段とわかりやすい）。なお、「実不便ナリ」を「ほんとうにお気の毒です」と解くのは、優越的な態度をあらわにして憐愍をかけているようで、この場にふさわしくないようであるし、作者の「不便なり」の原義嗜好傾向をも考えれば、採るべきではないであろう。

8（白河院に仕えた師綱は私欲のない忠臣だった。陸奥守にされて任地に下り検注を行なったが、信夫の郡司で大庄司季春と云う者がそれを妨げた。国司師綱は宣旨を帯して押さえて実行しようと、試みに兵をさし向けたが、合戦となって国司方は多数討たれてしまったので、国司は激怒して、事由を在国司の清原基衡に知らせた（「在国司」トハ、平安時代末期ニハ「諸国で土着の在庁官人中、国守に匹敵する強大な実力を持ったものが在国司の名で呼ばれ、やがて国によっては有力在庁官人の職称ともなって定着し、南北朝時代まで存続した（国史大辞典）」由デアル）。国司の強硬なのに驚いて基衡は季春を呼んで相談したが、季春は「主命に従ったのだが違勅は逃れられないから、私の頸を切って、自分は知らぬ顔で季春の独断専行だったと言いなして、保身しなさい」と言ったので、他にすべとてなくて溜息をつきながら、国司に対して、「自分は全く知らなかった」とて「季春ガ頸ヲ切テ奉ベキムネ」申し出たのだが）ツク〲コレヲ案《アンズル》ニ、季春代々伝ハレル後見ナルウヘ乳母子也。主

人ノ下知ニヨ（ッ）テシイデタル事ユヘ、忽ニ命ヲ失事、セチニイタマシクオボエケレバ、トカク案ジ廻テ、我妻女ヲ出立テ、ヨキ馬共ヲサキトシテ、多ノ金・鷲ノ羽・絹布ヤウノ財物ヲモタセテ、我ハシラヌ由ニテ、季春ガ命ヲコヒウケサセンガタメニ、国司ノモトヘヤル。妻女目代ヲ語テ（国司の下役の代官に話しこんで）、季春ガサリガタク（季春が代々の補佐役である上に基衡の乳母子だというようなことで、離れようにも離れられない関係の人間で）、不便ナルヤウヲ詞ヲ尽《ツクシ》テ、ヒラニ彼ガ命ヲコヒウケケリ。目代（がその旨を国司に）執申ニ、国司大ニ腹立テ……（賄賂を奉ったからとて寛大な扱いをすることは許されないとて一万両の金をはじめとしての莫大の賄賂を受けとらないで、基衡をして季春並びに子息舎弟五人の頸を切らせた）

（古典文庫下P173）

長々と話の筋と本文とを引いたが、この「不便ナル」は、作者の原義嗜好傾向を考慮しても、「かわいそう」以外ではあり得なかろうことを納得していただこうためである。目代を、よいように詞巧みにだまして、「季春がいないと、行政事務上、ぐあいがわるい」などと思わせたというようなこととは、どうやら考えられそうもないからである。

とはずがたり

宮内庁書陵部蔵御所本しか伝本（五冊本）はない。従って諸家による刊本はすべてそれを底本としている。後深草院に仕えた二条と呼ばれる女性の自伝風の作品。一九九二年六月に、はじめて辻

村敏樹氏編の『とはずがたり総索引』全三冊が刊行されたので、拙稿に加えさせて頂く。記事は作者二条四九歳（一三〇六年）の七月までであるが、成立は、それより六、七年あとかといわれる。以下の引用本文は、読みやすいように適宜漢字に改めたり、仮名づかいを改めたりした。

1 （後深草院ノ皇后デアル東二条院ハ、一七歳ノ作者ノ二条ガ後深草院〔以後「院」トイウ〕ニ寵愛サレテイルノニ嫉妬シテ、院ニ「いとまを賜はりて伏見などに引籠りて出家して候はんと思ひ候ふ」ト申シ入レタ。院ノ）御返事には、「承り候ひぬ。二条が事、今更承るべきやうも候はず。故大納言典侍（四条隆親女。院ニ仕エ、後、源雅忠ニ嫁シテ作者ヲ生ムガ、ソノ翌年死ンダ）あり。その程（ソノ当時）、夜昼奉公し候へば、人よりすぐれて（格別ニ）ふびんにおぼえ候ひしかば、いか程もと（ドノヨウニモ取リ立テテヤロウト）思ひしに、敢へなく失せ候ひし形見には、いかにもと申し置き候ひしに（アッケナク死ンデシマッタ形見トシテ、娘ヲ何トシテデモヨロシクト申シ残シマシタノデ）、（私ハ）領掌申しき。……」

（原本、巻一ノ五二オ・『新潮日本古典集成』P85・『完訳日本の古典一』P77・『新日本古典文学大系』P61）

右の「ふびんに」は「かわいそうに」「気の毒に」の意であることに異義はあるまい。なお集成も完訳も新大系も五例を通してすべて「不憫」を宛てているが、勿論「不便」を宛てる方が望ましいはずである。

2・3・4（文永一二年、作者一八歳。正月一五日ニ院ノ御所デ粥杖ノ遊ビガ催サレ、作者ハ院ヲ「思ふさまに打ち参らせ」タ。ソノ日ノ夕方、供御ヲ召シ上ガル時、院ハ候ッテイタ公卿達ニ「十善の床を踏んで万乗の主となる身に杖を当てられし、未だ昔もその例なくやあらん……」ト言イ出サレタノデ、公卿達ハ「さても、君を打ち参らする程の事は、女房なりと申すとか、罪科軽かるまじき事に候ふ。昔の朝敵の人々も、これ程の不思議は現ぜず候ふ。……」ト申シ上ゲタトコロ、隆顕大納言ハ率先シテ「ソノ女房ハ誰々カ。早速罪科ノ程ヲ一同デ検討致シマショウ」ト言ウ。スカサズ院ガ「一人ならぬ罪科は、親類かかるべしや」トオ尋ネニナル。一同が「申すに及ばず候ふ。六親と申して皆累《かか》り候ふ」ト言ウト、院ガ「マサシク私ヲ打ッタノハ、大納言雅忠ノ娘、大納言隆親ノ孫、大納言隆顕ノ姪ト申ストカ、ソレモ養子同然トノコトダカラ。ツマリハオ前サン（隆顕）ノ娘ト言ウベキカモ知レヌ〝二条殿の御局の御仕事（ワザト敬語ヲ加エテカラカッテイル）〟ダカラ、マッ先キニオ前サンニトッテ他人事デハアルマイ」ト仰セ出サレタノデ、伺候ノ公卿達ハ一斉ニ大笑シタ。コウシテ大納言隆親（四条家）以下作者ノ母方関係者ノ贖ハ完了シタガ、隆顕ハ、「マダ他ニ父方ノ祖母（久我ノ尼。作者ノ父雅忠ノ義母）ヤ叔母（未詳）ガオリマス。ドウシテ仰セガナイノデショウ」ト申シ上ゲルト、院ハソレハ関係ガ薄イトテ退ケラレタノヲ、西園寺実兼ハ「ソンナコトデハイケマセン。本人（作者。一説、実兼）ヲ御使トシテオ命ジナサイマシ。又北山准后（実兼ノ父公相ノ義母）コソハ二条（作者）ノ幼時カラ、ソノ母ノ典侍大《スケダイ》（大納言典侍）ヲモ御芳心（ゴヒイキ）デゴザイマシタ」ト申シタトコロ、院ハ「准后よりも（准后ニ代ワッテ作者ノ世話ヲシタオ前自身ニ）罪累《かか》りぬべくや」ト仰セラレタ。実兼ハ「ソレハ余リニモ根拠薄弱ナ仰セデゴザイマスナア」ト頻リニ抗弁シタガ、「断ル理由ハナイ」トテ、贖ヲサセラレタ）さても、さてあるべき事（コノママ放ッテオイテ

ヨイ事）ならずとて、隆顕のもとより、（久我ノ尼へ）「かかる不思議の事（トンデモナイコト）ありておのおの咎《とが》贖《あがな》ひ申しては、いかが候ふべき」と言ひつかはしたる返りごとに「さる事候ふ（ソノコトデゴザイマス）。二葉にて（アノ子〔作者〕ハ）母には離れ候ひぬ。父大納言、ふびむにし候ひしを、いまだむつきの中（赤ン坊）と申す程より、（院ガ）御所に召し置かれて候へば、私に（私ノ宅デ）育ち候はんよりも、故ある（教養ガアル）やうにも候ふかと思ひて候へば、さほどに物覚えぬいたづら者（ソレホドマデニ道理モワキマエヌ不心得者）に（院ノ）御前にて生ひ立ち候ひける事、露知らず候ふ。君の御不覚とこそおぼえさせおはしまし候へ（院ノ御不注意ト存ゼラレマスコトデゴザイマス）。上下を分かぬならひ（アノ子ハ身分ノ上下ヲワキマエナイヨウニ慣レテイルノカ）、また御目をも見せられ参らせ候ふにつきて甘え申し候ひけるか（マタハ、院カラオ目ヲオカケイタダキマスノニツケコンデ、甘エ申シ上ゲタノダッタノカ、ソノドチラカ）それも私には知り候はず。恐れ恐れも（マコトニ恐レ多イコトナガラ）、咎《とが》は上《かみ》つ方より（私ニ対スルオ咎メハ、院カラ直直《ジキジキ》ニ）御使を下され候はばやとこそ思ひて候へ。（ソウシタラ）またく累《かか》り候ふまじ（私ハ全ク関係ガゴザイマスマイ）。雅忠などや候はば（実父ノ雅忠ナドガ生キテオリマシタナラバ）、ふびむのあまりにも贖ひ申し候はん。（シカシ）わが身には（私ニトッテハ）ふびむにも候はねば、不孝《ふけう》せよ（義理ノ孫女デアル関係ヲ絶チ切ッテ、勘当〔義絶〕セヨ）の御気色ばし候はば（院ノ御意向ガゴザイマスナラ。「ばし」ハ強メノ助詞）、仰せに従ひ候ふべく候ふ」由を申さる。

（原本、巻二ノ六ウ～七オ・集成P100～101・完訳一P92・新大系P72）

ここにも長々と解説付きで本文をあげたのは、久我の尼の発言があまりにも穏やかでないので、その部分だけ引いたのでは「かわいそう（気の毒）」だか「不都合（具合がわるい）」だか、わかりにくいこともあろうかと思ったからである。さて「例2」の「父大納言、ふびむ（不便）にし候ひしを」は、言うまでもなく「かわいそうがって扱っておりましたが」の意。「例3」の「ふびむのあまりにも」云々は「（実父の雅忠が生きておりましたら、実母を二歳足らずで失なって）かわいそうだという気持ちが過度に働いて（ほんとうは、しなくてもよいはずなのに）贖い申し上げたでしょう」であり、「例4」の「わが身にはふびむにも候はねば」は「私の身にとっては（血のつながりのない義理の孫娘などは）かわいそうでもございませんから」であろう。

5　（近衛大殿（鷹司兼平）ガ院ニ伺ッタ。後嵯峨院ガ崩御ノ折、後深草院ノオ世話ヲ頼ンダノデ常ニ伺ウノダッタ。ソノ院ニ対スル大殿ノ会話）「村上天皇より家久しくしてすたれぬは、ただ久我（作者ノ父（大納言雅忠）ノ父ハ久我太政大臣通光）ばかりにて候ふ。あのめのと仲綱は、久我重代の家人《けにん》にて候ふを、岡《をか》屋《のや》の殿下（近衛兼経。前摂政関白太政大臣トシテ一二六〇年没。兼平ノ兄）、（彼ヲ）ふびむに思はるる子細候ひて、『兼参《けざん》せよ（久我家ト近衛家ト両方ニ仕エヨ）』と候ひけるに、『久我の家人なり。いかがあるべき』と（仲綱ガ兼経公ニ）申して候ひけるには『久我大臣家は諸家には（家格ガ上ダカラ）準ずべからざれば、兼参子細あるまじ』と自らの文（自筆ノ手紙）にて仰せられ候ひけるなど、（世間ニ）申し伝へ候ふ」

（原本、巻二ノ三七ウ・集成P145・完訳一P133・新大系P108）

右の「ふびむに思はるる子細」の内容がわからないので確言はできないが、好意をもって「兼参せよ」と命じているのだから、その「ふびむ（不便）に」は「不都合に（けしからぬことに）」ではなくて「気の毒に（かわいそうに）」の意であることに異論はあるまい。なお不便に思う事情について、集成は「久我家では通光についで嫡子通忠も早生したことを指すか」と注し、新大系も同様である。完訳は注せず。

以上、五例は、結局いずれも「かわいそう（気の毒）」であり、「不都合だ（けしからん）の意」のものは全くなかったということは、――こんな僅少な例からの早急の判断は控えるべきかも知れないが――宮仕え女房の私的な日記なので、本文の随所に口語的表現が、その用語にも語法にもかなり自由に採り入れられていることと照し合わせれば、『平家・保元・平治』の物語どもの用例などを参看するまでもなく、中古語「ふびんなり」はその転義「かわいそう（気の毒）」だけが当時（一三〇〇年頃）の口語として用いられていて、作者はそれに従った、と想像してよいのではなかろうか。

（補記）平成二年六月に榊原邦彦氏編になる『水鏡本文及び総索引』が公刊されていた。「びんなし」の用例は左に掲げる一例のみであるが、補っておく。なお『水鏡』は『貴嶺問答』『山槐記』の著者でもある内大臣中山忠親（建久六年（一一九五）三月六五歳で没した）の作とするのが有力である。成立は確かでないが、忠親の没年を遡る二五年以内の年が考えられている。

（后ガ悪イコトヲ画策シテ帝ニ抗議スル）百川（藤原氏）この事をきゝて、あさましく侍事也。后をしばしぬひとのれう（縫殿寮）にわたしたてまつりて、ころしめ（『色葉字類抄』ニ「懲ラス　コロス　戒也」トアル。）たてまつらん。又東宮もあしき御心のみおはす。世のためいと〳〵不便に侍と申《まうし》しかば（帝ハ）よからんさまにおこなふべしとの給《たまひ》しかば……　（本文ハ蓬左文庫本、総索引P174）

右の「不便に侍り」は「ぐあいがわるい（不都合な・けしからん）ことでございます」の意であることは明らかである。『十訓抄』より五〇乃至八〇年、『とはずがたり』より一一〇乃至一四〇年ぐらい成立年時が古いと推定されていることを考えれば、公の史書に擬して作られたものでもあるし、転義が用いられるべくもないであろう。

§ *10*　　95・6

徒然草

成立年代ははっきりしないが、作者兼好法師は洞院公賢の日記『園太暦』の貞和四年（一三四八年）一一月二六日の条に「兼好法師入来」と記しているので、それまでは生きていたことは確実である。

1　（雅房大納言ハ学才スグレ立派ナ人デ、上皇ハ近衛大将ニデモシタイモノダトオ思イダッタ頃、近習ノ人カラ、

「雅房ガ鷹ニ餌ヲヤロウトシテ、生キテイル犬ノ足ヲ切ッテイタノヲ中垣ノ穴カラ見テシマッタ」ト聞カサレテ、上皇ハ）うとましく憎くおぼしめして、日頃のみ気色も違ひ（今マデズット御寵愛ナサッタ御様子モ変ッテシマッテ雅房大納言ハ）昇進もしたまはざりけり。さばかりの（アレ程立派ナ）人、鷹を持たれたりけるは、思はず（意外）なれど、犬の足は跡なきことなり（犬ノ足云々ノ話ハ事実無根デアル）。虚言《そらごと》は不便（ふびん）なれども、かかる事を聞かせ給ひて、憎ませ給ひける君の御心は、いと尊きことなり。　（一二八段）

「ふびんなり」が本来の「不都合なことだ・困ったことだ・具合がわるいことだ」の意から転じて「（不都合なことに直面している人こそさぞ困るだろうと同情して）気の毒だ（と感じる）」の意にも使われはじめた例は、すでに一二二〇年頃に成立したと思われる『宇治拾遺物語』において幾例か見られた。従ってそれから一〇〇年以上のちに成った『徒然草』での用例は、すべて「気の毒だ」の意に解くのが自然のように思われるはずで、例えば、岩波の大系（西尾実氏）は「讒言《ざんげん》に会ったことは気の毒であるが」と頭注し、『日本古典文学全集』（永積安明氏）も「嘘《うそ》を言われたのは気の毒なことであるが」と口訳した上で、「不便」に対してさらに「気の毒なこと。かわいそうなこと」と頭注している。この解に従うのがあるいは穏当かとも、思われないでもないけれど、兼好が中古の古典に親しみ、中古の平仮名文体にならって文を綴り、『伊勢物語』（六六段）・『源氏物語』（一四段・一九段）・『枕草子』（一九段・一三八段）・『古今集』（一四段）・『和漢朗詠集』（八八段）・『世継の翁の物語』（六

段）などを文中に愛情をもって引用していると思われることなどから考えれば、この「そらごとはふびんなれども」は、中古語としての原義通りに「人を陥れる虚言は不都合千万なことだけれども」と、嘘で雅房を陥れようと企んだ近習を非難する言葉と見ることができるのではなかろうか。「雅房を陥れて失脚させようとする虚言は甚だけしからんことだけれど、雅房が鷹に餌をやるために生きている犬の足を切っていたと聞いて、その残酷な行為を憎んで寵臣の官位の昇進を停止した上皇の心は（それが佞臣の讒言に軽々しく乗せられての誤った行為ではあるが）たいへん尊いことだ」というわけである。

2人、恒《つね》の産なきときは、恒の心なし。人極まりて盗みす。世治らずして凍餒《とうたい》（コゴエヤ飢エ）の苦しみあらば、咎《とが》の者絶ゆべからず。人を苦しめ、法を犯さしめて、それを罪なはんこと（罪ニ当テヨウトスルコト）、不便（ふびん）のわざなり。（一四二段）

右の「ふびんのわざなり」も、大系は加注していないが、『古典文学全集』は「かわいそうなことである」と訳している。それが通説のようである。しかしこれも「不都合なことである」と為政者の政治のやりかたを批判したものとうけ取る方が自然ではなかろうか。昭和一八年刊の山田孝雄博士の脚注本『つれ〴〵草』では

不都合のこと、源氏夕顔に「かぎをおきまどはしていとふびんなるわざなりや」十訓抄「迯の

かば衰老の父追はんとてたふれなどしなばきはめて不便なりぬべければかくのごとく心のゆくかぎりうたる丶なり」

と注しておられる。『源氏物語』の例と『十訓抄』の例とを引いておられるのは、中古でも中世でもそういう意味で用いられているというお考えであろう（『十訓抄』の用例は、私も前号で「不都合である」の意に解いてある）。

3（後鳥羽院ノ御時、信濃前司行長ハ学識抜群デ、白楽天ノ『新楽府』ノ詩文ニツイテ、御前デ論議ノ番ニ召サレタガ、「七徳ノ舞」ノ中ノ二ツヲ忘レタノデ、「五徳ノ冠者」トアダ名ヲ付ケラレタノヲ、ツライ事ト思ッテ学問ヲ捨テテ出家シテイタノヲ）慈鎮和尚、一芸ある者をば下部《しもべ》までも召し置きて、不便（ふびん）にせさせ給ひければ、この信濃の入道を扶持し給ひけり。（二二六段）

この「ふびんにす」は「（一芸があるのに不当な扱いをうけたり、うけかねない状態でいたりすることを）気の毒に思ってかわいがる」の意で、ここで初めて兼好は、世俗で用いる転義をつかったということであろう。大系は「いたわしいこととお思いになったので」と注し、『古典文学全集』は「かわいがっておいでになっていたので」と訳した上で、「めんどうをみる」と頭注している。山田博士の『つれ〴〵草』の脚注にはない。

増　鏡

『増鏡』は治承四年（一一八〇）の後鳥羽院誕生から後醍醐天皇が隠岐の島から京都に還幸された元弘三年（一三三三）に至る一五〇余年間のことを記した、いわゆる「歴史物語」で、作者は二条良基（一三二〇―一三八八）説が有力である。ただし作者は『源氏物語』などの中古物語の文体・用語を慕って優雅に物語をしあげているので、すでに南北朝期の作ではあるが、用いる中古語は、形も義も中古のままでありそうに見えながら、ただ一例のみ見られる「ふびんなり」は、やはり中世に入っての転義のそれと見る方がよさそうである。

（元弘二年〔一三三二〕三月後醍醐天皇ハ北条氏ニヨッテ隠岐ニ遷サレタ。京デハ光厳院ガ即位スル。後醍醐ノ皇子法仁親王ヲ生ンダ中宮宣旨ハ為世ノ孫、為定ノ妹デアルガ、今ハ祖母マデモ失イ、尼ニナッテ涙バカリヲ友トシテ明カシ暮ラシテイル。兄ノ為定モ鎌倉ノ執権ノ奏聞ニヨッテ捕ラエラレ、権中納言ノ職モ辞シテ籠居シテイタノデ、祖父ノ大納言為世ハ、度々後伏見院〔光厳院ノ父〕ニオ許シノ御内意ヲ頂コウトオ願イスルガ、全クオ許シガナイノデ、老ノ身ニ待チ遠デ思イアグネテ、春宮大夫通顕ヲ通ジテ重ネテ奏請シタ。ソノ時ノ為世ノ歌）

和歌の浦に八十《やそぢ》あまりの夜の鶴の子を思ふ声のなどか聞こえぬ（多年、歌道ニタズサワッテキタ八〇余歳ノ老人ノ、ワガ子ヲ思ッテ泣ク声ガ、ドウシテ天皇サマノオ耳ニ入ラナイノデショウカ）

大夫（通顕）は、うけばりたる伝奏などにてはいませざりけれど（出シャバッテ天皇ニ伝奏申シ上ゲル役ナドデハアラレナカッタケレド）、この大納言（為世ノ）歌の弟子にて、さりがたき（ソノ頼ミヲ断リニ

クイ）うへ、（サラニ）事のさまも故あるわざなれば（オ願イ申シ上ゲヨウトスル事情モ理由ガアルコトダカラ）、直衣のふところに（コノ大納言ノ歌ヲ）ひき入れて参り給へりけるに、院の上（後伏見院）のどやかに出で居させ給ひて、世の御物語など仰せらるる、折よくて、（為世ガ）思ひなげくさまなど、ねんごろに語り申して、ありつる文（サキホドノ歌ヲ書イテアル文ヲ）ひき出でつつ、御気色とり給ふ（懐カラ取リ出シテ院ノ御機嫌ヲオ伺イナサル）。大かた、なごやかにおはします君の、まいて何ばかり罪ある人ならねば、勘《かう》じおぼすまではなけれど（大体温和デイラッシャル君デアッテ、コノ為定ハ、マシテドレ程ノ罪ガアルトイウ人間デモナイノデ、君御自身ノ御心持カラ勅勘ナサロウトオ思イアソバスマデノ事ハナイノダケレド）、いささかも武家より執《と》り申さぬ事を、御心にまかせ給はぬにより（ホンノチョットシタ事デモ、鎌倉ノ執権カラ執奏シナイ事ヲ御心ノママニ処埋スルコトハオデキニナラナイノデ）かくとどこほるなるべし（コノヨウニ勅免ノ御沙汰モキット渋滞スルノデアロウ）。「いとふびんにこそ」とのたまはせて、やがて（スグニ）御返し（為世ノ歌ニ対スル御返歌ヲ下サッタ）

雲の上に聞こえざらめや和歌の浦に老いぬる鶴《つる》の子を思ふ声

（久米のさらやま　大系P468）

右の「いとふびんにこそ」の「ふびん」は、はじめに述べたように転義の「はなはだ為定にとってかわいそうだ（気の毒だ）」と解くのが穏当であるように思われるのであるが、大正一四年七月刊の佐藤球氏の『重修増鏡詳解』は、

不便にこそ――後伏見院の御詞にて、させる罪もなきに、かく籠居せさせおく事、且は、さば

かり為世のなげくも、まことに御心苦しく、不都合に思召すよしなり。

と注している。この「不都合に思召す」とは、「為定に対する鎌倉の執権の処置をけしからんこと（道理に合わぬこと）とお思いになる」の意だとすると、「ふびん」の本義に解いていることになり、それなりに納得されるのであるが、その前に「御心苦しく」が並んでいて、それは「為定に対して院御自身が気の毒にお思いになる」の意と見られるとすると、「ふびん」の一語を、本義の「不都合だ」と、転義の「気の毒に思う」との両義にわたって解いていることになり、従いかねると言う外はあるまい。だが、言葉自身が時代につれて、本義と転義の間で揺れながら動いてゆく姿を、ゆくりなくもかいま見る思いがする点では興味なしとしない。なお「鎌倉の処置をけしからんこととお思いになる」と強《し》いて解こうとすれば、「いとふびんにこそ」の「いと」「こそ」のあらわす強烈な口調が、院の現実の、対鎌倉の力関係とは全くそぐわないから、不自然に過ぎよう。「為定はほんとうにひどく気の毒なことよ」という嘆きのお声と解くのが、やはり自然だと思われる。それにしても用例が一つだけでは比べて考えるすべもなくて、これ以上のことは言えなくて残念である。

曾我物語

鎌倉時代初期の武士曾我十郎祐成（一一七二—一一九三）と曾我五郎時致（一一七四—一一九三）兄弟は、十郎祐成の五歳の時に、父の河津三郎祐重が源頼朝の寵臣である工藤祐経に殺されたので、兄弟心を合わせて一八年の辛苦の末に将軍頼朝の富士の裾野の巻狩の場で見事に仇を討ち果たした。

その次第を述べたいわゆる「軍記物語」であるが、原作は鎌倉の末か南北朝の初め頃に成ったとしても、語り物として読み伝えられてゆく間に、多くの変改増幅の手が加えられて、現存する各種の本はいずれも室町時代の中期頃の流行の本文を伝えたもののようである。ここに引用する『日本古典文学大系』本の本文は、東京大学附属図書館青洲文庫蔵の『十行古活字本』を底本としたもの。「ふびん」の用例は一八を数えられる。すべていちおう転義の用例と思われるので、引用本文は読者方の納得を頂ける範囲内で、なるべく短く掲げることにする。

1かの時政にむすめ三人有り。（中略）中にも、先腹二十一は、美人のきこえあり。ことに父、ふびんに思ひければ、妹二人よりは、すぐれてぞおもひけり。（『日本古典文学大系』P111）

この「ふびんに」は、転義の「気の毒に」から更に派生した「かわいく」の意と見てよいと思うが、先妻腹であることを頭に置いての時政の気持を考えれば「気の毒に」の意も含まれていると見るべきか。

2この二十一の君をば、父ことにふびんにおもひければ、この鏡をゆづりけるとかや。（大系P114）

右は「1」の例と同じ意味である。

3・4（十郎一一歳、五郎九歳ノ時、頼朝ハ工藤祐経カラ「河津三郎ノ二児ガ継父曾我太郎祐信ノモトデ養ワレテイルガ、成人シタラ頼朝ノ敵トナルニ違イナイ」ト聞カサレテ、梶原源太景季ヲ曾我ニ住ム祐信ノ邸ニ遣ワシテ「急イデ連レテ来ヨ。従ワネバ、ソコデ首ヲハネロ」ト命ズル。ヤムナク、祐信ノ邸ニ住ム二児ノ母ノ悲嘆ヲヨソニ、祐信ハ梶原ニ伴ナワレテ二児ヲ連レテ鎌倉ニ赴ク。梶原ガ頼朝ノ御所ニ参上スルトキ祐信ハ門口カラ見送ッテ、懇ロニ二児ノ事ヲ頼ム）まことに（祐信ガ）思ひ入りたる有様あはれにて、源太もふびんにおぼえて「げにや、子ならずは、何事にか、これ程のたまふべき。人の親の心は闇にあらねども、子を思ふ道にまよふとは、げにことわりとおぼえて、景季も、子どもあまた持ちたる身、さらさら人の上とも存じ候はず」とて忍びの涙を流しけり。（中略）（梶原ハ頼朝ニ、児タチノ母ノ嘆キヤ祐信ノ嘆キラ陳述スルト）君（頼朝）きこしめされて、「さぞ母も惜しみつらん。同じとがとは言ひながら、いまだ幼き者どもなり。嘆きつるか」と仰せられければ、この御言葉にとりつき、畏まつて申しけるは「かやうに申す事、恐れ多く候へども、母が思ひあまりにふびんなる次第に候。いまだ幼き者共に候へば、成人の程、景季にあづけさせたまひ候へかし」と申しければ、……

（大系P144・145）

二例のうち前の「ふびんに」には大系は頭注して「かわいそうに」とする。従ってよい。勿論、「気の毒に」でも通用しよう。後の「ふびんなる」も同様に解けよう。

5 （ダガ、梶原ノ懇願モ空シクテ頼朝ハ許サナイ。祐信ハ由比浜ニ二児ヲ連レテ出ス。堀弥太郎トイウ武士ガ斬ロウトスルガ、兄弟ドチラヲ先ニ斬ルカニ迷ッテイルノデ、祐信ガ「太刀ヲ私ニ預ケテクレ。私ノ手ニカケテ後生ヲ弔オウ」ト言ッテ、太刀ヲ受ケ取リ斬ロウトスルガ斬レナイ。太刀ヲ捨テテ）「なかなか思ひ切りて、曾我（ノ自分ノ邸）にとどまるべかりしものを、これまで来たりて憂き目を見ることのくち惜しさよ。然るべくは、まづそれがしを（私ヲ）斬りてのちに、かれらを害したまへ」と嘆きければ、見物の貴賤「ことわりかな。幼少より育ててあはれみ給へば（カワイガリナサッタノダカラ）、さぞふびんなるらん」と、とぶらはぬ者（同情ヲ口ニシナイ者）はなかりけり。（大系P149）

右の「さぞふびんなるらん」は「定めし、かわいそうだと思っているのであろう」の意。

6 （兄ノ十郎祐成ガ元服シタノニ続イテ、弟ノ五郎時致モ元服シタ。当初ハ父ノ仇討ヲ望ンデイタ母ハ今ハ五郎ヲ法師ニスルツモリダッタノデ大イニ怒ッテ勘当シタ。十郎ハ、五郎ガ止メルノヲ聞キ入レズニ母ノ先夫トノ間ノ子デ、京ニ在ル小二郎ヲ呼ビ寄セテ、仇討ノ仲間ニ引キ入レヨウトシタガ、五郎ハ反対スル。五郎ハ、小二郎ノ口カラ計画ガ洩レルコトヲ恐レテ、小二郎ヲ殺ソウト言ウガ、十郎ハ反対シテ、小二郎ノ帰ルアトヲ追ッテ「今ノ話ハ冗談ダ。他人ニ語ルナ」ト固ク口留メシタ。ダガ小二郎ハ母ニ見参シテ十郎カラ聞イタコトヲ語ッタ。母ハ即刻十郎ヲ呼ビ寄セテ、理ヲ尽クシテ軽挙ヲヤメサセヨウトスル）ややありて、母のたまひけるは「此

事を小二郎大いに驚き、制させんとて（私ニ）聞かせたるぞ。さればとて、小二郎怨み給ふな。人に知らすなとて、自らが口（コノ私ノ口）を固めつるぞ。（小二郎ハ）『それほどの大事を（私ガ母上ニ）左右なく語り申すは、この殿ばら（十郎五郎）かへり聞きては（私ノ告ゲ口ヲマワリマワッテ耳ニシタラ）、悪しざまに思ひ候はんずれども、（頼朝ノ君ガ）「人々の祖父《おほぢ》こそあらめ（オ前タチノ祖父ハトモカクトシテ）、さのみ末々まで絶えせんこと（ソノヨウニヒタスラ子孫マデモ絶エルヨウニスルコトハ）ふびんなり」とおぼしめされ、君よりお尋ね有りて、先祖の所領を安堵するか、しからずは、別の御恩をかうぶり候はば（他ニ領地ヲ賜ワルナラバ）、おのおのまでも面目にて候べし』と申して立ちつる。それも、殿ばらを思ひてこそ言ひつらめ、ゆめゆめ憤り給ふべからず、理を曲げて思ひとまり給へ」とのたまひければ、……　（大系P185）

右の「ふびんなり」も、本義に従って「処置として不都合だ」と解けないこともないが、やはり「気の毒だ（かわいそうだ）」の意と見るべきであろう。

7（右ノ「6」ニツヅク）（母ノ言葉ニ対シテ十郎ハ、「冗談ヲ真顔デ母君ニ報告サレタダケノコトデ、『思ひもよらぬ事』」ト言ッテ母ノ許カラ立ッタガ、蔭デヒソカニ聞イテイタ五郎ハ十郎ニ向カッテ、小二郎ヲ殺サナカッタコトヲ残念ガル。十郎ハ五郎ニ言ウ）「さても、此事思ひとどまるべきやうに、妻子《つまこ》もちて安堵せよと（母君ノ）仰せられつるこそ、耳にとどまりて、あはれにこそ候へ。（中略）身に思ひのあれば、顧

みずして、所領所帯も望みなし。ただ思ふ事こそ、いそがはしくは存ずれ。男の心とどまるものは、妻子に過ぎず（妻子以上ノモノハナイ）といへども、われら討死の後、（妻子ガコノ世ニ）残りとどまりて山野にまじはらん（流浪ノ身トナルデアロウコト）もふびんなり。又、男女のならひ、わかき子一人も出で来たらば、われ法師になるべき身なれども、このためにかやうになりぬれば、定めたる妻もつべからず。……」と申しければ、（大系Ｐ186）

右の「ふびんなり」は、「かわいそうだ」であることは明白。

8（十郎祐成、五郎時致ノ兄弟ハ頼朝公ノ富士野ノ狩場デ工藤祐経ヲ討トウト決意スル。五郎ハ勘当サレテイルノデ、母ノ前ニ出ラレナイガ、セメテ形見トシテ母ノ小袖ヲ最後マデ身ニ添エタイト思ッテイル。ソコデ十郎ハ母ノ前ニ出テ「末代の物語に富士野御狩の御供に思ひ立ちて候。恐れ入りたる申し事にて候へども、御小袖を一つ貸し賜わり候へ」ト言ウト、母ハ、「家臣デモナイノニ御供ヲスルコトハナイ」ナドト言ッテヤメサセヨウトスルガ、小袖ハ与エル。五郎ハ勘当ヲ許サレズニ死ヌノハ無念ト思ッテ、敢エテ母ニ向カッテ室外カラ「私モ御子デスカラ小袖一ツ賜ワリタイ」ト言ウガ、母ハ「誰《た》そや（オ前ハ一体誰ナノダ）、来たりて小袖一つといふべき子こそ持たね」トテ、ソレカラモ縷々哀訴ノ言葉ヲ連ネル五郎ヲ厳シク拒ミ通ス）十郎は、我が所にて五郎を待てども、見えざりけり。あまりに遅くて、又母の方へ行きて見れば、五郎内まではいり得ず、広縁に泣きしほれてゐたり。余りに無慙に覚えて、障子を引き明け、畏こまつて、五郎が申す理《ことわり》つ

くづくと聞きゐたり。ややあつて「それがし、兄弟あまた候へども、身の貧なるによりて、所々の住まひつかまつる（別々ニ住ンデオリマス）。ただあの殿（五郎）一人こそ連れ添ひては候へ。祐成（十郎）をふびんにおばし召され候はば、御慈悲をもつて御許し候へかし。御子とても（注―母ニハ十郎五郎ノ他ニ京ノ小二郎・二ノ宮ノ女房・禅師法師ナドノ子ガイタ）、御身に添ふ者、われら二人ならでは候はぬぞかし」（トイウ）（大系P281）

この「ふびんに」も「（連レ添ッテ頼ミトスル兄弟ハ五郎一人シカイナイ私ヲ）かわいそうだと（オ思イ下サルナラバ）」の意である。

9 （「8」ニツヅク）（母ハ「人ノ言葉ヲキカズ、ソノ上不孝ナ者トハ同ジ道ヲ行ケナイ」ト言ウガ、十郎ハ重ネテ「五郎ガ御心ニソムキ、法師ニナラナカッタノハ不孝ダガ、父母ニ対シテ志ガ深イコトハ僧俗ノ形ニハヨラナイ。五郎ハ箱根ニイタ時ニ法華経ヲ読ミ覚エテ、父ノ御為ニ二六〇部ヲ読誦シ、毎日六万遍ノ念仏ヲ怠ラナイデイル。ダカラ）一つはかの（亡父ノ）御跡をとぶらひ、一つは、（母上ノ）御慈悲をもつて、祐成に（祐成ニ免ジテ。タダシ彰考館本・大山寺本ニハ「祐成に」ガナイ由デアル）御許し候へかし。父に幼少よりおくれ、親しき者は、身貧に候へば、目もかけず、母ならずして、誰かあはれみ給ふべきに、かやうに御心つよくましませば、立ちよる蔭もなきままに、乞食《こつじき》とならん事、ふびんにおぼえ候ぞや」（トイウ）。あはれ、げに「今を限り」と申すならば、いかがやすかるべきを（イカニモ、「コレ切リ

デ母君ニハ逢エナイ」ト申シアゲルナラ、ドンナニカ簡単ニ許シテ頂ケルダロウノニ）、申すことならねば、しのびの浜に目も昏《く》れて、しばらくは物も言はざりけり。（大系P282）

右の「ふびんに」も「（弟ノ五郎ハ、ドコニモ立チヨルコトノデキル庇護者ノ家モナイママニ乞食ノ境涯デ流浪スル身トナロウコトガ、私ニトッテハ）かわいそうに（感ジラレルコトデゴザイマスヨ）」の意である。長々と本文を引いたのは、仮りに「母ならずして……ふびんにおぼえ候ぞや」だけを掲げたとしたら、無情の母に対して、「不都合に（理に合わないことのように）」感じられると解けそうに見えるおそれがあろうからである（残りの9例は次に掲げる）。

§ 11　95・11

曾我物語（ツヅキ）

10（伊豆ノ住人新田四郎忠綱ハ頼朝ノ御前デ、猛進スル猪ニ逆サマニ乗ッテシトメタノデ、御感ニヨッテ富士ノ下方デ五〇〇余町ヲ賜ワッタガ、此ノ猪ハ山ノ神ダッタ。ソノ咎ニヨッテカ、ソノ夜曾我ノ十郎ニ打チ合ッテ重傷ヲ負イ、更ニ田村判官ノ謀反ニ同意シタトノ讒言ニ遭イ、ソノ申シ開キニ頼朝ノ御前ニ出タガ、タマタマオ召シノ馬ガ放レ馬トナッテ奔リ廻ルノヲ）追ひまはす人々、是を見て、「よしや、新田、とれや忠綱、縄をかけよ、あやまちすな」と声々によばはりて、庭上騒動す。新田が郎等《らうどう》、門外にあつまりて、「我らが主《しう》、ただ今、からめとらるるぞや。主のうたるるをすてて、いづくまでのがるべき」と

て、(死ヲ)思ひ切りたる兵二三十人(刀ヲ)ぬき連れて、御前さしてきつて入る。新田が運の極め也。御所方の人々、是を見て、「新田が謀反誠也。あますな(皆ウチトレ)、方々」とて、日番・当番の人々出であひて、火出づる程こそたたかひけれ。御所方の人々、あまたうたれしかば、新田が陳法(申シ開キ)のがれずして、廿七にてうたれけり。ふびんなりし事どもなり。(大系P317)

無実の罪で殺されたのだから、この「ふびんなりし」は「処置として不都合(不合理)だった」とも解けそうだが、この本文につづいて、

これもしかしながら、富士の裾野のゐのししの咎めなりと、舌をまかぬはなかりけり。

とある。この文中の「しかしながら」は「そのまま全部」「すべて」「全く」の意だから、「猪の咎」による、いわば因果応報を全面的に是認したものであって、「不合理」というような判断とは全く無関係と見るほかはあるまい(注―「しかしながら」が「そうではあるが」「しかし」の意に用いられるようになったのは、近世からである)。したがって、この「ふびんなり」は「かわいそうだ」「気の毒だ」であることはまず確かであろう。

11・12(畠山重忠カラ今宵限リデ仇討ノ機会ハナイコトヲ暗ニ教エラレタ十郎ハ、狩場カラ井出ノ屋形ヘ入ッタ頼朝ノ供ヲシテ国々ノ大名・小名ガソレゾレノ屋形ニ帰ッタノヲ密カニ偵察シテイルト、我ガ家曾我ノ家紋ノ幕ヲ張ッタ屋形ガアル。不審ニ思ッテ幕ノ綻ビカラ覗クト、仇ノ工藤祐経ノ屋形ダッタ。祐経ノ嫡子ノ犬房ガ見ツケテ父

ニ告ゲタトコロ、祐経ハ十郎ヲ呼ビ入レル。十郎ハスコシモ憚ラズニ入ッタ。酒宴ノ最中ダッタガ、祐経ハ「アナタ方ハ私ヲ仇ト仰セノヨウダガ、伊東ノ土地ハ、私ノ所有スベキモノヲアナタ方ノ祖父ノ伊東殿ガ横領シタノデ、私トシテハ怨ムベキダッタノニ、養父デアリ叔父デアリ烏帽子親《エボシオヤ》デアリ舅デアリ、一族中ノ老者ダカラ、我慢シテ過ギタ。トコロガ、アナタ方ノ父河津殿〔祐重〕ハ奥野ノ狩場ノ帰路ニ討タレナサッタ。オソラク猟師ノ峰越シノ矢ニ当タラレタカ、股野《マタノ》五郎ト相撲デ勝負ヲ争ッテ喧嘩ニ及ンダノヲ根ニ持ツ股野ノ恨ミカラ討タレナサッタノカデアロウト思ウノニ、タマタマ在京シテイタ私ニ関係ヲツケテ世間デハ噂サレテイルヨウダガ、私ハ一向ニ知ラナイノダ。ソノ後、当時ノ事ヲ知ル人タチガ亡クナッテ、私ガシタコトニナッテ年月ヲ経タノハ、私ノ不運ダ」ト言ウ。十郎ハ黙ッテ聞イテイタ。祐経ハ、傍ノ客人備前国吉備津宮ノ王藤内ヲ紹介シテ、「コノ客ハ君〔頼朝〕ノ御不審ヲ蒙ッテ所領ヲ没収サレテイタノダガ、私ガ取リツイデ許サレ、所領ニ安堵シタノデ、帰国ニアタッテ、私ニナゴリヲ惜シムトテ来ラレタノダ。コンナ風ニ他人デサエ、オ頼マレスレバ親シクナルノダ。マシテアナタ方ト私トハ従兄弟・甥ノ間柄ナノダカラ、今ハ私ヲ親トモ思ウガヨイ。都合ガヨイ機会デモアレバ、上様〔頼朝〕ニ申シ入レテ、奉公ヲモ申シ上ゲテ、領地ヲ一所頂イテ馬ノ草飼イ所ニデモシナサイ。貴方タチノ馬ヲ見ルト痩セ弱ッテイル。伊東ニハ小馬ガ沢山アルカラ乗リ馴ラシテ使イナサイ。ナマジ他人ノ言ウコトニツイテ、私ヲ討トウト思ッテモ、今生デハ叶ウマイ。曾我ノ殿タチヨ」ト広言シタガ、詞ヲ変エテ、「酔狂ノアマリ失言シタ。今カラ始メテ、互イノ遺恨ヲ絶ヤシテ親子ノ契リヲシヨウ」トテ、盃ヲ取リ寄セテ、客人ダカラトテ王藤内ニ差シテカラ、十郎ニ差シタ。十郎ハ）酒を八分にうけて、思ひけるは「にくき敵《かたき》の広言かな。身不肖なり、何事かあるべきと、思ひこなし（私〔十郎〕ハ愚カ者デ何ガデキルモノカト見クビッテ）、

初対面に散々に言ひつるこそ奇怪なれ。……あはれ、受けたる盃、敵の面にいつかけて（「いつ」ハ語意不明、強メカ）、一刀《ひとかたな》さし、いかにもならばや」と、千度百度（ハヤリ立ツ気ハ）すすめども、心を変へて思ふやう、「待てしばし、兄弟といひながら、祐成（十郎）、時致（五郎）は父の敵に志深くして、一所《ところ》にてとにもかくにもと契りしに、心はやりのままに、祐成いかにもなるならば、五郎むなしくからめられ、（五郎ガ私ヲ）うらみん事こそふびんなれ。ここはこらふる所」と思ひ鎮めて、とどまりしは、なさけ深くぞおぼえける。……（祐経ハ遊君ニ今様ヲ歌ワセ、十郎ニモ、「アナタハ乱拍子ノ上手ト聞クカラ」トテ舞ヲ所望スル。十郎ハ舞イナガラ、今夜忍ビ入ルベキ道、方法ヲ考エツツ半時バカリ舞ッテ、祐経ノ盃ヲ三度乾シテカラ畏マッテ、「今夜ハ是ニ宿直申シタイガ、所用ガアルノデ、明日参上シテ常々宿直申シマショウ」ト暇ヲ乞ウテ出タ）祐成（十郎）、案者（考エ深イ者）第一の男なり。「敵何とかいふらん」と思ひ、（出テユクフリヲシテ）小柴垣に立ち隠れ聞く事は知らず、王藤内「この殿ばら（十郎・五郎）の父をば、まこと討ちたまひけるか」と問ふ。左衛門尉（祐経）聞きて、「今は、かれが聞かばこそ（聞クハズハナイカラ打チ明ケルガ）。以前つぶさに（アナタニ）申しつるやうに、われら嫡孫にて持つべき所領を、かれらが祖父《おほぢ》に横領せられぬ。それがし在京ながら、田舎の郎等どもに申し付けて、かれらが父河津三郎（祐重）といひし者討たせしなり。人もやさぞ知りて候らん。この者どもの子孫、皆（頼朝ニ対シテ）謀叛の者、君（頼朝）に失なはれたてまつり、今祐経（私）一人にまかりなる。しかれども、君ふびんの者におぼしめされ、先祖の所領拝領の上は、祐経にせばめられ（十郎五郎ハ、コノ祐経ノタメニ肩身狭ク）、思ひながらぞ候らん。かれが此頃

分限にて（現在ノ低イ身分デ）祐経に思ひかからんは、蟷螂《たうらう》が斧《をの》を取りて、隆車に向かひ、蜘蛛が網を張りて鳳凰《ほうわう》を待つ風情也。あはれなる」とぞ申しける（ソレヲ聞イテ王藤内ハ「ソレハ間違イダ。物持チ金持チハソレニ心ガ残ッテ我慢スル。ダカラ寸金モ切レナイ。ソレニ対シテ、貧乏侍ト鉄トハ侮レナイ。アナタガ悪シ様ニ仰セラレタトキ、〔貧乏侍デアル〕十郎ハ刀ノ柄ニ手ヲカケテ片膝タテタノデ、事出来《シュッタイ》ト見エタガ、顔色ニハ出サズ、立派ナツワ者ヨ」ト賞メタガ、祐経ハ「何ガデキルモノカ」ト相手ニシナイ）。

（大系P327・329）

僅か二つの用例の説明のために長々と前後の粗筋など述べて恐縮であるが、事情の判断を容易にしていただくための老婆心と御容赦願いたい。はじめの用例は「兄弟二人とも父の仇を討つ志が深くて、同じ場所でどうでもこうでも一緒に切り込もうと約束したのに、心がはやるままに自分一人で切り込んで自分がどうかなるなら、弟の五郎は本懐を遂げるべき機会も失って空しく捕らえられ、その結果、五郎が私を怨むであろうことこそ気の毒だ。ここは我慢するところだ」の意。もちろん「かわいそうだ」と言いかえてもよい。あとの用例も「頼朝さまが、私（祐経）をかわいそうな者（気の毒な者）よとお思いあそばし」で異論はないであろう。

13「来《きた》つてしばらくもとどまらざるは、有為転変の里、さりて二度かへらざるは、冥途隔生のわかれなり。哀傷恋慕のかなしみ、今にはじめぬ事なれども、日本国に我等ほど物おもふ者あらじと

案ずるに、おとらずなげきをする者の有るべきこそふびんなれ」（ト十郎ガ言ウト）五郎聞き、「誰やの者か、われらにまさりて候べき」（トイウ。十郎ハ、「領地安堵ノ御下文ヲ頂ケル喜ビニ、国ニ留マッテイル親類タチガ集ロウトシテイル所へ、ソノ王藤内ガ討タレタトノ知ラセガ来タラ親類タチハサゾカシ歎クダロウ、ダカラ王藤内ハ助ケタイトハ思ウノダガ、雑言アマリニ奇怪ナレバ、自分トシテハ生カシテハオケナイ。御分《ゴブン》〔五郎〕モ討チモラスナ」トイウ）。　（大系P333）

十郎は、討入りの場に、たまたま居合わせるべき王藤内をも「雑言あまりに奇怪なれば」討ちもらすことはできないと思いきめながら、王藤内の親類の、喜びから悲しみへの急転直下の歎きのさまを想像して、それを自分の「日本国に我等ほど物おもふ者あらじ」と思うその「物おもひ」に劣らないものと感じとってひそかに心をいためている。そのやさしい心根からみても、この「ふびん」は、「不都合」ではなく（ただ強《し》いて本義で解けば、「『日本国に我等ほど物おもふ者あらじ』と考えるのに、それに劣らぬ歎きをするものがあり、そうだとするなら、それこそは、不都合なことだ」となろう。なぜ不都合かといえば、理に合わない感じがするからとも、自分の考えを変えなければならないからとも解けようか）、やはり「（王藤内ノ身内ノ者タチガ）気の毒だ」の意であることにまず疑いはあるまい。

14　（召シ捕ラレタ五郎〔時致〕ハ頼朝カラノ直々ノ問ニ答エル。頼朝ノ問）「王藤内を何とて打ちける」、（五郎ノ答）「おそれ入つて候へども、年頃の傍輩〔祐経〕のうたれ候を、見すててにぐる不覚人（卑怯

ナ人間）や候べき。（王藤内ハ）まことにけなげにふるまひ候つるものをや。『人富みて古郷に帰らざるは、錦をきて、夜行くがごとし』といふ古きことばをや知りけん、所領安堵のしるしに、本国へ下りしが、祐経に暇《いとま》乞はんとて、道より帰りての討死、ふびんなり」とぞ申しける。此の（五郎ガ敵祐経ノ傍輩デアル王藤内ヲ、敵ナガラケナゲナ男ト認メタヨウナ）ことばにより、「神妙《しんべう》也。是（王藤内）も、頼朝が先途《せんど》に立ちけるよ（頼朝防衛ノ瀬戸際ニ踏ミ止マッテイタノダ）」とて、「本領、子孫において子細《しさい》なし」と御判かさねて下されける。これも兄の十郎が屋形を出でし時、「王藤内が妻子、さこそなげかすらん。無慙《むざん》なり」と言ひしことばの末にぞ申しける。ひとへに時致が情《なさけ》によつて所領安堵す、有りがたしとぞ感じける。　（大系P369）

この「ふびんなり」も「気の毒だ」であることは明瞭であろうが、仮りに本義で読みなしてみれば、「王藤内にとっては、間尺に合わない、思わぬ災難で、この討死は不都合なことである」ということになろう。

15君（頼朝）仰せられけるは「汝（五郎）が申す所、一々に聞きひらきぬ（聞イテワカッタ）。されば、死罪をなだめて、召し使ふべけれども、傍輩是をそねみ、自今以後、狼藉絶ゆべからず。その上、祐経が類親多ければ、その意趣のがれがたし。しかれば、向後のために汝を誅すべし。うらみを残すべからず。母が事をぞ思ひおくらん（母ノコトニ心残リガアルダロウガ）、いかにもふびんに

あたるべし。心やすく思へ」とて御硯を召しよせ、「曾我の別所二百余町を、かれら兄弟が追善のために、頼朝一期《いちご》、母一期（頼朝ノ生キテイル限リ、マタ母ノ生キテイル限リ与エル）」と自筆に御判を下され、五郎にいただかせ、母が方へぞ送られける。　（大系P374）

右の「いかにもふびんにあたるべし」に大系は「それは何とかあわれみをかけてやろう」と頭注する。「どういうふうになりと、気の毒だという態度で母親に対処してやろう」と言いかえても同じであろう。

16 また此人々（十郎・五郎）の弟に、御房とて十八になる法師あり。故河津三郎が忌《いみ》（喪中）のうちに生《む》まれたる子也。母、思ひのあまりに、捨てんとせしを、叔父伊藤（東）九郎養じて、越後の国国上《くがみ》という山寺にのぼせ、伊東禅師とぞいひける。九郎、平家へ参りてのち、親しきにより、源義信が子と号して、折節、武蔵国に在りけるを、頼朝きこしめし、義信に仰せ付けて、召されければ、力なく、家の子（主人ト血縁関係ノアル家臣）郎等（ソウデナイ家臣）下されし事、ふびんなりし次第也。大方、兄弟とは申しながら、乳《ち》のうちより他人に養ぜられ、しかも出家の身なり。是もただ普通の儀なりせば、かれらまで御尋ね有るまじきを、兄どもの世にこえ、名を万天にあげし故ぞかし。義信の使は、かの（国上ノ）本坊にきたりて、か様の次第をいふ（ソレヲ聞イテ禅師ハ、兄弟三人一ツ枕ニ討死スルナラ人目モヨカッタロウニ、ト後悔スルガ叶ワナイ。仏前ニ「ねがはくは、法華

読誦の功力により、刹那の妄執を消滅し、安楽世界に迎へとりたまへ」ト祈誓シテ、劔ヲヌキ、左手ノ脇ニ突キ立テテ右手へ引キ廻ソウトスル所ヲ、同輩ノ僧ガ見ツケテ取リ押サエタノデ、自害半バノ身デ、輿ニ乗セラレテ鎌倉へ上リ、頼朝ニ訊問サレ、頼朝ハ助ケテヤロウトスルガ、「君（頼朝）ハ先祖ノ敵、兄弟ノ敵ダカラ、兄タチガ知ラセテクレサエシタラ、二人ハ祐経ニ押シ向ケ、自分ハ一人デデモ君ニ一太刀浴ビセテ、アノ世デソノ功ヲ訴エテ自分ノ功名ニショウモノヲ」ト言イ放ツノデ、止ムナク斬罪ニ処セラレタ）。　（大系P383）

右の「ふびんなりし次第也」は、やはり「（禅師ニトッテ）気の毒だった事の成り行きである」の意と解くのが穏当であろうが、敢えて本義に従って「第三者（物語の語り手）からみて『乳のうちより他人に養ぜられ、しかも出家の身なり。是もただ普通の儀なりせば、かれらまで御尋ね有るまじき』伊東禅師を頼朝が逮捕させたことは、道理上具合のわるい（困った・不都合な）、事の成り行きである」と解いた方が、物語作者の本意にかなうのではなかろうか、と思われないでもない。

17　（天竺《テンジク》ノ鬼子母トイウ鬼ハ大阿修羅王ノ妻デアル。五〇〇人ノ子ヲ持チ、ソレヲ養ウタメニ、親ノ愛児ヲ取ッテ食ッタ。仏ハコノ殺生ヲ止メヨウトテ智慧第一ノ迦葉尊者ニ告ゲタトコロ、迦葉ハ「彼ノ五〇〇人ノ子ノ中デ殊ニ愛スル乙子〔末子〕タチヲ隠シテ御覧ナサイ」ト言ウノデ、ソレラヲ仏ノ御鉢ノ下ニ隠シタ。父母ノ鬼ハ神通自在ナノデアラユル所ヲ探シタガ見ツカラナイ）仏に参り申しけるは、「我五百人の子を持ちて候。その中にも乙子こそ、ことにふびんにさぶらひしを、物（何カ）に取られ失ひて候。余りに悲しみ

候ひて、至らぬ隈もなく尋ねて候へども、われらが神通にても尋ね出だすべしともおぼえず。然るべくは、御慈悲をもつて教へさせ給ひ候へ」とて、黄なる涙を流しけり。……　（大系P395）

右の「ふびんに」は、「（末子ハ親ニトッテ最後ノ子ダシ、上ニイル兄ヤ姉ニ押サエラレモスルカラ）かわいそう」から更に少々動いて「かわいく・かわいらしく」の意になったものと見てよいであろう（もう一例残るが次にまわす）。

§ *12*　96・11

曾我物語（ツヅキ）

18さても、大将殿御出により、富士の裾野の御屋形、甍をならべ軒をしりて、数有しかども、御狩すぎしかば、一字ものこらず、元の野原になりにけり。されども、のこる物とては、兄弟の瞋恚執心（今ハ亡キ曾我五郎・十郎兄弟ノ、イカリウラミ、深ク思イコム残念無念ノ心ガ）、（亡霊トシテ現ワレテ）ある時は「十郎祐成」となのり、有時は「五郎時致」とよばはり、昼夜たたかふ音たえず。をもはずとおりあはする者、このよそほひ（様子）を聞、たちまちに（ソノ亡霊ニ取リツカレテ）死する者もあり。やうやういきたる者は、（兄弟ノ亡霊ガ憑イタタメニ）狂人となりて、兄弟のことばをうつし（ソックリソノママシャベッテ）、「苦悩はなれがたし」となげくのみなり。君（将軍頼朝）きこしめされてふびんなりとて、ようぎやう上人とて、めでたき法者を請じ、「いかゞせん」と仰られ

ければ、上人きこしめし、「昔もさる例こそおほく候へ。かたじけなくも、菅丞相の昔、讒言の瞋恚、くはうい（意不明。彰考館本「火雷」ノ仮名書キノ「くわらい」ヲ「くはうい」ト写シタモノカ）となりたまひて、都をかたぶけ給ひけるを、天台の座主、一字千金の力（師匠ノ厚恩ノ意トイウ）をもつて、やうやうなだめたてまつり、神といはひ（マツリアガメ）たてまつる。威光あらたにましまず。天満大自在天神、此御事なり。其ほか、いかりをなして、神とあがめられ給ふ御事、承平の将門、弘仁の仲成このかた、其数おほし。この人々をも、神にいはゝれ候へ」とおほせられければ、「しかるべし」とて、すなはち勝名荒人宮とあがめたてまつり、やがて富士の裾野に、まつかぜといふ所を、ながく御寄進在けり。（大系P405）

右の「ふびんなり」も「十郎・五郎（の霊）が気の毒だ（かわいそうだ）」の意であろう。本義に従って、「殺さなくてもよかった十郎・五郎を殺したことは、不都合な（道理に合わない）ことだった」と解いても合わないこともないが、「かわいそうだ」の意に、本義の意を含ませて感じ取ればよかろうか。

義経記

源義経の一代記であるが、平家追討の華々しい活躍の面は簡略して、兄頼朝に疎まれて鎌倉入りさえ阻まれ、武蔵坊弁慶らに護られて、北国落ちをして、平泉の秀衡の保護をうけるが、秀衡の死

後、その子泰衡に攻められて衣川で自害するまでの不如意の後半生を主として描いている戦記物語。引用する大系本の本文は、国会図書館支部東洋文庫蔵丹緑絵入『十二行木活字本』を底本とし、校訂には主として『十一行木活字本』及び『十二行木活字本』を用いたという。この底本の成立は室町中期を下らない頃と言われる。なお、『義経記』には『判官物語』と『義経物語』といういわゆる「異本」が存在している。『判官物語』は橘健二氏蔵本が昭和四一年に影印本として刊行されているが、この大系本の本文と大差はない（山岸徳平博士はこの橘氏蔵本を第一系列本とせられ、この系列本から『流布本義経記』が発生し、第二系列本の中から、『よしつね物語』が発展的に発生したものと考えておられた。――『新版日本文学史3中世』昭和四六年至文堂刊）。

1・2（奥州ニ落チテ行ク義経ハ）上野国板鼻といふところに著き給ひけり。日もすでに暮方になりぬ。賤が庵は軒をならべありけれ共、一夜明し給ふべきところもなし。引入てま屋（大系注ハ諸本ニ拠ッテ「あづまや」ノ誤ダロウトスル。『判官物語』ハ「あつまや」）一つあり。情ある住家と覚しくて竹の透垣に槙の板戸を立てたり。（中略）（義経ハ、立派デ風情ガアル邸宅ヲ見テ、庭ニ入ッテ案内ヲ乞ウト、召使《ハシタモノ》ノ少女ガ応対ニ出テ来タノデ、「コノ家ニハ汝ヨリホカニ、年ヲ取ッテイル者ハイナイノカ。ソレガイルナラ出テ来イ。言イタイコトガアル」トテ返サレタノデ、家ノ女主ハ、暫クシテ十八九歳グライノシトヤカデ上品ナ女《メ》ノ童ヲ出シテ応対サセル。ソノ女ノ童ハ一間《マ》ノ障子ノ蔭カラ義経ニ対シテ用向ヲ尋ネタノデ、義経ハ「京ノ者ダガ、当国ノ多胡ニ人ヲ尋ネテ下向シタガ、地理ヲ弁エズ日ガ暮レタノデ、一夜ノ宿ヲオ貸シ下サイ」ト仰セ

ラレタトコロ、女主ハ「オ易イコトダガ、コノ家ノ主ハ外出中デ、今夜更ケテ帰ッテ来ルダロウ。変リ者デ情ニ欠ケル者ダカラ、何ヲ言ウカ判ラナイ。ソレコソ貴方ノ御為ニオ気ノ毒ダ。他ノ方ヘデモ行カレタイ」トイウ趣旨ノコトヲ伝エサセルト、義経ハ）「殿の入らせ給ひて無念の（残念ナ）事候はば、その時こそ、虎臥す野辺へも罷り出で候はめ」と仰せられければ、女思ひ乱したり。御曹司「今宵一夜はただ貸させ給へ。色をも香をも知る人ぞ知る（私ガドンナ者デアルカハ判ル人ニハ判ッテモラエマショウ）」とて遠侍（武家建築デ、本殿ヨリ遠ク、中門ヤ玄関ナドノ近クナドニ設ケ、取次・警備ニ任ジタ当番ノ武士ノ詰所）へするりと入りてぞおはしける。女、力及ばず、内に入て大人しき人に「如何にせんずるぞ」と言ひければ、「一河の流れを汲むも皆これ他生の契なり。何か苦しく候べき。遠侍には叶ふまじ。（『判官物語』ニハ「我御かたへちかづけ」ガ入ル）二間所《ふたまどころ》へ入れ奉り（『判官物語』ハ「給へ」ガ入ル）とて、様々の菓子（木ノ実ノ類）共取出し、御酒勧め奉れども、すこしも聞き入れ給はず。（中略）（女ハ「コノ家ノ主ハ評判ノ根性ノ悪イ人ダカラ決シテ見ラレテハナラナイ。灯火ヲ消シ障子ヲ引キ立テテ寝ナサイ。鶏鳴ヲ聞イタラ、目的地ヘ急イデ御出デナサイ」ト言ウノデ、「承知シタ」ト言ッタモノノ、「女ハドンナ男ヲ持ッテコレ程コワガッテイルノダロウ。男ガコチラニヤッテ来テ憎ゲナ事ヲ言ッタラ、叩キ斬ッテヤロウ」ト、太刀ヲ抜キカケテ、膝ノ下ニ置キ直垂ノ袖ヲ顔ニカケテ、虚《ソラ》寝入ヲシテ待ッタガ、ナカナカ帰ッテ来ナイ。夜中ノ子ノ刻ノ頃ニナッタラ、主ノ男ガ帰ッテ来テ内ヘ通ルノヲ見ルト、二四、五歳ノ男ノ、浅黄ノ直垂、萌黄威《モエギオドシ》ノ腹巻ニ太刀ヲ佩《ハ》イテ、大キイ手鉾《テホコ》ヲ杖ニツイテ、立派ナ若党四五人ガ種々ノ武器ヲ手ニ手ニ持ッテ、タッタ今、事ニ遭ッテ来タ様子デアル。「女ノ身デコワガルノモ道理ダ。コイツハケナゲナ男ダナ」ト御覧ニナッタ。義経ハ

男ニ「コチラヘ」ト仰セラレタガ、男ハ、「アヤシゲナ人ダナア」ト思ッテ返事モセズ、障子ヲシメテ足早ニ内ニ入ッタノデ、「キット女ニ憎ゲナ言葉ヲカケテイルノダロウ」ト思ッテ壁ニ耳ヲ当テテ聞クト、「ヤア御前《ゴゼン》御前（「御前」ハ女ノ呼称）」ト静カニ揺リ動カシテ目覚メサセヨウトスルガ、寝入ッテイテナカナカ起キナイラシクテ音モシナイ。大分時ガタッテ目ガサメタケハイガスル。ヤット男ノ声デ「二間ニ寝テイルノハ誰カ」ト言ウ。女ハ、「知ラナイ人ダカラ断ッタ。日ハ暮レ目的地ハ遠イト困リ切ッテオラレタケレド、アナタノ御不在中ニオ留メシテハ、アナタニ何ト言ワレルカ判ラナイノデ駄目デスト申シタノデスガ、『色をも香をも知る人ぞ知る』ト言ワレタ言葉ニ恥ジテ、一夜ノ宿ヲオ貸シシタノデス」ト言ウ。男ハ女ニ対シテ「御前ハ貌ハ滋賀ノ都ノフクロウ、心ハ東ノ奥ノ無教養ノ女ト思ッテイタノニ、『色ヲモ香ヲモ』ノ歌意ヲワキマエ知ッテイテ宿ヲ貸シタコトハ殊勝ナコトダ」ト賞メテ、「コノ殿ハ只人デハナイ。三日乃至七日ノ間ニ事ニ逢ッタ人ダロウ。自分モ世間ヲ憚ル者、ソレガ非常ノ災難ニ逢ウノハ常ノ事ダ、御酒ヲ差上ゲタイネ」トテ、用意サセテ勧メルガ、飲マナイノデ、男ハ「召シ上ガレ。イカニモ外敵ヲ御用心ト思ワレルガ、私ガオリマス限リハ警戒ノ宿直ヲ仕リマショウ」ト言ッテ、家来共ヲ呼ンデ、「御客人ヲオトメ申シ上ゲルノダ。安眠ナサルヨウニ不寝番ヲシロ」ト命ズル。家来共ハ武具ヲイツデモ使エルヨウニ用意シテ不寝番ヲスルガ、主ノ男自身モ臨戦ノ用意ヲシテソノママ、夜ヲ明カシタ。義経ハ）ヲ留メテ、主ノ男ハ義経ニ「都デドウイウオ方ナノカ。御出立ニハ峠マデオ送リ申シ上ゲヨウ」ト言ウノデ、義「あはれきやつはけなげ者かな（『判官物語』「けのものかな」トスル）」ト思ッタ。翌朝出立シヨウトスルノ経ハ「コノ男ハ二心ハアルマイ。知ラセヨウ」ト思イ「自分ハ奥州ノ秀衡ヲ頼ンデ下ル者ダ。平治ノ乱デ亡ンダ下野ノ左馬頭義朝ノ末子牛若トテ鞍馬デ学問シテイタガ、今、男ニナッテ左馬九郎義経ト申スノダ。コレカラ自

然ニソナタト知人ニオナリ申ソウ」ト仰セラレルノヲ）聞きも敢へず、つと御前に参りて、御袂にとりつき、はらはらと泣き、「あら無慙や、問ひ奉らずは、争《いか》でか知り奉るべきぞ。われ〳〵が為には重代の君にてわたらせ給ひけるものをや。かく申せば、如何なる者ぞと思すらん。親にて候ひし者は、伊勢の国二見の者にて候。伊勢のかんらひ（大系注デハ、或イハ上野国ノ地名ノ甘楽カ、諸注ハ巫《カンナギ》ノ意トスルガ如何デアロウ、トスル。『判官物語』ハ「かんらい」）義連と申して、大神宮の神主にて候ひけるが、清水（京都市東山区ノ清水観音）へ詣で下向しける（『判官物語』ハ「に」ガアル）、九条の上人と申すに乗合して（貴人ノ行列ニ会イ、乗物ヨリ下リズ、無礼ヲ働クコトヲ「乗合」トイウ）、是を罪科にて上野国なりしま（大系注ニ、『義経物語』「ながしま」トアル）と申すところに流され奉らせて（『判官物語』「なかされまいらせて」）、年月を送り候ひけるに、故郷忘れんがために、妻子（『判官物語』「さい女」）を儲けて候ひけるが、懐妊して七月になり候に、かんらひ終に御赦免もなくて、此所にて失ひ候ひぬ。其後産して候を、母にて候もの、胎内に宿りながら、父に別れて果報つたなきものなりとて捨て置き候を、母かたの伯父ふびんに思ひ、取り上げて育て（『判官物語』「おちにて候もの、ふびんの事に申されとりあげそだてゝ」）成人して、十三と候ふに（『判官物語』「十三と申に」）元服せよと申候ひしに、「わが父と言ふもの如何なる人にてありけるぞや」と申して候へば、母涙に咽び、とかくの返事も申さず、「汝が父は伊勢国二見の浦の者とかや、遠国の人にてありしが、伊勢のかんらひ義連と云ひしなり。左馬頭殿の御ふびんにせられ参らせたりけるが、思ひの外の事（意外ノ罪。コノ上野国ニ流サレタ事）ありて、此国にありし時、をのれを人（「姙」ノ当テ字）

じて（『判官物語』「をのれをくわいにんして」）、七月と言ひしに終に空しく成りしなり」と申ししかば、父は伊勢のかんらひと言ひければ、われをば伊勢の三郎と申。父が義連と名告れば、我は義盛と名告り候。此年ごろ平家の世になり、源氏はみな亡び果てて、たまたま残り止まり給ひしも押籠められ、散り〴〵にわたらせ給ふと、承はりし程に、便りも知らず、まして尋ねて参る事もなし。心に物を思ひて候ひつるに、今君を見参らせ、御目にかゝり申事三世の契と存じながら、八幡大菩薩の御引合はせとこそ存じ候へ」とて、来し方行末の物語互に申開き、ただ仮初の様に有りしかども、その時、御目にかゝり始めて、又こゝろなくして（二心ガナク忠実ニ仕エテ）、奥州に御ともして、治承四年源平の乱出で来しかば、御身に添ふ影のごとくにて、鎌倉殿御中《なか》不快にならせ給ひし時までも、奥州に御供して、名を後の世にあげたりし、伊勢の三郎義盛とは、その時の宿の主なり。（大系本文ニ対シテ掲ゲタ『判官物語』ノ校異ハ、特ニ何等カノ意味ニオイテ必要ト思ワレルモノノミヲ拾ッタ。以下準之）

（伊勢三郎義経の臣下にはじめて成る事　『日本古典文学大系』P76）

右の「例1」の「母かたの伯父ふびんに思ひ」（『判官物語』ハ「ふびんの事に申され」）の「ふびん」は、「かわいそう・気の毒」の意。もとより原義の「（果報ガツタナイ者ダカラトテ捨テ置クトイウコトハ）道理に外れた不都合な」ことの意から導かれた意味合いを含んでいるとみてよかろう。「例2」の「御ふびんにせられ」の「御ふびん」も、左馬頭源義朝殿は、汝《おのれ》の父親が「乗合い」の罪で上野国に流されたのを「かわいそう・気の毒」にお思いになったの意だが、これも原義の「九条の上人と

『乗合』したぐらいの事で伊勢から、はるばる上野国までも流罪に処するのは、道理に外れた不都合な」ことの意を含んでいるとみてよいのではないか。この「例1」「例2」はそれぞれ「かわいそう・気の毒」と訳すとしても、それには「あはれなり」の意を含む比率は恐らく非常に少なかろうことに注意すべきである。ここの用例は力なき者にひたすら憐憫の情をかけるだけのことではないと私は思うのである。

以上、僅か二例のために、長々と本文ならびに説明文をかかげ列ねたのは、むだなことと、読者方からお叱りを頂きそうであるが、実はこの『義経記』の義経は、冒頭にも述べたように、「義経一代記」でありながら、平家追討の活躍の面を簡略にして、秀衡の庇護を頼みに、弁慶に助けられつつ奥州落ちをするかよわい義経を描いている物語と、一般に思われているようであるが、実は、奥州落ちする道すがらも、めげず臆せず、刺客を制圧し、武将としての誇を守って、気力・体力に満ち満ちた人間であるように描かれていることを、この本文の伊勢の三郎が義経に心服して臣下《しんか》になる記事で承知していただければ幸いと思ったからである。なお史実に拠れば、義経の後半生の大略は、次の通りであった。義経に比べて兄頼朝の冷酷さは際立って印象的でさえある。「兄征夷大将軍源頼朝（左馬頭源義朝の三男）の挙兵に応じて平氏を一谷・屋島・壇の浦に破って全滅させ、頼朝に対して絶大な功績をあげたのにも拘わらず、かねて頼朝の許可をもらわずに検非違使《けびいし》・左衛門尉の任官を受けていたことから、頼朝の不興を受け、生捕りにした平宗盛父子を伴って鎌倉に下向したものの、鎌倉に入るのさえも拒否され、相模国腰越に滞在して、頼朝に陳訴するために、大江広

元にとりなしを頼んで「腰越状」を送ったりもしたが、ついに許されず、頼朝派遣の刺客土佐坊昌俊の襲撃をうけたりしたので、ついに頼朝と戦う覚悟を決めたが、戦わぬうちに事が齟齬し、畿内各地を転々逃亡したのち、数名の従者と共に奥州の藤原秀衡を頼る旅に出て、その邸に落ちついた。だが、秀衡に庇護されていることが判って、頼朝は再三、秀衡に対して義経の引渡しを要求する。秀衡は応じなかったが、秀衡の死後嫡子泰衡は亡父秀衡の戒めに背いて頼朝の強圧に屈し、文治五年閏四月三〇日に義経を衣川（岩手県平泉）の館に襲撃。義経は妻子と共に三一歳の生涯を閉じた。その年七月一九日、頼朝は自らその泰衡を追討のために鎌倉を発し、八月二一日平泉を攻めた。泰衡は館に火を放って北方に逃れたが、九月三日、現在の秋田県大館市で泰衡の数代の郎従河田次郎によって殺された。同月六日、河田によって泰衡の首は頼朝の本陣に運ばれ、首実検の後、首は眉間に八寸の鉄釘を打ちつけられて柱に懸けられた。首を持参した河田次郎は、恩賞を与えられずに、主人殺しの罪で斬刑に処せられた。」（『国史大辞典』平成三年六月第一版に拠る）

3（一條堀河ニ住ム陰陽師法師ニ鬼一法眼トイッテ文武二道ノ達者ノ男ガイタ。殿下ノ御祈禱ヲシテイタガ、天下ニ秘蔵サレタ六韜三略一六巻ヲ賜ワッテ珍襲シテイタ。御曹司（義経）ハソレヲ聞イテ、ソレヲ読モウトテ法眼ノ豪壮ナ邸ヲ訪ネテ、面会ヲ求メタガ、無論相手ニサレナイ。苦心ノ末、法眼ノ末娘ト懇ロニナッテ、遂ニ父法眼ノ宝蔵カラ六韜兵法一巻ノ書ヲ取リ出サセタ。義経ハ喜ンデ、四ケ月余リデ書キ写シ、且ツ覚エタ。法眼ハ娘ト義経ノ関係ニ気ガツキ、男ガ義朝ノ息子ト聞カサレテ、是ヲ斬リ殺シテ平家ノ御見参ニ入レテ勲功ニ預リタイ

ト思ッタガ、我身ハ修行僧ダカラ人殺シハ出来ナイ、豪胆ナ奴ニ殺サセヨウト思ッテ、弟子デ妹婿デモアル湛海坊ヲ呼ビ寄セテ、「夕方、五条天神参詣ニ、コノ男ヲダマシテ連レ出ソウ。ソコデ首ヲ斬ッテクレ。ソウシタラ、年来ノ希望ノ六韜兵法ヲソナタニ差上ゲヨウ」ト言ッタノデ、承諾シタ。コウシテ、法眼ハ義経ニ会ッテ、「湛海トイウ奴ガ、ナゼダカ私ヲ仇ト覗ッテイルカラ、五条ノ天神参詣ニ誘イ出シテ置クノヲ殺シテクレ」ト頼ム。義経ハ法眼ノ心底ヲ計リカネタガ、引キ受ケテ、ソノママ天神ニ向オウトシタガ、契リヲ交シタ法眼ノ末娘ノ部屋ニ入ッテ「コレカラ天神参詣ニ行ク」ト言ウト、末娘ハ「何ノ故ニ」ト尋ネタノデ、「法眼ガ湛海ヲ斬レト言ワレタノデ」ト言ウ。末娘ハ、「昨日、父ガ湛海ヲ呼ンデ酒ヲ勧メテノ話ノ中デ、『湛海ガ一刀ニモ及ビマスマイ』ト言ッテイタノハ、アナタ様ノ御身ノ上ノコトト判ッタ。親子ハ一世、夫婦ハ二世ノ契リト聞クカラ、親ノ生命ヲ思イ捨テテ、アナタ様ニオ知ラセシマス。スグニココカラ何処ヘナリト逃ゲテ下サイ」ト忍ビモ敢エズ泣イタ。義経ハ防護ノ服装ヲ整エ、太刀ヲ脇挟ンデ天神ニ向ウ。湛海ハ屈強ノ者五六人ニ武装サセテ前後ニ歩カセ、自分ハ仰々シイ武装・武具デ身ヲ堅メテ立ッテイル。大木ノ蔭カラ身ヲ屈メテ見テイタ義経ハ、湛海ノ首ノマワリダケハ懸カッテイル物モナク、世ニモ切リヨゲデアル。社壇ヲ血デ汚スノヲ憚ッテ、下向ヲ待ッタ。湛海ハ天神ニ参拝シタガ、誰モイナイ。社僧ニ会ッテ、ソレラシイ人ガ参詣シタカト尋ネタトコロ「然様《サヨウ》ノ人ハ、早クオ参リシテ下向サレタ」トノ答ニ心穏カナラズ、「ソレデハ法眼ノ家ニイルダロウカラ、ソコデ斬リ捨テヨウ」トテ、屈強ノ者トモドモ七人連レデ、天神ヲ出タ。義経ハ「『イルカ』ト言ウ声ニ応ジテ出タイモノダ」ト思ッテイタガ、憎ゲナ声色デ「今出川ノ辺カラ日蔭者ノ源氏ガ来テイルカ」ト言イ終ワリモセヌウチニ、太刀ヲ打チ振ッテ、ワッ卜喚《オメ》イテ出テ「湛海ト見ルハ僻目カ、斯ク言ウノコソ義経ヨ」トテ追ッ駆ケナサル。湛海ノ手下タチハ豪語ニ似

合ワズ三方ヘザット逃ゲ、湛海モ二段バカリ逃ゲタガ、「生キテモ死ンデモ弓矢ヲ取ル者ノ臆病程ノ恥ハナイ」トテ長刀ヲ取リ直シ、返シ合ワセ、義経ハ小太刀デ走リ合イ、散々ニ打合イサレタ。斬リタテラレタ湛海ハ、「今ハ叶ウマイ」ト思ッタノダロウ、大長刀《ナギナタ》ヲ取リ直シ散々ニ打チ合ッタガ、少シヒルム所ヲ、義経ハ、湛海ノ柄ヲ打ッタ。長刀ヲガラリト投ゲタ時、小太刀ヲ打チ振リ、走リカカッテ、チョウトオ切リニナルト、切ッ先キガ頸ノ上ニカカルト見エタ時、小太刀ヲ打チ振リ走リカカッテ、チョウトオ切リニナルト、切ッ先キガ頸ノ上ニカカルト見エタガ、頸ハ前ニ落チタ。五人ノ部下モ逃ゲ出シタノデ、追ッカケテ二人ノ首ヲ取リ三ツノ首ヲ太刀ノ先キニサシ貫イテ、法眼ガ湛海ニ「必ズ義経ノ首ヲ取ッテ見セロ」ト注文シタノニ対シテ、持ッテ行ッテ胆ヲツブサセヨウト思ッテ、法眼ノ許ニイラッシャッテ御覧ニナルト、閉門シテ橋モ引イテイルノデ、幅一丈ノ堀ヲ越エ、高サ八尺ノ築地ニ飛上リ、内ニ入リ御覧ニナルト、法眼ハ）火ほのぼのと挑《か》き立て、法華経の二巻目半巻ばかり読みて居たりけるが、天井を見上げて、世間の無常をこそ観じけれ。「六韜兵法を読まんとて、一字をだにも読まずして、今湛海が手にかからん。南無阿彌陀仏」と独り言に申しける。あら憎《にく》の面《つら》や。太刀の脊《むね》にて打たばやと思し召しけるが、女（義経ガ契ッタ末娘）が嘆かん事、ふびんに思し召して、法眼が命をば助け給ひけり（義経ハ三ツノ首ヲ引ッサゲテ法眼ニ会イ、「『大方身に叶はぬ事にて候ひつれども、構《かま》ひて〳〵首取りて見せよ』トノ仰セダカラ、湛海ノ首ヲ取ッテ参ッタ」トテ法眼ノ膝ノ上ニ投ゲタ、ヤムナク「忝き」ト言ッテ、急イデ逃ゲ入ッタ。義経ハ末娘ニ名残ヲ惜シミツツ、暇乞イシテ山科ヘ出タ。末娘ハ忘レカネ、一六歳デ嘆キ死ニヲシタ）。

（義経鬼一法眼が所へ御出の事　大系P96）

右の「ふびんに思し召して」の「ふびんに」は、「かわいそうに・気の毒に」であることは確かであろう。本義によって、「父を殺すことによって自分（義経）の愛妻を嘆かせるのは不合理だ」の意まで汲み取るほどのことはあるまい。この一例のために、又々長々と本文を引いたのは、やはり日蔭者の生活の中でも、義経が無道者に対しては、いかに雄々しく猛々しい行動を取るか、そして一方には、弱い者にやさしい思いやりの心をもち行動をしたかを、この物語がよく描いていることを披露したかったからである。

この調子でこの物語での一〇数例を挙げていては、数号にわたることになろうから、以下なるべく簡略にするつもりである。

（未完）

語意・語義

研究ノート――語の意味の移り変わり

『源氏物語』など中古の古典の注釈にたずさわっていると、悩まされるのは、語の意味の、時代による移り変わりのけじめを誤認しやすいことである。

たとえば「うつくし」という語は上代では直接「美」を意味することはなく、「かわいい」の意と考えられているが、『源氏物語』の「(失心状態ニアル浮舟〔二二歳グライ〕ヲ)身にもし傷などやあらむとて見れど、ここはと見ゆる所なくうつくしければ」などの「うつくし」は現代語の「きれい」「美しい」と同じ意だと解く人が多い。だがこの語の『源氏物語』における他の多くの用例や同時代の他の作品、ことに『枕草子』の「うつくしきもの」(かわいい物ばかりあげてある)の用例などを見るかぎりでは、当時はやはりひたすら「かわいい」意であったと理解すべきことがわかる。つまり現代語の意に当てて解いても抵抗がないということは、決して妥当だということではないということに気をつけなければならない。

『枕草子』の「短くてありぬべきもの、人のむすめの声」というのなども、この「短い声」とは「低い声」の意であろう。現代語の意に当てて「若い娘は長話をするな」の意と解くのも「甘ったれて声を長く引いたりするな」の意と解くのも、おそらく正しくないと思う。「ひくし」はもとよ

り、そのもとになる「ひきし」もこの時代にはまだ生れていなかった。「高し」に対する語は「短し」であったのである。

「なまめかし・おもしろし・わかわかし・なつかし・はしたなし・よろし・わろし」「ゐる・をり・したふ・やる・ためらふ・たづぬ・おどろく・ながむ」「をとこ・をんな・いもうと」その他、いろいろな品詞の語でこうした例はまだまだたくさんある。

「朝日新聞」夕刊　一九七一・10・26

三百代言的「もぞ・もこそ」解義

「もぞ・もこそ」にⒶ「悪い事態を予測し、そうなっては困るという気持ちを表わす」意味があることは一般に知られているが、伊牟田経久氏（『国語』昭32・9など）は、そうした「もぞ・もこそ」が、将来の事を言うのに結びに推量の助動詞を用いないことに着目されて、それは確実性の高いことを予想するからであり、そうした場合は、悪い結果を予想し、それを恐れ危ぶみ何とか避けたいと思う場合が大部分で、したがってⒶの意が生ずるが、一方、当然Ⓑ良い結果を予想し期待する気持ちをあらわす場合もあるとして、そうした意とする例をあげられた。このお考えは理路整然としていて極めて説得力があり、したがって昭和三八年四月刊行の中田祝夫氏の『新撰古語辞典』では、Ⓑの意を項目として採用していて、すでに定説に近いようである。

結論としては、これが正しいのかも知れないと私も思う。ただ私が率直にいって、全面的に賛成に踏み切れないでいるのは、それとしたところで、用例の極端なかたよりがみられるからである。たとえば、『源氏物語』でいえば、この種の「もこそ」五〇例中確実にⒶであるもの四四、残りの六も私なりに解けばすべてⒶに属させ得る（小著『平安時代物語論考』参照）。「もぞ」八例中確実にⒶであるもの七、残りの一は「何ぞもぞ。」（竹河）という詞であるが、この種の「もぞ」で下のこと

ばを省略する用例は稀だし、別扱いにしてよさそうだ。つまり『源氏物語』では、Ⓑの用例は皆無である。こうした実例面から考えて、私は「もぞ（もこそ）―動詞止（推量付加ナシ）」という形の表現は、「好ましからぬ事がおこることへの予測」としてのみ慣用されていたものと理解する説をも、まだⒷの実例の確かなものを目の前に相当たくさん並べてもらわない間は、引っこめないでいるよりしかたがない気持ちでいる。それでⒷの例というのを、自分でも探しているのだが、なるほど疑わしいものがチョイチョイ出てくる。それらを私は、しばらく三百代言的にⒶとみなす試みをつづけて行きたい。それがいよいよ行きづまったときに心晴れ晴れと伊牟田氏説に降参したいと思っている。冀《こいねがわ》くは、諸賢からもⒷの例をお教えたまわらんことを。今、手こずっている例は、『玉葉』雑五、大僧正行尊の歌、

　那智に参りて伴へる人皆帰し遣りなどして又出で侍りけるに、送りにまうで来て侍りける人の供なる童に申し侍りける。

　惜しからぬ命も今日は惜しきかなあらばあふ世にあひもこそすれ

これを私は「かわいいお前さんに逢って、僧として惜しくない命も今日は惜しいことだ。だが今後生きているなら、困ったことに、きっと（修行の妨げとなる）お前さんに逢う機会にめぐり合うぞ」と、童を稚児にみたてた行尊の軽口の歌と解いておく。また『和泉式部（正集）』の、

　田舎なる人の許より、ひでりして国の皆焼けたる（稲ガ枯死シタ）ことわびたるに

　小山田のなどひたぶるに思ふらむ露のおくてはありもこそすれ

これも「何だってそんなに一途に落胆しているのでしょう。（そう一途に落胆すると）ぐあいわるく晩稲《おくて》の実りは、きっとあって、引っ込みがつきませんよ」と、からかった形で慰めた歌とみておこう。なお中田氏の『古語辞典』に「もぞ」のⒷの例とする正治二年百首の一首は、すでに私はⒶと解いた（前掲小著）ので省くが、「もこそ」のⒷの例とされる『平家』巻六、祇園女御の章の、

此若君（忠盛ノ子ダガ、実ハ院ノ子デアル幼児）あまりに夜泣きをし給ひければ、院きこしめされて、一首の御詠をあそばして下されけり。

よなきすとただもりたてよ末の代に清く盛《さか》ふることもこそあれ

さてこそ清盛とは名のられけれ。

の一首も、「夜泣きするからとて、忠盛よ、虐待せずにひたすら守り育てよ。今ぞんざいに扱ったりして、後世清く栄えることがきっとあるとき、お前はぐあいがわるいことになるぞ」の意で、やはりユーモアをまじえた励ましと解いてよかろうと思う。こんなことで私の三百代言的解義は、まだしばらくつづきそうである。

『品詞別 日本文学講座』月報6〔第9巻〕明治書院 一九七三・2

語義さぐりそぞろ言――「うつくし」の場合

自分の恥をさらすことからこの文を始める。
若き日の源氏が北山で幼い紫君を透き見する場面である。

中の柱に寄りゐて、脇息の上に経を置きていと悩ましげに読みゐたる尼君、ただ人と見えず、四十よばかりにて、いと白うあてに痩せたれど、つらつきふくらかに、まみの程、髪の美しげにそがれたる末も、なかなか長きよりもこよなう今めかしきものかなと、あはれに見給ふ。
清げなる大人二人ばかりさては童べぞ出で入り遊ぶ中に、十ばかりにやあらむと見えて、白き衣、山吹などのなえたる着て、走り来たる女子、あまた見えつる子どもに似るべうもあらず、いみじく生ひ先見えて、美しげなるかたちなり。　（若紫巻）

右はその昔の小著『全釈源氏物語』（昭34・2）の本文をそのまま引いたのだが、文中の二つの「うつくしげ」に「美しげ」と漢字を当てたのは当時通行の『源氏物語』の活字本のそれを踏襲したものである（岩波の『日本古典文学大系』本（昭33・1）もそれぞれ「美しげ」と当てている）。にもかかわら

ず訳文では私が前者には「見た眼に美しく」、後者には「かわいらしくみえる」を当て分けているのは、中古語としての「うつくし」には「かわいい（かわいらしい）」「美しい」の両義があり、本文中の二例のうち後者は、「かわいらしい」の意と判断したからであろう。それにしても本文に「美」の漢字をそのままに残しているのは、不可解で、あるいは校正ミスか、心のためらいか、我ながら杜撰さを恥じる外はない。

　ところが、その後、あれこれと中古の仮名文を読み馴らしているうちに、中古語の「うつくし」は、どうやら「かわいい（かわいらしい）」と解いて然るべきものが大部分で、「美しい」などと解かないと不自然かと感じられるような用例（前掲の本文中の二例のうちの前の一例はそれである）は、あるとしても余りにも稀少なのに疑問を覚えた。そこでまず『源氏物語』における全用例について調べてみようと思って、木之下正雄氏の御労作の語索引（吉沢博士『源氏物語新釈』の別巻）に従い、二〇〇に余るそれを検討したのであるが、その結果として次のことがわかった。

①全用例のうち、猫二、白檀の仏像一、小さい調度一の計四例以外は、すべて「人（または人体の一部）」に関わって用いられている。

②その「人」も、僅少の特例（後掲）以外は幼若（特に一〇歳台までが多く、上限は二五、六歳）の男女に限られている。

その僅少の「特例」のうちでも唯一人用例の多いのは紫上で、三二歳の折の筆蹟、三九歳の病床にある折の膚、四三歳の折の死顔、および、その死の折のつやつやとした髪の計四例であるが、

これは『源氏物語』作者も、主人公を「超人」とする伝統物語の制約に順応して、ヒロインの紫上だけには常人を超える資質をさりげなく与えたものとみてよかろう。紫上の祖母尼の四〇余歳の尼剃の髪の末（前掲の本文に見える）の一例も、尼剃はもともと若々しく可憐に見えることもさることながら、ヒロインの血の源である祖母尼にはやはり超人性を匂わしたとみてよいのではないか（紫上の母はすでに亡くて、物語には登場しない）。他には夕霧に夫婦喧嘩をしかける、年に比べて幼稚で単純人間である二八歳の雲居雁の1例、母大宮が孫だけでなく「（子ノ）大臣をもいとうつくしと思ひ聞え」（少女巻）たという三八歳余の大臣（これは親馬鹿の主観だから例外といえよう）の一例があるだけである（もっとも他にも、「蜻蛉巻」で薫がかい間見た明石中宮腹の女一宮の顔と手についての三例があり、その折の女一宮の年齢は、「若菜下」で四～五歳であったのから計算すると、三〇歳ばかりになるはずなのが特異例であるが、これは久々に挿話的人物を登場させるに当って作者が計算ミスを冒したものだと私は推測する）。

右のように用例における対象が、（特殊な事情がないかぎりは）幼若の者にはっきり限定されていることは、（子・孫・妻など庇護すべき、か弱い身内の者に対する愛情をあらわす）「かわいい」（上代の語義）か、（それが、子・孫・妻からさらに他人にまで広がった）「かわいらしい」（中古の転義）かの範囲にすべての用例の語義が納まって然るべきことを示しているとみてよかろう（①の「人」以外の用例も、小さく可憐である点で②に準じて扱えよう）、言いかえれば、「美しい」とかその他の意味に解かないと一見ぐあいがわるいかのような、稀少の用例どもも、すべて「かわいい・かわいらしい」の意に、改めて読み直

してみるべきだ、と私は考えた。

そしてその後も、近年にわかに相次いで公刊されている中古を中心とした仮名作品の八〇に近い語索引を一々検索して調べたのであるが、きびしく見ても、中古中期をやや下る頃までの「うつくし」はすべて「かわいい・かわいらしい」の意の範囲を出ない、と私は判断している（この「うつくし」についてのくわしい調査報告は、『笠間叢書75』〔昭51〕〔編集部注—『源氏物語を中心としたうつくし・おもしろし攷』〕の小著のほかに、尚学図書のPR誌〔年三回刊〕『国語展望』に31号〔昭47・6〕以後、現在に至るまで六、七回断続的に載せてもらっている。近刊予定の71号以下では『栄花物語』の「うつくし」全二二六例〔編集部注—「栄花物語の『うつくし』の用例検討一・二」〕を掲げるが、「人」関係の用例二一八のうち二〇歳台を越えるのは、四五歳の倫子と三九歳の彰子の各一例〔それぞれはなはだしく若く見えるという意の断り書きがついてはいる〕だけで、しかもその彰子は物語のいわばヒロイン、倫子はヒロインの母である点、前掲の『源氏物語』の紫上とその祖母尼の特異用例にまさに符合することを紹介しておきたい）。

こんなわけで私は自分の判断を理にかなうと信じていたものだから、昭和五〇年になるかならないかの頃だったか、友人に誘われて共編した高校の古典の教科書で、分担した『源氏物語』に若紫巻の、例の源氏の透き見の場面を採って、尼君の髪の「うつくしげにそがれたる末」の「うつくしげに」の脚注に「『うつくし』はかわいらしい・可憐だの意。当時『うつくし』には『美しい』の意はなかったようである」と記して文部省の検定にまわしたところ、後日お呼び出しを受けて出頭した時に、たちまち調査官から文句を頂戴した。いちおう卑見を開陳抗弁したものの、「いかに尼そ

ぎの髪の端がかわいらしい感じだとしても四〇余歳の尼さんじゃぁ考えられないんじゃありませんか」と、いっかな聞き入れてはもらえない。もう一度こまごまと述べ立てるだけの時間の余裕はないので、その脚注は全文削除して注無しで放っておくことで妥協するほかはなかった。その後その教科書は何度か改訂されているが、その部分は、そのままで現在に至っている。

ひるがえって、現在もっとも多数の読者に支持されている『日本古典文学全集』本と『新潮日本古典集成』本を見ると、『全集』本(昭45・12初版)は、尼君の髪には「見るからに美しく切りそろえられた端」、紫君のかたち(容貌)には「見るからにかわいらしい顔だち」という訳語を当てておられ、その延長線上にある近刊の『完訳日本の古典』本(昭58・1)も全くそのままである。つまり「うつくし」に「かわいらしい」「美しい」の両義を現在も認めておられるわけである。これに対し『集成』本(昭51・6初版)は、尼君の髪には「髪が可憐な感じに切り揃えられたその裾」と頭注を加え、紫君のかたちには「かわいらしげな」と傍注しておられる。つまりここでは「かわいらしい」の一義で統一しておられる点で、現在の卑見と一致しているのであるが、それでは『集成』本は「うつくし」に他の意を全く認めておられないかというと、(全帖にわたって調べていないのでくわしいことはわからないが)、たとえば、総角巻の

のちの御心は知りがたけれど、うつくしくめでたき御宿世どもにこそおはしましけれとなむ、
かつがつ思ひきこゆる。

とあるうちの「うつくしく云々」に対しては「(お二方とも)よくぞお仕合せな結構なご運勢でい

らっしゃったことと」と頭注しておられるから、「かわいらしい」のほかに「仕合わせだ」というような意をも考えておられることがわかる（なお『全集』本も「お二人ともおしあわせで結構なご運でいらっしゃったことと」と訳しておられる。つまり「うつくし」に「かわいらしい」「美しい」「しあわせだ」などの意を認めておられることになる）。私の考えでは、右の文は、老女弁（六〇歳ばかり）が宇治大君に「薫の申入れを聴いて、中君は匂宮に、大君は薫に身を任せよ」と理を尽して説く詞の中で、そうした二組（二四歳の薫と二六歳の大君、二五歳の匂宮と二四歳の中君という若いカップル同士）の結びつきは、仮りに将来におけるそれらの男君たちの心のほどはわかりかねるとしても、現在考え得る限りでは「（大君中君御姉妹ニトッテ）うつくしくめでたき御宿世ども」だと思う、といっているのだから、やはり「かわいらしくすばらしい二組の御宿縁」と解いてよいと思う。弁は薫の出生の秘密を知っていて柏木から薫への遺言をまで託されていた、薫とは親しい老女で、しかも宇治の八宮に仕えて、宮の没後は大君・中君お二人のお守り役的存在なのだから、その弁にとってはこの若い、子か孫同然の二組の男女の「宿世ども」は、「かわいらしい」のに何の不思議もないであろう。

ともあれ、現状はこんな次第だから、私の「かわいい・かわいらしい」一点張り説の〝公認〟される見とおしは当分たちそうもないのである。

申しおくれたが、『源氏物語』以前に「うつくし」が「美し」の意をもっていたとする説の根拠として、古語辞典の類にも引用されている『新撰字鏡』の

娃、美女皃、宇豆久志支乎美奈

は、なるほど、それだけを見るかぎりでは、漢字の「美」が和語の「宇豆久志支《ウツクシキ》」にあたるかのように見える。となると、『新撰字鏡』の成立したという昌泰年間（八九八―九〇一）より一〇〇年以上後で書かれた『源氏物語』の頃には、当然「うつくし」は現代語の「美しい」の意に広く用いられていたと考えてよさそうである。だが、それについては宮地敦子氏（『国語と国文学』昭46・8『うつくし」の系譜』）が、中古中期頃までの「うつくし」の用法の女性へのかたよりに徴して、

> この例（松尾注―『新撰字鏡』の例）を以てウツクシが美一般をあらわした証とすることはできない。

といわれ、また

> 古い日本語では、美一般をあらわす形容詞は存在しにくく、対象の美の性質を区別し、どのような美には、どの言葉を宛てるかという使い分けがあったと考える。

ともいっておられる通りで、私も広く中古の仮名作品を読んでみるかぎりにおいて、中古には美《び》一般をあらわす和語はなかったと思う。ということは「美《び》」という綜合的な概念は存在しなかったということでもある。従って、日本人である『新撰字鏡』の著者昌住は、漢語の「美女」の「美」を美《び》一般をあらわす語として理解できなかったはずで、「美女」はすなわち「かわいらしい女」の意と解して、「ウツクシキヲミナ」と訓《よ》んだまでのことであろう。「うつくし＝美シイ」の証とはできないのである。

古語の語義の究明には、全用例の調査以外に道はない、というのが私の実感である。余命尽きる

ないようである。

に垂《なんな》んとしている身と自覚しつつも、この道一筋は、なおとぼとぼと独りで歩かないわけにはいか

おことわり——書いている間に、内容が、近刊の『国語展望』71号〔昭60年11月〕の『栄花物語の「うつくし」の用例検討㈠』の冒頭部分と重複することが多くなってしまったが、書き手としての視点がちがっているつもりだから、御容赦願いたい。

『日本語学』vol.4　11月号　明治書院　一九八五年

源氏物語などの「うつくし」の語意について

私は中古の仮名文学の注釈で口語訳を付ける必要上、その訳語に難渋して、近年続々刊行された中古文学の語索引を利用して、幾つかの語の中古語としての適切な訳語を模索させて頂いている。その結果その中の一語「うつくし」については、少くとも中古中期を余り下らぬ頃までは「カワイイ・カワイラシイ」の意の範囲の訳語で総ての用例を覆うことができると判断した(『源氏物語を中心とした『うつくし・おもしろし攷』」昭51・「源氏物語を中心とした語意の紛れ易い中古語攷」昭59)のであるが、それに対して本誌［編集部注―『国文学解釈と鑑賞』］別冊「源氏物語をどう読むか」(昭61・4)のP52～59で大野晋氏から懇ろな御批判を頂いたので一言御返事することにする。もとより私は国語学に関しては全くの素人だからとんでもない過ちを冒しかねないであろう。従って以下に述べる事にも、もし明白な過誤があったら再び氏の御批判を頂きたい。――さて結論を先に言えば、氏とは意見の相違ということになろうか。与えられた七枚の範囲では意を尽し難いのが残念だが、氏の所述の順に従って簡単に私見を述べる。

氏は『栄花物語』の用例のうち私が挙げなかった二例というのをまず挙げて卑説を批判される(『栄花物語』の語索引は当時〔昭51〕未刊のため私は四〇巻のうち六巻の用例を「抜取り調査風」に調べただけなの

で、調査範囲外にあったその二例は当然挙げていない）。

①御かたち有様愛敬づきけ近うらうたげに、色合などいみじううつくしうて、白き御衣どもの上に紅梅の固文の織物を着給うて濃き袴を着給へる、あはれにいみじううつくしげなり（栄花物語巻8　大系上P291）

②源中将は人にかへさるべくもあらず歌の良さ悪しさを定め、いとうつくしうぞものし給ひし。「古き事には、とこそあれ、かくこそあれ」と、右の歌をよく言ひ落し給へば、「あはれきたまへる口かな」と、上達部、殿上人ほめ申給。（栄花物語巻36　大系下P464）

氏は右の①の「色合などいみじううつくしうて」について「色の具合が美しくてと取るのが、最も普通の解釈であろう。……色合がカワイクテと言うであろうか。」と言い、②については「源顕房が、人から言い返されることなどあり得ないように、歌のよしあしを論評し、大変御立派でいらっしゃった。古い表現には『こうあるものを、ああいうものを』と述べ立て、義理の父親にあたる隆俊を相手として言い負かしたので、上達部や殿上人たちが『驚いた弁舌だ』とほめたという話である。ここの『いとうつくしうぞものし給ひし』を『カワイクおいでだった』と訳すことはどう見ても誤りであろう」と言われる。

中世の「うつくし」に「美しい」「きれいだ」「見事だ」「ちゃんとしている」などの意の用例は確かにある。それに導かれて中古の『源氏物語』にそうした用例の萌芽を認めようとするのが通説のようである。

③（気ヲ失ッテ倒レテイル浮舟ノ）身にもし疵などやあらむとて見れど、ここはと見ゆる所なくうつくしければ（源氏、手習）

④かくて大学の君、その日のふみ（詩）うつくしう作り給ひて進士になり給ひぬ（源氏、少女）

③は「美しいので」④は「見事に」などの意とするのである。いかにもそれが自然のように見えるのだが、私が敢えて③も④も「カワイラシイので」「カワイラシク」と解こうとするのは、『源氏物語』の「うつくし」（「うつくしむ」なども含む）の全用例二二九のうち右の二例以外の二二七例が総て「カワイイ・カワイラシイ」の意と判断される（委細は前記小著参照）からである。右の二例だけがそれと意を異にするというのは、私には納得がいかないのである。だから私は③は「失心した二二歳の浮舟の身体が、傷もなくカワイラシイ（可憐ナ）ので」、④は「大学の君（夕霧）は一三歳の年少の身でカワイラシク（可憐ニ）も詩を作って」と解く。事は『栄花物語』についても同じである。公刊（昭56）された語索引によって二二七の全用例を調べた結果（「『栄花物語』の『うつくし』の用例検討」『国語展望』71（昭60・11）・72（昭61・3）尚学図書）も、私には総て「カワイイ・カワイラシイ」の範囲に語意を定め得たつもりである。大野氏が挙げた①は伊周の「唯今十七八ばかり」の若い姫君の容姿についての記事である。「色合」は顔色か肌色か衣裳の染色か（『全注釈』は肌色を採る）やや曖昧だが、いずれにしても一七八の姫君のそれについて「色合がカワイラシクて」と表現して何の不思議があろう。②については、私は次のように解いた。

（皇后宮春秋の歌合せで）弱冠二〇歳の顕房が自分のお舅さんを敵にまわして、相手側の反撃の口

を有無をいわさず封じ込み、直接そのお舅さんを「よく言ひおとし」などするものだから、「よく口がまわることよ」と上達部・殿上人がほめた、とある、この無鉄砲な顕房の行動は、つまりは若さの向う見ずと、岳父に甘えての〝お坊ちゃん〟的ふるまいであった。それを「いとうつくしうぞものし給ひし（トテモ子供ッポクカワイラシクテイラッシャッタ）」と言っていると考えてよいのではなかろうか。（『国語展望』72〔昭61・3〕P80）

「人に返さるべくもあらず云々」というのも、節度をわきまえず突進する〝お坊ちゃん〟の様子に苦笑している作者の表現と読みとれよう。大野氏が「『カワイクおいでだった』と訳すことはどう見ても誤りであろう」と言われるほど、解きにくい文とは思われない。

次に大野氏は漢字文献の中古の和訓に論を転じて「妍・研・愛・端」がそれぞれ「ウルハシ・ウツクシ（ゲ）」の二様に訓ぜられているのは「ウルハシもウツクシも、多くの場合、女性の美、女性の愛らしさを表現するために使われるところから生じた用法の混淆」で、「女性のウルハシ（きちんと整って美しい）の状態を同時に男が好ましい、かわいいと思うならばその状態は、ウツクシ（かわいい、かわいらしい）ということでもある、すると、男の言語社会で、ウルハシが表わしていた観念の領域とウツクシとの融合か生じるだろう」として、漢文に親しんでいた紫式部は「（そうした）男社会の文字言語の使い方を身につけていて、それを駆使して和文を書いた」から「うつくし」についても③④は「疵など無くて、よく整っていた」「疵のない整った文章を書い」たという意に用いたのだ、「紫式部の言語を理解しようとするときに、言語感覚の凡庸な作者の何百の用例

を拉し来って、それで式部の表現を律してもそれはあまり意味がない」とて、私のようなひたすらに何百の用例を集めるのみの作業を専らにする男の愚を諭しておられる。御尤ものようではあるが、漢文を嗜まず、従って理解を期待することも覚束ない当時の女性読者たちに対して、紫式部ほどの慎重な作家が一体何の必要があって、しかも僅か一、二個所に（「うるはし」を用いれば何ということともなかろうのに）わざわざ「漢文訓読体のウツクシの用法を自分の作品に持ち込ん」でみせたのであろうか、又『栄花物語』作者も同じ事をしたと言うのなら、『栄花物語』作者も紫式部のような漢学に親しんだ言語感覚非凡な女性だったとされるのか、そうした疑問についてお教え頂かないと俄かには従えない。なお形容詞の意味変化はまず連用形から起こることを指摘されるが、それがこの「うつくし」にも起っているとみるのには余りにも資料不足ではなかろうか。

『国文学解釈と鑑賞』一九八六・7

「おもしろの駒なりけりや」「うつくしくめでたき御宿世ども」など

——中古の「おもしろし」「うつくし」の語意

私は昭和四七年の山岸徳平先生の喜寿奉祝の論文集『中古文学論考』に「中古の作品における『おもしろし』——源氏物語を中心にして」を、又、昭和五〇年の鈴木知太郎博士の古稀記念の論文集『国文学論攷』には「源氏物語の『うつくし』の語意について」を書かせて頂いて、それぞれその語意を確かめようとする作業を試みた。国語学者でもない私が身の程もわきまえずにこんなことを敢えてしたのは、中古の散文作品の注釈を志していた身として、例えば、中古では月・雪・花は「おもしろし」であって「うつくし」とは言わない、とすればその「おもしろし」「うつくし」の語意をどう理解し、且つ現代語に移し直すには何と言いかえたらよかろうか、と思案にあまったからである。結論として、その方法は、できる限り用例を広く拾い集めてその語意とおぼしきものを見きわめようとすることから出発するほかに道はない、ということであった。それで当時幸いに上代・中古の諸作品の「語索引」がそろそろ揃いはじめて来ていたのを利用させてもらって、前掲の二つの報告を書き上げた。その後も、この「おもしろし」と「うつくし」については、中古（および中世前期）の仮名作品の「語索引」が新たに公刊されるにつれて、随時、それらの作品における用例

を拾って報告をつづけている（『源氏物語を中心とした「うつくし・おもしろし」攷』昭51刊・『源氏物語を中心とした語意の紛れ易い中古語攷』昭59刊・『同続篇』平成3刊（三書の内、あとの二書は尚学図書のPR誌『国語展望』38号～65号、および66号～86号に掲載の拙文を集めたもの）。以上三書の中に収めてある）。

この作業の経過と結果の詳細については、右の報告どもに就いて直接確かめて頂くしかないのだが、今はここに、そうして拾い集めた用例の中で、――そうした作業の結果として――従来の通説とはちがう語意のとり方をした方がよいと考えられるもののうち目ぼしいいくつかを掲げて、改めて、読者各位の御批判を仰ぎたいと思うのである。

まず「おもしろし」から述べる。

現代語の「おもしろい」は「興味がある」「興趣がある」さらには「滑稽だ」「一風変わっている」などの意として、特に対象をえらばず、どんな対象についても自由に用いられるのであるが、現在公刊されている上代から中世前期頃までの文献の「語索引」によって調べられる限りでの「おもしろし」は、その用いられる対象が、ごく少数の例外を除いては、すべて次に掲げるようなⒶ～Ⓘに限られることがわかった。そしてその限定があまりにも見事に守られているらしいことから、逆に、一見その限定の範囲外にあるように見える用例に出会ったら、それをⒶ～Ⓘのどれかに入るべきものとしていちおう考え直してみるという手続きを採る必要を感じた。そうした用例も取りあげてみたい。さてそのⒶ～Ⓘとは次の通りである。

Ⓐ楽音（楽器の音・謡う声・楽を伴う舞・鳥の声など）
Ⓑ花（造花を含む）
Ⓒもみじ
Ⓓ月・月のある空
Ⓔ水に関わるもの（水・氷・雪・川・滝・瀬・池・湖・海・浪・海辺の景など）
Ⓕ宏壮な邸宅、寺院およびその庭園の類
Ⓖ絵画
Ⓗ詩歌
Ⓘ催・行事

右のⒶ～Ⓘに示される「おもしろし」の対象は、すべて、本来、明るく晴れやかな様相乃至は性質を持ち、それを見る人の立場から言えば、心晴れ晴れとして楽しいものどもであるが、「おもしろし」の語意は自然そこに表出されているといってよのではないか。なお「おもしろし」の語源は、「面《おも》しろし」で、「おもて（見る人にとっては目の前にあるもの）が白い・目の前が明るい」の意だという。用例による語意探究の結果とも合致するようであるから、この語源説は認めてよさそうである。

『源氏物語』の中からⒶ～Ⓘの例を、それぞれ二例ずつ挙げてみる。

Ⓐ声いとおもしろく笙の笛吹きなどするを（賢木）

秋風楽にかき合はせて唱歌し給へる声いとおもしろければ（少女）

Ⓑおもしろき梅の花開けさしたる朝ぼらけ覚えて（常夏）

お前の藤の花いとおもしろう咲き乱れて（藤裏葉）

Ⓒもみぢむらむら色づきて宮のお前えもいはずおもしろし。（少女）

もみぢのいとおもしろく、ほかの紅に染めましたるいろいろなれば（手習）

Ⓓ神無月の頃ほひ月おもしろかりし夜（帚木）

十五夜の月おもしろう静かなるに（明石）

Ⓔ池のさまおもしろくすぐれて（少女）

浦伝ひに逍遥しつつ来るに、ほかよりおもしろきわたりなれば（須磨）

Ⓕ造らせ給ふ御堂は大覚寺の南にあたりて、滝殿の心ばへなど、劣らずおもしろき寺なり。（松風）

造りざま、故ある所の、木立おもしろく（手習）

Ⓖ絵のさまも唐土と日本とを取り並べて、おもしろき事どもなほ並びなし。（絵合）

この頃の世には、ただかくおもしろき紙絵を整ふる事を天の下営みたり。（絵合）

Ⓗかくありがたき人に対面したる喜び、却りては悲しかるべき心ばへをおもしろく（詩ニ）作りたるに（桐壺）

例の四季の絵も、古への上手どものおもしろき言ども（詩）を選びつつ、筆滞らず書き流し

たるさま（絵合）

Ⓘ（源氏ノ邸デノ八講ハ）生ける浄土の飾りに劣らず、いかめしうおもしろき事どもの限りをなむし給ひける（蓬生）

年の内の節会どものおもしろく興ある事を、昔の上手どものとりどりに（絵ニ）かけるに（絵合）

こうした分類の中で、特に仮作物語では、圧倒的に用例の多いのはⒶの「楽音」関係である。例えば次のような中古の代表的な五つの物語では、それぞれ用例の三五～六八％を占めている。

『宇津保物語』―用例二二二

Ⓐ七九　Ⓑ二一　Ⓒ三　Ⓓ九　Ⓔ六　Ⓕ六〇　Ⓖ二　Ⓗ一一　Ⓘ二二（他に例外九〔この物語には本文に誤脱があることや、後人の改変の手が加わっていることと、例外数のかなり多いこととは関係があろう〕）

『源氏物語』―用例一四六

Ⓐ六四　Ⓑ二七　Ⓒ四　Ⓓ八　Ⓔ八　Ⓕ一四　Ⓖ九　Ⓗ五　Ⓘ七（例外ナシ）

『浜松中納言物語』―用例五二

Ⓐ二一　Ⓑ七　Ⓒ〇　Ⓓ五　Ⓔ四　Ⓕ一一　Ⓖ一　Ⓗ二　Ⓘ一（例外ナシ）

『狭衣物語』（日本古典文学大系本）―用例二一

Ⓐ一三　Ⓑ三　Ⓒ〇　Ⓓ〇　Ⓔ二　Ⓕ一　Ⓖ〇　Ⓗ一　Ⓘ一（例外ナシ）

『夜の寝覚』―用例一六

Ⓐ二一　Ⓑ〇　Ⓒ一　Ⓓ一　Ⓔ〇　Ⓕ三　Ⓖ〇　Ⓗ〇　Ⓘ〇（例外ナシ）

いわゆる歴史物語の中での最長篇たる『栄花物語』でも、次に示すように五四の用例の三三％に当る一八例は、やはり「楽音」関係のものである。

Ⓐ一八　Ⓑ八　Ⓒ〇　Ⓓ一　Ⓔ三　Ⓕ一六　Ⓖ〇　Ⓗ一　Ⓘ六（他に例外一〔この例外は大系本底本の三条西家旧蔵本の不審本文―下P165―の中にあり、富岡本に従えば、その「おもしろう」という部分がない〕）

物語には音楽に関わる場面が多いから、自然そこでの「おもしろし」の用例が多くなるのではあるが、哀切極まりなく聞こえる曲でもその中に必ず一種の明るさ晴れやかさを秘めていることをこの「おもしろし」という語は表わしているのかも知れない。

さて中古の「おもしろし」については、やはり「興味がある・興趣がある・おもしろい（この「おもしろい」には「滑稽だ」の意もふくまれているようである）」など、現代語の「おもしろい」の語意に近い訳語が与えられていることが多いようであるが、私は、右に記したような限定された対象と、その対象の性質・様相から推測する限りでは、この語には、いつも「明るく晴れやかであるということから引き出される快感」を根柢に置いた訳語が当てられるべきだと思われてならない。それが或る場合には「興味がある・興趣がある」でも外れていないかも知れないが、前掲の『源氏物語』の

①の例の「おもしろく興ある事」のように「おもしろし」は「興あり」とわざわざ分けて並べられている（この例は多い）ので見ても、再考を要すべき訳語であろう。少々例をあげてみる。

○清見が関は片つ方は海なるに、関屋どもあまたありて、海までくぎぬきしたり。けぶりあふにやあらむ、清見が関の浪も高くなりぬべし。おもしろきことかぎりなし（更級日記）（Ⓔの例）

右は「けぶりあふ」が難解なのだが、右の引用文の直前に富士の煙のことが書かれているので、汐煙が富士の煙と呼応する意とする説が有力である。それでこの「おもしろし」を、その見立ての奇抜さを表わしたものとして「滑稽だ」と解く説があることを或る学会の発表で聞いたことがあるが、この語の中古の用例を見わたす限りでは、「滑稽」の意と解いて解けないこともない例すら稀であるから、この意は当時まだ発生していなかったと見てよいと私は思う。諸注をみると、『日本古典文学全集』は「景色の趣深いこと」、『新潮日本古典集成』は「景色のよさ」、宮田和一郎氏の評釈は「景色のよいこと」、同氏の精講は「眺めのよいこと」、佐成謙太郎氏の新解は、「その景色のおもしろいこと」、西下経一氏の新釈は「おもしろいこと」、曾沢太吉氏の新解は「景色のよい事」、佐伯梅友氏の『新しい解釈』は「眺めのすばらしい事」、吉岡曠氏の『対訳日本古典新書』は「うちひらけたながめのすばらしさ」、関根慶子氏の『講談社学術文庫』は「眺めのいいこと」、池田利夫氏の『旺文社文庫』は「(雄大な眺めに) 心がはればれすること」(以上、順不同) のようになっている。「眺め」「うちひらけた眺め」「心がはればれする」など「明るい晴れやかさ」を何かの形

で訳語に採り入れたものは少数であるが、それらこそ支持されるべきであろう。「明るく晴れやかで心楽しいことが無類である」とでも言えば言い尽されようか。

○御処分に広くおもしろき宮たまはり給へるを　（源氏、柏木）（Ⓕの例）

右の「おもしろき」に対して、『日本古典文学大系』は「趣のある」、『日本古典文学全集』、『新潮日本古典集成』も「趣のある」、玉上琢彌氏の評釈もまた「趣のある」の訳語を当てて変わらない。しかしこれも、屋根も床も高くて、「明るく晴れ晴れとした感じの」宮をいうものであろう。ただし「広くおもしろき宮の、池山などの気色ばかり昔に変らで」（源氏・橋姫）などの例から見て、「宮」は、建物のほかにその敷地全体を含めていることもある。その場合はその敷地も晴れ晴れと見晴らしのよい状況にあることをあらわしている。『拾遺集』雑上に、

○神明寺の辺に無常所（墓地）まうけて侍りけるが、いとおもしろく侍りければ　元輔
惜しからぬ命やさらに延びぬらんをはりの煙しむる野辺にて　（Ⓕに準ずる例）

とある「おもしろく」を『新日本古典文学大系』の注は「浮世離れした風景の面白さ」とするが、明るく晴れ晴れとして眺めのよい墓域を定めたことをいうのであろう。あまりにも墓域らしくないので、死とはうらはらに「命やさらに延びぬらん」の感に堪えなかったのであろう。

一見Ⓐ～Ⓘの限定の範囲外にあると見える用例が、やはりその範囲にあると見直されるものを幾

例か拾ってみよう。

○「まづこなたへ入り給へ」と呼ばすれば、ゆくりもなくのぼりてゐぬ。火のいと明かきに見れば、首よりはじめて、いと細く小さくて、おもては白き物つけ化粧したるやうにて白う、鼻をいららかし、さし仰ぎゐたるを、人々浅ましうてまもる。この兵部少輔に見なしては、え念ぜず、ほほと笑ふ中にも蔵人の少将ははな〴〵と物笑ひする人にて笑ひ給ふ事限りなし。「おもしろの駒なりけりや」と扇をたたきて笑ひて立ちぬ。（落窪物語）

中納言忠頼の四君は謀られて、色は白いが首長で馬づらの兵部少輔を婿に迎えさせられてしまう。その新婚三日目の祝宴に現われ出た兵部少輔を見て、四君の姉三君の婿の蔵人少将は、何だ、あの男だったのかとびっくりして、咄嗟に吐いた捨て科白がこの「おもしろの駒なりけりや」である。これをただ「面白の駒だったんだなあ」（『日本古典文学全集』）と解くだけでは、顔が白いのにひっかけた洒落としても、物足りない感じがする。しかも「おもしろ」の対象が「駒」であるのは、Ⓐ〜Ⓘの範囲外にあることになる。だから、これは「駒」に「高麗」をかけた洒落と私は見たい。その「高麗」は言うまでもなくⒶに属する「高麗楽」である。

右勝たせ給ひぬ、高麗の乱声《らんざう》遅しやなど、はやりかにいふもあり。（源氏、竹河）

高麗楽は唐楽に対し、日本の雅楽の二大別の一で、宮仕え人は常に親しんでいる音楽である。「扇をたたきて笑ひて立ちぬ」とあるのも、その推測を確かにするであろう。「扇をたたく」は音楽

で拍子をとることである。「おもしろの駒なりけりや」は祝宴の準備の座に前からいて少輔の出現を待っていた蔵人少将のことばとしては、それまで、同座の者たちとたまたま音楽の話をしていたそのつづきのことばとして、今出て来た少輔には「それは晴れやかで心楽しい高麗楽だったなあ」といちおうは聞きとれるわけであるが、そのことばと共に扇をたたいて（高麗楽風に）拍子をとりながら笑って立ち去った少将の後姿を見送った少輔は、さすがに「なんだ、その男は顔の白い馬づらの男だったのだなあ」とあざけられたことに気づいたのではなかろうか（なお念のため付言する。少輔に対して「おもしろの駒」があだ名になったのは、この少将の放言に始まるのである。少将が、既成のあだ名をここで口にしたのではない）。この残酷な洒落に漸く私が気がついたのは、「おもしろし」という語の対象が限定されていることを知ってからのことであった。

中世に入ると、Ⓐ～Ⓘという対象の限定が、次第にゆるくなってゆくようであるが、それでも原則的には守られていることを諸作品の用例は示している。『平家物語』における興味ある例とおぼしきものを次に掲げて見よう。『徒然草』に、慈鎮和尚が扶持した信濃前司行長入道が『平家物語』を作って生仏という盲人に教えて語らせたとあるから、その原本の成立は古いが、語り本という性質上、異本の派生は多岐にわたって、現在普通に行なわれる覚一本は一三〇〇年代の半頃の成立という。従って、かなりⒶ～Ⓘの枠を越えた用例が多そうに思えるが、用例一五（底本は大系本）は、

Ⓐ一〇　Ⓑ〇　Ⓒ〇　Ⓓ一　Ⓔ一　Ⓕ〇　Ⓖ〇　Ⓗ〇　Ⓘ〇（その他）三

で、「その他」のうちの一は那須与一の扇の的に関わるもので、Ⓘ（催）に、もう一は天の岩戸の

神楽の折のものでⒶ（音楽）に組み入れて処理できると思うから、残るのは次の一例だけである。これは一見、全く枠外の用例のようであるのだが、私は、やはり枠内のⒶの用例と読みとるべきだと判断する。奇矯の説のようであるが、いちおう我慢してお読みとり願いたい。「千手の前」の話である。

〇（捕エラレタ三位中将重衡ハ頼朝ノ所望ニヨッテ鎌倉ニ送ラレタ。頼朝ハ重衡ヲ訊問シタガ、重衡ノ態度ハ毅然トシテイタ。頼朝ハ重衡ヲ狩野介宗茂ニ預ケタ。宗茂ハ情ケノアル人デ、ヒドク厳シクオ扱イ申上ゲハシナイ。重衡ヲイロイロト労ッテ、重衡ノ湯浴ノ世話ニ千手ノ前ヲ出シタ。千手ノ前ハ重衡ニ「男なンどはこちなうもぞおぼしめす。なかなか女は苦しからじとて参らせられてさぶらふ。『何事でも御事をば承つて申せ』とこそ兵衛佐殿（頼朝）は仰せられ候ひつれ」ト言ッタ。ソノ夕、家ノ子郎等ヲ連レテ参上シタ宗茂ハ、重衡ニ酒ヲススメ、千手ノ前ハ酌ヲスルガ、重衡ハ「少し受けていと興なげにておはしけるを」宗茂ハ「頼朝殿カラ『ヨクヨク注意シテオ慰メ申上ゲヨ。モテナシヲ疎カニシテ咎メラレテ、コノ頼朝ヲ恨ムナ』ト仰セツケラレテイル」トテ、千手ノ前ニ、「何ナリト謡ッテ酒ヲオ勧メシロ」ト言ウ。ソコデ千手ノ前ハ琴ヲ弾キ、朗詠、今様ヲ歌ウ。重衡ハ興ニ乗ッテ琵琶デ和シ、「あら思はずや、あづまにもこれ程優なる人のありけるよ。何事にも今一声」ト所望スルト、千手ノ前ハ白拍子ヲ歌イ、重衡ハ朗詠ヲスル）さる程に夜も明けければ、武士どもいとま申してまかり出づ。千手前も帰りにけり。其の朝、兵衛佐殿（頼朝）、折ふし持仏堂に法花経読うでおはしけるところへ、千手前参りたり。佐殿うちゑみて、千手に「中人《なかうど》はおもし

ろうしたるものを」との給へば、斎藤次官親義、をりふし御前に物書いて候ひけるが、「何事で候ひけるやらん」と申す。「あの平家の人々は、弓箭の外は他事なしとこそ日ごろは思ひたれば、この三位中将（重衡）の琵琶のばちおと、口ずさみ、夜もすがら立ち聞いて候に、優にわりなき人にておはしけり」。親義申しけるは、「たれも夜べ承るべう候ひしが、をりふしいたはる事候ひて、承らず候。此の後は常に立ち聞き候ふべし。平家はもとより代々の歌人才人達で候ふ也。先年此の人々を花にたとへ候ひしに、この三位中将をば牡丹の花にたとへて候ひしぞかし」と申されければ「誠に優なる人にてありけり」とて、琵琶の撥音、朗詠のやう、後までも有難き事にぞのたまひける。（平家物語巻一〇、千手前〔『日本古典文学大系』底本は覚一本〕）

右の「中人《なかうど》はおもしろうしたるものを」に、大系は注して「おれはお前たちの粋《すい》な仲人をしたものだ（重衡と千手との仲介をつとめたこと）」といい、『日本古典文学全集』（底本は東京大学国語研究室蔵高野本、大系底本とほとんど一致する。右の引用本文では一、二の敬語の有無の差と「弓箭の外は」が「甲冑弓箭の外は」とあるほかに差はない）は、ただ「中人」に「ちゆうじん」と振り仮名して、注に「底本『中人《ジン》』。仲介役。重衡と千手のとりもち役。なお底本には『中』の上に『夜部ハ』を補入すべき旨を記す」と元和版・正節本もチユウジンとよむ。屋代本『面白ウ仲人《ナカウド》ハシタル物哉』。仲人と同じ。仲立ち。仲介役。重衡と千手のとりもち役。なお底本には『中』の上に『夜部ハ』を補入すべき旨を記す」と説いて、訳文として「重衡とのとりもちをうまくやったのになあ」とする。これらが通説であろうが、それに従えば、この「おもしろし」は全くⒶ～Ⓘの枠外の対象に関して用いられたことになり、その語意も「粋に」とか「うまく」とか訳されているように、本来の「明るく晴れやかで心楽

しい感じだ」の意からは、かなり変わったことになろう。それで、私は考える。右の「中人はおもしろうしたるものを」は、「そなた（千手ノ前）は、おれ（頼朝）と重衡との間の仲裁役（喧嘩ノ仲直リ役。頼朝ハ重衡ノ頑ナナ心ヲ和ゲヨウトシタガ、重衡ハ飽クマデ固ク心ヲ閉ザシテ、宗茂トノ酒宴ノ席デモ「いと興なげ」デアッタ。ソレヲ千手ノ前ガ、琴ト歌トゲ見事ニ和ゲタコトヲイウ）を、音楽で明るく晴れやかにしでかしたものだねえ」と賞めたことばと解いてよいのではないか。そうしてこそ「佐殿うちゑみて（ニコニコシテ）」も利くようだし、何よりも、その頼朝のことばに対する親義の「何事で候ひけるやらん」という問に答える頼朝の「あの平家の人々は……」以下のことばが、無理なく解けるのではなかろうか。通説のようだと、頼朝の「あの平家の人々は……」は全く唐突としか言いようがない。なお「中人」をナカウドとよまずチユウジンとよんだとする伝え（前掲『日本古典文学全集』注）は注目すべきである。ナカウドなら、中古以来「男女結合の仲介役」の意のみに用いられているようであるが、チウニン又はチウジンは、確かな用例は中世後期のものしか知られていないらしいとはいえ、「仲裁者」の意をもっているのである。以上のような私の解が、もし認められるなら、この用例は、まさにⒶ（音楽）に属することになるわけである。

念のため、手許にある『平家物語』の他の系統本を当ってみたら、平松家旧蔵本（古典刊行会刊）は、

佐殿打咲《エミ》給《テ》千手《ニ》仲人《ハ》面白《フ》為《シタル》者《ノヲト》宣《ヘハ》

とあるが、屋代本（角川書店刊）は、

兵衛ノ佐千手ヲ見給テ頼朝ハ千手ニ面白ウ仲人《ナカウト》ハシタル物哉ト宣ヘハ

百二十句本（思文閣刊）は、

ひやうゑのすけせんじゆを御らんじて、よりともはせんじゆにおもしろきなかだちをしたるものかなとの給へば

というふうに「シタル」「したる」の主語をそれぞれ「頼朝」「よりとも」と明記してしまっている。これなら、やはり通説と同じ解釈にならざるを得ないわけであるが、「仲人」を「チウニン（チウジン）」と読まず「なかうど」と読みあやまったことから始まった後人の作為本文を伝えたものであることはまず明らかであろう。

もう一つの中世の作品の用例で、判断のむずかしいものをあげる。『無名草子』の用例である。通説によれば、『無名草子』は、中世が始まる一一八五年からわずか一五年か一六年後に成ったと言われるのに、三用例のうち四用例が、その対象は『源氏物語』の「巻」であって、Ⓐ～Ⓘの中には入らないのである。

○「巻々の中に、いづれかすぐれて心に染みてめでたくおぼゆる」と言へば、「……『紅葉賀』『花宴』とりどりに艶におもしろく、えも言はぬ巻々に侍るべし。『葵』いとあはれにおもしろき巻なり。……十七の並びの中に『初音』『胡蝶』などは、おもしろくめでたし……」

（無名草子『完訳日本の古典』本P220）

こんなふうに物語の内容について「おもしろし」を用いることは、中世初期としては全くの異例であるが、実は私が別《べつ》に「おびたたし」「うつくし」の二語について、それぞれその中古・中世前期の諸作品の用例を調べた際に、この『無名草子』の用例だけには、通説のような中世初期の成立の作品としては語意・用法に不調和を覚えさせる（つまり中世前期よりかなり下る感じがする）ものがあった（『国語展望』44号［「中古語『うつくし』の源氏物語以外の諸書の用例について」昭51・11月］・63号［「中古語『おびたたし』の語意再考」昭58・4月］の小稿参照）ことに思い当たる。今、それと考え合わせると、ひょっとすると、通説は考え直すべき余地があるのではないかと思う。そもそもこの作品は、まず八三歳の老尼が登場する、花を摘みつつ東山わたりを歩き、夕方、最勝光院にたどり着いて参詣の後、更に西に歩を進めると、たまたま古らかな檜皮屋の邸が見える、そこで老尼は若い女房たちの話を聞くが、その話を老尼は筆録したという形でできた「物語批評書」なのである。これは雲林院の菩提講に参じた作者が、説経の始まるまでの待ち時間にそこに居合わせた二人の高齢の翁と一人の嫗とが昔物語をする、それを聞き書きにしたという形でできた「歴史物語」の『大鏡』のまねであることは明らかである。そしてこの『大鏡』は、後一条紀に「今年は万寿二年乙丑の歳」と記しているのによって万寿二年（一〇二五）に成立したように見えるが、実は種々の内部徴証によって、少なくともそれより六〇年は後の成立とするのが通説となっている。つまり『大鏡』作者はわざと成立を古く装ったのである。だとすると、『無名草子』が本文の中で「また定家少将の作りたるとてあまた侍るめるは」と記して、定家が少将として在任していた文治五年（一一八九）一一月から

建仁元年（一二〇一）一〇月までの間にその本文が書かれたことを示していたり、建久四年（一一九三）に左大将藤原良経邸で行われた六百番歌合を「近くは九条殿の左大将と申し侍りし折の百首（六百番歌合ヲサス）などはべるは」と記して、良経が左大将をやめた建久九年（一一九八）以後ではあるが、建久四年が「近く」の年である頃にその本文が書かれたことを示していたりしているのは、やはり『大鏡』作者と同じ発想による、『無名草子』作者の、成立を古く装うための虚構ではないか、と思われてくる。「定家少将」以下の、成立年代を推察させる手がかりのあれこれも、そんなつもりでみると、何かわざとらしく覚えるのは僻目《ひがめ》であろうか。

　ところで、右の『無名草子』の三例の「おもしろく（き）」は対象はⒶ～Ⓘの枠外のものであるとはいえ、その語意は、やはり「明るく晴れやかで心楽しく（い）」であって、現代語のような「興味があり（る）」の意ではないと思う。取り上げられている巻々は「桐壺・帚木・夕顔・紅葉賀・花宴・葵・賢木・須磨・明石・蓬生・朝顔・初音・胡蝶・野分・藤裏葉・若菜・柏木・御法・幻・こじま（浮舟？）」であるが、こうした多くの巻々の中で「紅葉賀・花宴」「葵」「初音・胡蝶」だけが特に「興味がある」巻であるとしたら不自然であろう。実は、「紅葉賀」は朱雀院の行幸の試楽に藤壺の前で源氏が青海波を舞った巻（Ⓐ～Ⓘ）、「花宴」は紫宸殿の桜の宴のあとで、源氏が弘徽殿の細殿で「朧月夜に似るものぞなき」と歌って近づいてくる女、朧月夜に逢った巻（Ⓐ～Ⓘ）。それぞれ「艶（ホノボノト浮キヤカ（吉沢義則博士ノ解））」で、「おもしろく（明ルク晴レヤカデ心楽シク）えも言はぬ巻々」であるはずである。「葵」は後半は六条御息所の妬心に発する葵上の急死という暗さ

に蔽われ「あはれさ」が漂うが、それにしても引きつづいては源氏と紫上の新枕のことがあり、前半は新斎院の御禊の日の源氏たちお供の行列を見物する女車共のにぎわいや、賀茂祭の日の源氏紫上同車での祭見、源氏と源内侍との歌の贈答など「おもしろき（明ルク晴レヤカデ心楽シイ）」ことが多い巻（Ⓘなど）であろう。十七の並び（「玉鬘」の巻の並びの巻）の中での「初音」は正月、源氏が六条院と二条院に住ませている女性方に年始廻りをしたことと、臨時客の賑やかさや、男踏歌の人々への接待など（Ⓘ）を、又それにつづく「胡蝶」は六条院における春の御方（紫上）の、舟おろしの日の舟楽や奏楽の華麗さを描く（Ⓐ～Ⓘ）、両巻とも、まさに「おもしろく（明ルク晴レヤカデ心楽シク）めでた」い巻である、というふうに読み解けば、語意はもとより、「おもしろし」の対象も、直接は「源氏物語の巻」に据えられているとはいえ、その巻の内容を成すⒶ～Ⓘ（音楽・催）につながっていることを諒解できそうである。

ついで「うつくし」について述べる。「うつくし」の語意については、はやく宮地敦子氏に「『うつくし』の系譜」（『国語と国文学』昭46・8）という秀抜な論文がある。その中で氏は上代・中古における語意・用法について「上代のウツクシは、自分が優位の立場から抱く肉親的乃至肉体的な愛情をあらわすのが中心的な意味で」現代語を宛てると「〔A〕『いとしい』『かわいい』〈愛〉」に当たり、中古のウツクシは、「その用法が拡大し、他人にも、また人以外の物にさえも使うようになり、その対象に愛情をもちながら賞美し、さらには対象そのものに美の属性をみとめるという、情意性

と状態性とを兼ねた語になっ」た。しかし「『擁護者的立場』から、幼い者・弱いものに向うという条件は失われない」、こうした拡大した用法の場合、現代語を宛てると「〔B〕『かわいらしい』『あいくるしい』〈愛と美〉」に当たる、とされ、中古において「〔A〕は上代からの踏襲、〔B〕は『源氏物語』、ひいては平安仮名文での中心的用法である」と説明される。しかし、さらに中古には「〔C〕『美しい』『きれいだ』〈美〉」、「〔D〕『ちゃんとしている』〈美と善〉」の意をあらわす用法が、『源氏物語』においてその萌芽が見える」とされて、それぞれ次の例をあげておられる。

〔C〕（気ヲ失ッテ倒レテイル浮舟ノ）身にもし疵などやあらむとて見れど、ここはと見ゆる所なくうつくしければ（手習）――㋑

〔D〕かくて大学の君、その日のふみ（詩）うつくしう作り給ひて進士になり給ひぬ。（少女）――㋺

のちの御心は知りがたけれど、うつくしくめでたき御宿世どもにこそおはしましけれ。（総角）――㋩

氏は右の㋑について、「可憐だ」（〔B〕）とも「ちゃんとしている」（〔D〕）の意とも解けるが、「若い女性の美しさを示す萌芽とはみとめられよう」として、「美しい」の意と見られ、㋺については「平安仮名文では、女子供が、演奏・手工・手跡・詩作・言葉など教えられたことを、その通りきっちりやりとげる場合に使われることが多いので、それをけなげでいじらしいという気持をこめて見事だと表現したもの、すなわち本稿の〔B〕、愛の感情と美的判断とを兼ねたウツクシが含み得る

意味と考えることができる」といちおう〔B〕の意に配慮を示されながらも、中古末・中世初にかけては「うつくし」が〔D〕の意に用いられていると判断なさることから考え直されて、「猫がうつくしう食うた」(『日葡辞書』)(これは「きれいさっぱりと(無くなる)」の意に用いられている)の、一段階前の用法と考え、現代語としては「ちゃんと(しおおせる)」を当てておられる。また㋩は、㋺に対する御判断に連関して「申し分なく」「けちのつけようもなく」などと訳してよいかも知れない、と言われる。なお氏は〔C〕(美しい)の用例を吟味されるに当たって、次のように言われる。

> すでに『新撰字鏡』には「娃　美女皃、宇都久志支乎美奈」の例を見ることができ、ウツクシが美そのものをあらわすことは早くから可能であったと一往は言えそうである。しかし、この例を以てウツクシが美一般をあらわし得たと認めるためには、女性以外にもどれほど自由に使われたかをたしかめる必要がある。ところが中古文において、ウツクシが月や雪や花、空や山や川など、自然の景物に使った例を見出すことはできない。また漢文訓読語において、「美」「麗」「姸」「艶」などの漢字に対して単独でウツクシの訓を施した例はまだ見当らない。少なくとも、平安中期位までは、女性の美に関してウツクシを使うことはできても、それ以外の物に対して使うことはむずかしかったのであろう。

右の宮地氏の御立論は完璧と称えて然るべきものと思われるが、ただ宮地氏が右の立論をされたあとで、陸続として公刊された中古およびそれに近接する頃の作品の語索引によって「うつくし」の用例を拾い出して私が調べた結果としては、氏のいわれるような「〔C〕美しい」、「〔D〕ちゃん

としている」の訳語を当てなければ、いちおう解きにくい、乃至は、当てたほうがわかりやすいと推測されるような「除外例」は、その数において、「うつくし」の全用例数約九〇〇の一〇%より遙かに少数であるという事実につき当たるので、やはり、そうした「除外例」も、従来のままの「〔A〕いとしい・かわいい」「〔B〕かわいらしい・あいくるしい」の範囲の訳語で覆えるのではないか、言い換えれば、まだ〔C〕〔D〕の語意は発生していなかったのではないか、と考えるほうが自然であろう、と私には思われた。従って氏が〔C〕の例とされる㋑の失心した二二歳の浮舟の肉体は、氏が、いちおう「〔B〕可憐だ」の意とも解けるといわれる線にまで引っ返されるほうがよいと思うし、同じく氏が〔D〕の例とされる㋺の一三歳の少年である大学の君（夕霧）が「ふみうつくしう作」ったというのは、氏が、いちおう「〔B〕けなげでいじらしい」の意とも解けるとされる線にまで戻って頂くのがよいと思う。㋩は右のような短い引用文ではわかりにくいが、老女の弁が宇治大君に「薫の申し入れを聞き容れて、中君は匂宮に、大君は薫に身を任せよ」と理を尽くして説くことばの一部であるが、「薫君・匂宮お二人の男君たちの、将来の御心はどう変わるか判りかねるけれど、現在のところでは、（薫君と宇治大君、匂宮と宇治中君とがそれぞれ結ばれるなら、その薫君と匂宮とは源氏の子と源氏の孫という血縁関係の仲よし同士であり、従って仲よしの叔父甥と、仲よしの姉妹という男女四人が、豊かな親愛のきずなで結ばれる二つの――別々ではありながら――互に交流のある）カワイラシクすばらしい二組の御宿世でいらっしゃるわけでしたよ」といったものと私は解く。薫とも深い関わりを持ち、一方この宇治大君中君のお守役を勤める齢六〇ばかりの老女の弁から見れば、自分と

してお親しみ申し上げるこの、数え年二四～二六歳という若い男女二組の御宿世こそは、まさに「カワイラシイ」宿世どもであったにちがいないのではないか（藤裏葉巻で、二〇歳の雲居雁と一八歳の夕霧との関係を「あらまほしくうつくしげなる御あはひ」といっているのも「理想的な、カワイラシゲな夫婦の間柄」の意であろうし、『栄花物語』暮れ待つほしの巻に、一三歳の東宮と一二歳の妃との関係を「いとうつくしうめでたき御あはひ」といっているのも「カワイラシクすばらしい御夫婦仲」の意であろうことも参考になるであろう）。

また氏があげられる『新撰字鏡』の漢字「娃」に対する「美女皃」という解義も、築島裕氏の御垂教によれば、切韻《せついん》（隋の仁寿元年〔六〇一〕に陸法言らによって編集された韻書）の古写本に「娃　於佳反　美女皃」とあり、切韻の注の丸写しであることが明らかである。しかもその「美」は同じく切韻の古写本に「美　無鄙反　精好」とあるから、切韻の撰者は「精好」と理解していたと考えられるが、『新撰字鏡』の撰者は「美女」を「宇豆久志支乎美奈」と字に添って和訳した可能性が多いと考えられるかぎり、ここでの「宇豆久志支」は、若し切韻の解釈に忠実であるとすれば、「精好」の意となるはずである、とのことである（くわしくは、『国語展望』77号〔昭62・10〕の小稿P60～62参照）。つまり『新撰字鏡』撰者の意味させようとする「ウツクシ」は現代語の（美《び》一般を意味する）「美しい」ではなく、「精好」に当てて理解される意味の語であったわけである。その「精好」の語意をどう解くべきかについての正確な答を出す力を私は持たないが、「精」「好」それぞれの語意を中古の漢和字書類で探ることなどによって推察する限りでは、「女（の容貌）」の修飾語として

は「(他者より) スグレテヨキ」ぐらいに当てて考えてよいのではないか。つまり『新撰字鏡』撰者は「容貌の他者よりスグレテヨキ女」というほどの意のつもりで、「ウツクシキ女」と訓じたことになろう。この「ウツクシキ」の訓を、中古の和文の「うつくし(き)」の用例一般と照合することによって、現代語の「カワイイ・カワイラシイ」の意と判断すると、その「カワイイ・カワイラシイ」は、「精好」の一つの和訓であるべき「容貌の他者よりスグレテヨキ」とは全同ではないが、近似していることは明らかであろう。つまり『新撰字鏡』撰者は、「美女」即「精好女」を、男性(『新撰字鏡』撰者は昌住という僧)という優位の立場から庇護的な愛情をもって、「他にすぐれて容貌よき女」と理解して、その意に近い和語の「うつくしき(カワイイ・カワイラシイ)女」で説明したわけである。従ってその「うつくしき(宇豆久志支)女」を現代語の「美しい女」と直ちに同じ意と受けとることはあやまりである。宮地氏が「この例を以てウツクシが美一般をあらわした証とすることはできない」といわれるのは、その意味で正しい。さらに氏は氏の論文の終わりにおいて、

> 古い日本語では、美一般をあらわす形容詞は存在しにくく、対象の義の性質を区別し、どのような美には、どの言葉を宛てるかという使い分けがあったと考える。

と述べておられるが、いかにも中古では「美《び》」という綜合的な概念は存在しなかったのである。なお、『新撰字鏡』より遙かに後年の中古末期に成ったといわれる『類聚名義抄』では、「美」に「ヨシ・ウルハシ・ホム・アマシ・コトモナシ・アサヤカナリ・カホヨシ・ムマシ」の訓を与えているが、「ウツクシ」の訓は見えない。

以上のような次第で、上代・中古から中世の少なくとも初期までの「うつくし」の語意は、「かわいい・かわいらしい」の訳語を以てすべて覆うことができる範囲に属すると私は思うのであるが、以下、紙幅に限りがあるので、中古の代表的な作品である『源氏物語』の用例の調査から得た、用いられ方の様相のあれこれについて簡単に箇条書きにして述べることにする。『源氏物語』における用例は二二九（うつくし一一七・心うつくし一七・うつくしさ二・うつくしげなり六四・うつくしげさ二・うつくしむ九・うつくしみ一・心うつくし一七〔木之下正雄氏の索引に拠る〕）である。

1全用例二二九のうち、猫二例、白檀の仏像一例、小さい調度一例を除いては、すべて「人（人体）」（または「人体の部分」）に関わって用いられている。

2その「人」も僅少の特例（それについてはそれぞれ特殊の理由が考えられる）を除けば、せいぜい二五〜二六歳（数え年。以下一々断らない）以下の若い、または幼少の男女に限られている。つまり肉体的・精神的に未熟で、弱々しさがあり庇護してやりたくなるような年齢の男女たちである。

用例の多い順に、人物とその用例数（括弧内は、使用時の年齢別内分け）を挙げれば、

紫上二七（一〇代以下一九例、二〇〜二四歳四例、それ以上四例（一例は、三二歳の時の筆蹟・三例は三九・四三歳の折の病床・死床での顔や髪についての用例。病み細った色白の年増美人の不思議なカワイラシサは現代人の感覚にも通じようが、三九・四三歳での用例はこの語として特異例ではある。ただ物語のヒロインは作者から格別に扱われたらしくて、このヒロイン紫上の祖母尼が四〇余歳なのにその髪について「うつ

くしげにそがれたる末」といっている一例があるのも、尼そぎの様子が年齢をこえて若やいでみえることもあろうが、ヒロインの祖母であるが故の特異例と考えられそうである。なお祖母尼についての「うつくし」の用例はこれ一つである〕）、

明石姫君一九（八歳以下一三例、一〇代六例〔母の明石女君については一例もない。幼若の年には物語に登場していないという事情もあるが、描かれる人柄からいってもカワイクはなかったのであろう。ついでに言えば、花散里にも用例皆無である。カワイクはない人柄を思わせる〕）、

夕霧一四（一二歳以下一〇例、一三～一八歳四例）、

浮舟一三（二〇～二二歳一一例、二三歳二例〔浮舟の物語への登場は二〇歳〕）、

朱雀院女三宮一二（一六歳以下六例、二一～二四歳六例〔二〇歳を超えて用例が多いのは、年に似合わぬ幼さの故である〕）、

薫九（一～二歳八例、一七歳一例）、

雲居雁九（一四歳五例、一七～二〇歳三例、二八歳一例〔二八歳の一例は「さすがに腹あしくて物妬みうちしたる、愛敬づきてうつくしき人ざま」と作者が、年に似合わぬ、子供っぽい性格の持主をからかったもの〕）、

玉鬘八（四～二三歳八例、上京したのは二一歳である）、

宇治中君八（幼時〔年齢不詳〕二例、二四歳五例、二五歳一例〔宇治の姉妹は京を離れて縁遠い境涯にある女としてやや年高く物語で出発させたので作者は「うつくし」の使用に若干無理をしたものと思われ

る〕)、

源氏七（一八歳以前五例、二七歳一例〔源氏が明石女君に初めて文を遣わしたところ「えならず引きつくろ」った文だったために女君は気後れして返歌をためらい、父入道が代った返歌をした。源氏は、改めて「この度はいとなよびたる薄様にいとうつくしげに書」いた。相手の気持を柔げようために、源氏がわざと自分の年より子供っぽくカワイラシク見えるように書いたという事情による特異例〕、四〇歳一例〔女房達が一九歳の夕霧を覗き見してほめるのを、老女房は「でも父源氏が夕霧ぐらいの年齢の頃の様子には比べものにならない」という、それを聞かれた朱雀院は「誠にかれはいと様異なりし人ぞかし。……なつかしくうつくしきことの並びなきこそ世にありがたけれ。……」と言われた、という記事の中の用例である。これは確かに特異例であるが、スーパーマン的存在であるヒーローの源氏に限っては四〇歳の現在でも若々しくカワイラシサを失っていないのだ、と作者が朱雀院の感想を通して間接的に表明したのだと考える〕)、

冷泉院六（六歳以下五例、一三歳一例）、

匂宮五（六歳以下五例）、

宇治大君四（幼時二例、二六歳二例〔一例は瀕死の床での肌の色合い。一例は死の直後の顔。年高く物語で出発させたための作者の若干の無理もあろうが、死床の若い女性の特異な可憐さはすなおに読者を納得させるであろう〕)、

明石中宮腹の女一宮四（五歳以下一例、三〇〜三三歳の間三例〔この特異例は、蜻蛉巻で、一七歳の妹女二宮を妻としている二七歳の薫が女一宮を垣間見すると、「白き羅の御衣着給へる」女一宮が、氷を手に

持ちながら物の蓋に置いて割ろうとして争う女房たちの様子を見て、「すこしゑみ給へる御顔いはむ方なくうつくしげなり」とあるのと、その女一宮が氷に「いとうつくしき御手をさしやり給ひてのごはせ給ふ」とあるのと、女二の宮への女一宮からの御消息の筆蹟が「いみじうつくしげなる」とあるのとの三例であるが、この折の女一宮の三〇乃至三三歳という年齢はその場面で記されているわけではなく、一七巻遡って若菜下巻に、女一宮は「春宮の御さしつぎ」とあることから、春宮の年齢を基にしての読者の推定である。この薫の垣間見事件はそれ切りで何の発展もなくて終わることから見ても、作者の思い付き的筋立てが、つい女一宮の年齢計算を疎かにさせたのだと私は思う）、

秋好中宮二（二二歳一例、二〇歳一例）、

宇治中君腹の匂宮の皇子二（一歳二例）。

以上のほかに「夕霧の子たち」というような複数の人物についての僅少の用例と、一例しかない人物二〇名についての用例とがあるが省く。

3　「人」以外の、猫（女三宮の手許に飼う唐猫）・白檀の仏像（女三宮の持仏）・小さい調度（三歳の明石姫君の用品）は、それぞれ小さいから「うつくし（カワイラシイ）」なのである。『源氏物語』以前に成立した『宇津保物語』には八五用例中、唐鞍・くけ針（？）・装束の色・白絹・琴など「人」以外のものについての用例が計五あり、『枕草子』では「うつくしきもの」という物尽しの段で、「雛の調度・蓮の浮葉のいと小さき・葵のいと小さき」などをあげて、「何も何も小さきものは皆うつくし」といっているから、「人」以外のものについて使わないわけではないのだが、

極めて少数であるのは、本来「被庇護的立場にあるか弱い人」に対する愛憐の情をあらわすべき語の対象を、「人」から、何らかの意味でカワイラシサを持つ「生物」や「物」にまで拡げて用いることに、一般ではなおなじまなかったからであろう。

もう一つ『栄花物語』の用例の様相を右の『源氏物語』の用例に準じて簡単に挙げる。

1全用例二二六のうち、「人（人体）」（または「人体の部分」）に関わるもの以外について用いられているのは、「若宮生誕の祝膳の箸台の洲浜」「一〇歳の姫宮の部屋の小さな几帳」「三尺ばかりの白檀の仏」「行幸の日の内侍の衣服の色艶」など八例だけである。

2「人」についての用例は、やはり生まれたてから一〇歳台までの男女の用例が圧倒的に多く、二〇歳台を越える「人」の用例としては、僅かに次の二件にすぎない。

⑴四五歳だが「廿ばかりに見え」る「ささやかにをかしげにふくらか」な倫子（道長の妻、頼通・教通・彰子・妍子・威子・嬉子の母）

⑵三九歳で、出家の準備をする大宮彰子。三九歳なのに「ささやかにふくらか」で、「ただ今の国王（後一条、一九歳）の御親」だが「女御など聞こえさせせんによげ」な有様をしている。

この特異例が、この物語のヒロイン彰子の母倫子（四五歳）と、ヒロイン彰子（三九歳）だけに見えていることは、『源氏物語』のヒロイン紫上の祖母尼（四〇余歳）（紫上の母は早逝して物語には登場していない。祖母が母代りである）と、ヒロイン紫上（三二・三九・四三歳）に見えた同様の現象と

も照し合わせて、物語のヒーロー・ヒロインを「超人間」に設定した古物語の伝統が、こうした完熟期の物語にも根強く影を残していることに驚かされる。

その他の多くの作品の用例については、果てしがないから一々掲げるのを差し控えるが、右の二つの物語の用例だけを見ても、その用例が幼若年者に集中し、稀に二五歳を越える人物への用例があってもそれらにはそれなりの特殊な事情があることから考えて、これらの「うつくし」は現代語の「美しい」ではあり得なくて、すべて「カワイイ・カワイラシイ」の範囲（宮地氏のいう「ケナゲデイジラシイ」も当然「カワイラシイ」の範囲に属する）にその語意を求めらるべきであることを諒解して頂けたと思う。

以上予測を超えて紙幅を費し過ぎた。この上、多くの紙幅を私するのは申訳ないから、この「うつくし」については、一般に「美シイ」と解かれがちな多くの用例のうち、何がしかの興ありげないくつかを次に掲げるにとどめるが、くわしくは、やはり既発表の小稿について御検討頂ければ幸である。

○（犬宮ノ一〇〇日ノ産養ノ折、仲忠ハ藤壺腹ノ五歳ノ若宮、四歳ノ弟宮ヲ膝ニ据エテ、犬宮ヲ見タ感想ヲ聞ク）「さていかが御覧ぜし。にくげにや侍りし」。宮（弟宮）「いな、いとうつくしかりき。……」（宇津保、蔵開下）

右の「うつくしかり」は「にくげなり」の反対語を示しているはずである。「美シカッタ」では

なく、「カワイ（ラシ）カッタ」と解いてはじめて納得できるであろう。

○（二四歳ノ紫上ハ四歳ノ明石姫君ヲ）ふところに入れてうつくしげなる御乳をくくめ給ひつつ、たはぶれゐ給へる御さま（源氏、薄雲）

子を産んだことのない紫上の乳首は、二四歳の女盛りながら、経産婦の乳首とちがってカワイラシク見える、少女のような乳首だったことを記して、ヒロインの清純さを印象づけようとしているのであろう。なお三〇歳の雲居雁については、作者は「いとよく肥えて、つぶつぶと（マルマルト）をかしげなる胸をあけて乳などくくめ給ふ」（横笛）と記している。

○（二三歳ノ玉鬘ハ、一六歳ノ夕霧ガ近ヅコウトシテ、他聞ヲ憚ル源氏カラノ伝言ト称シテ、人ヲ退ケテ物ヲ言イカケテクルノニ対シテ）いらへ給はむ事もなく、うちなげき給へるほど、忍びやかにうつくしういとなつかしきに、（夕霧ハ）なほえ忍ぶまじく……（源氏、藤袴）

この「うつくしう」も、動作がひたすらカワイラシイ感じなのである。おとなしい性格の母夕顔の血筋を受け、且つ逆境に育った玉鬘に作者が与えた性格上の美点の一つにカワイラシサは必須であったのであろう。なお玉鬘の母夕顔については「ひたぶるに若びたり」「こめかし」「あえかなり」「らうたし」などとは言われているが、「うつくし」と言われていないのは偶然かも知れないが、あるいは「うつくし」には明るさが必要なのであって、やがての非業の死の影を背負っている

女性として作者が登場させた夕顔には用いるのを控えたのかも知れない。

○（天喜四年皇后宮寛子ノ春秋歌合ノ折ノコト）殿上の人々、左には源大納言（師房）の（ムスコノ）頭中将（顕房）、右にはやがて舅（顕房ノ妻ノ父）の隆俊頭中将。源中将（顕房、二〇歳）は、人に返さるべくもあらず歌のよさあしさを定め（人カラ言イ返サレヨウモナク歌ノ優劣ヲ判定シ）、いとうつくしうぞものし給ひし。「古き事（古歌。故事）には、とこそあれかくこそあれ（コンナフウニアル、アンナフウニアル）」と、右の頭（隆俊）をよく言ひおとし（ケナシ）給へば、「あはれきき給へる口かな（弁舌ガヨクマワルコトヨ）」と、上達部・殿上人ほめ申し給ふ。（『栄花物語』根合せ）

右の「いとうつくしうぞものし給ひし」を『全注釈』は「大層立派でいらっしゃった」と訳し、『うつくしう』は、見事である、立派だなどの意」と注しておられる。だがこの物語の二二〇余の用例の中で、この一例だけを「立派だ」の意と解かなければならないとするのは、あまりにも不自然だと思うので、私は、やはり「カワイラシクていらっしゃった」と解く。弱冠二〇歳の〝顕房お坊ちゃん〟は、こわいもの知らずなのである。自分のお舅さんを敵にまわして、相手側の反撃の口を有無をいわさず封じ込み、直接そのお舅さんを「よく言ひおとし」などするものだから、「よく口がまわることよ」と上達部・殿上人がほめた、とあるが、「人に返さるべくもあらず云々」というのも、節度をわきまえず遮二無二突進する〝お坊ちゃん〟の様子に苦笑している作者の表現と読み取れるであろうし、列席の上達部・殿上人の「あはれきき給へる口かな」という「ほめ申し」たこ

とばも、「お坊ちゃん、たいした雄弁家ですなあ」というほどの半ばひやかし的なニュアンスを持っているとみて然るべきであろう。この「うつくしう」は、本稿のはじめに宮地氏の説を掲げた中に引かれている「(一三歳ノ少年デアル)大学の君、その日のふみ(進士ノ試験ノ日ノ詩文ヲ)うつくしう作り給ひて」の「うつくしう」が「カワイラシク」(ソンナ年少ナノニイジラシクケナゲニモ)と解かるべきなのと同じである。

○この天暦の御時に、清涼殿の御前の梅の木の枯れたりしかば、求めさせ給ひしに、……ひと京まかりありきしかども侍らざりしに、西京のそこそこなる家に色こく咲きたる木の、やうたいうつくしきが侍りしを、掘りとりしかば、家主の「木にこれ結ひつけてまゐれ」といはせ給ひしかば(『大鏡』昔物語)

有名な貫之女の家の紅梅の木の話であるが、右の「うつくしき」を諸注は、「立派な」「すぐれている。けっこうな」などと解く。しかし、これも「様体(木の恰好、枝ぶり)」についてのことばだから、「カワイラシイ」であって支障はあるまい。清涼殿の御前に植えるべき紅梅は、その紅のあでやかさにふさわしくカワイラシイ姿(恰好)の幹や枝ぶりであることが望まれたものと思う。なお『大鏡』の「うつくし」の用例は一〇例であるが、他の九例はすべて幼若の人に関わるものである。

（付記）　山岸先生の御徳を偲びまつるこの論文集には、本来当然自らの未発表の新稿を捧げまつるべきであるのに、右の小稿は、稿初に記したように中古を中心とした「おもしろし」「うつくし」の用例を、知られる限り集めて、その語意を調べた私の既発表の報告から、その結果と用例の若干とを抜き出してお目にかけたものであって、甚だ誠意に欠ける観もあり、非礼との謗を頂くかも知れないことを恐れるが、実は右の両語に対する私の既発表の報告は四〇〇字詰め原稿用紙八〇〇枚には及ぶもので、我慢して読み通して下さるお人はほとんどないのが実状のようである。それで、ともかく不完全なレジュメとしてでも、見て下さる方には見て頂きたいと思ってこの稿を書いたのであるが、敢えてこの論文集に載せて頂こうと思い立ったのは、私の中古語の「おもしろし」の語意についての初めての報告を載せて頂いたのが、山岸先生の喜寿頌賀の『中古文学論考』においてであったからである。非礼のおわびを申し上げる私に、「ああ、それでいいですよ」とにっこり笑っておっしゃって下さる先生の御温顔を、勝手に思い浮かべているとまで言ったら、更に大方のお叱りを頂くことであろうか。

『山岸徳平先生記念論文集　日本文学の視点と諸相』　汲古書院　一九九一年

諸本解説・諸本との出会い

『小夜衣』解説

『さよ衣』は鎌倉期に成った擬古的な仮名物語で、継子いじめの話に恋をからませたもの。住吉・落窪の系列に属するものである。紙幅がないので、内容についての解説は省略するが、できれば、平出鏗二郎氏の『近古小説解題』・藤村作博士編の『日本文学大辞典』などを参考せられたい。

この物語の伝本は、従来、宮内庁書陵部図書寮蔵藤波家旧蔵本（近世初期写）・国会図書館上野支部蔵本その他が知られているが、別に、この物語の前半（本書一〇八頁一〇行まで）を独立させて一冊とし、巻頭にみえる「按察使《あぜち》の大納言殿」を「堤中納言殿」と改め、書名を『異本堤中納言物語』としている伝本に、宮内庁書陵部図書寮蔵清水濱臣《はまおみ》旧蔵本（なお、この本は、江戸末期の写であるが、奥書に「此一冊大納言爲明以《(ママ)》本令校合畢　貞治三甲辰年二月　日」とある。貞治三年は北朝後光厳天皇の代で、西暦一三六二年に当る。この奥書を信じてよいなら、この物語は少くともそれ以前の成立であることになる）・国会図書館静嘉堂文庫蔵本、無窮会神習文庫蔵本、旧神戸第一高等女学校蔵本等があることが報告されている。

この物語の刊本は、昭和三年四月に清水泰氏によって校註せられたものが、『校註異本堤中納言

物語』の名によってはじめて公にせられた。良心的なきわめて立派な複刻であるが、今は全くの稀覯本に属する。なお「原名『小夜衣』」だのに敢えて名を改めたことについては、「『異本堤中納言物語』の名をもつて知られてゐるためにそれに従つたのである」と説明して居られる。この刊本は藤井乙男博士蔵本および神戸第一高女蔵本に拠られた由である。なお同書には、ほかに石田元季氏蔵本・李花亭文庫蔵阿波国文庫旧蔵本が存在することが記されている。

今、この稿筆者が、こゝに復刻するのは、学習院大学文学部国文研究室蔵本であるが、それを底本として、吉田幸一氏蔵本・小林忠雄氏蔵本の二本を以て校合し、印刷面がやゝわずらわしいけれど、ほゞ完全なる校本の形をとることにした。けだし三本とも近世初期の書写になるものであって、しかも意改の手をあまり経ていない本文を伝えているように推測せられるので、貴重すべきかと思ったからである。

なほ小林忠雄氏は右の御蔵本のほかに、近世末期の書写かと思われる三冊本を所持して居られる。縦二三二ミリ、横一六〇ミリの袋綴の冊子で、表紙は渋を刷いた簡素なもの。本文は木版十行黒罫紙を用いている。上冊はじめに系図その他簡単な考証・内容項目など、中・下冊はじめにはそれぞれ内容項目が付されている。筆は一体にやゝ走り書きの書風である。前記三本に比べて意の通じやすい本文がしばしば見られる点、注目すべきであるが、書写の新らしいことと、或いは意改本文をふくんではいないかについての吟味などが、やゝ考慮を要すべく、かたがた、印刷面がいよいよ煩わしくなることを恐れて、ここには校合本に用いることを割愛した。他日小林氏の精細な御研

究御報告を仰ぎ得れば幸いである。

次に底本および校合用二本について解説する。

（一）学習院大学国文研究室蔵本

本書の底本に用いた学習院大学文学部国文研究室蔵本は、近世初期（寛文頃とみて大過なかろうか）の書写本である。上中下三冊に分れ、各縦二三五ミリ、横一六五ミリの胡蝶装《こちょうそう》の冊子で、表紙並に裏表紙は紺地に金泥で草木山水を描き（たゞし上冊の表紙は表面の紺地がほとんど剥落して地の白紙があらわれている）、各冊中央に題簽を付している。題簽は朱地に金泥で、草木を描いた紙で、中央にそれぞれ『さ夜衣上（中・下）』と記してある。その筆は本文より肉太であって、おそらくは本文と筆者を異にするかと思われる。上冊の見返しは白紙であるが、表紙からはがれているため、表紙裏にあてた黄ばんだ布目の鳥の子紙に説話物語の本文がしるされている一張（本書本文の筆者とは別筆）がその前にはさまれたようにみえている。

そのはがれている見返しの裏には、中央に「校合了」とかいてあるが、やゝ肉太で、しいて言えば、題簽の筆者の筆に近い。この「校合了」の意味するものは本書の本文に対するものであるかどうかについては、見返しの紙は左端のとじ糸を中心として左側の「本文」の紙につゞいている折紙であるから、一見、反故紙をこゝに利用したものであり、従って「本文」に対するものではないように感じられるが、後にのべるように中・下冊も同様であるところから考えると、やはり、本文を

書写したのち、本文筆者が、題簽筆者などとよみ合わせた心おぼえを、題簽筆者などが、見返しに予定されている初張の裏に「校合了」としるし、製本の際、はり隠してしまったのであろうか。

中冊も表紙裏に、上冊と同様、説話物語の本文の一張をあててあることが、見返しの白紙（そのうらには、やはり中央右よりに「校合訖」とある）をすかしてうかがえるが、さらに、その見返しの次に一枚の礼紙がおかれ、その礼紙の表に、もう一張説話物語の本文が、右端をのりではりつけられている。製本補修の際の不手際が生んだものであろう。下冊の表紙見返しは白紙で、その裏には中央左よりに同じように「校合了」とあることがすいてみえるが、表紙裏には、上中両冊のそれのようなあて紙はない。この見返しは見開きの紙を二枚に折った右面にあたるが、左の紙面は本来は本文の第一八張にあたるのにもかゝわらず、見返しのすぐ右に綴じられ、次の一張は礼紙であって、その次の張から本文がはじまっている。これも製本補修の際の粗漏と思われる。上・下両冊は、本文は張の裏で終り、中冊は裏表紙の見返しに一行（五字）はみ出している。各冊とも見返しは本文料紙と同じ鳥の子紙の白紙である。各冊とも表紙見返しの左下隅に「英　王堂蔵書」の朱の印が押されているので、チエムバレン氏の旧蔵であることがわかる。学習院に入ったのは、弘文荘の手を経て、昭和二四年のことである。本文は上冊は墨付六三張、中冊は六五張（見返しの分を入れれば六六張）、下冊は七三張であるが、現在の上冊の第二七・二八・二九の三張は第五七張と第五八張との間に入るべく、下冊の見返しに隣《とな》る一張は、前述の如く第一七張と第一八張との間に入るべきである。なお本文は一面一〇行、一行一八字前後である。

（二）吉田幸一氏蔵本

上中下三冊本。各冊本文の首尾は学習院本と同じである。各縦二三七ミリ、横一六七ミリの胡蝶装の冊子で、表紙及び裏表紙は深紺地に金泥で草木山水を描き、各冊中央に、朱地に金泥で雲形を刷いた紙を題簽として、それぞれ『さ夜衣上（中・下）』と記してある。その筆は本文と別筆らしいが、後人のものとは思われない。各冊表紙ならびに裏表紙の見返しには、布目をつけた金地の紙に、上冊には山と邸宅を、中冊には秋草を、下冊には松に鳥・岩・花をあしらった彩色絵がかぶせられている。各冊はじめに礼紙一張をおき、第二張から本文がはじまるが、上冊の礼紙の表中央には「さよ一」と後人らしい筆での墨書がある。本文の料紙は鳥の子紙を用い、本文は一面一〇行一行約一八字、上冊は墨付六三張、中冊は六六張、下冊は七四張、各冊の末にそれぞれ白紙三張がのこされている。書写年代は学習院本とほとんど同じ頃かと推定される。

（三）小林忠雄氏蔵本

上中下三冊本。各冊本文の首尾は学習院本と同じである。各縦二四七ミリ、横一七八ミリの胡蝶装の冊子で、表紙及び裏表紙は上冊は剝脱しているが、中・下冊は深紺地に金泥で細密に草・水・雲を描き、表紙中央には朱地に金泥で雲形を刷いた紙に『さよ衣中（下）』と記されている。その筆者は恐らく本文と別筆かと思われるが、後人のものではないようである。下冊の裏表紙見返しの

白紙には、金地の紙に秋草と蝶を描いた美麗な彩色絵がかぶせられているが、他の見返しの白紙にはそのことのないのは、後にはがし去られたのであろう。各冊本文にさきだって礼紙一張をおいている。料紙は鳥の子紙。本文は一面一〇行一行約一八字、上冊は墨付六〇張、冊末の白紙五張（裏表紙見返しの一張とおぼしきものを除く。中冊も準之）、中冊は墨付六〇張、冊末の白紙四張、下冊は墨付七〇張、冊末の白紙三張である。書写年代は前記二本よりやゝ若いかと思うが、元禄をいたく下ることはあるまい。

古典文庫『小夜衣』解説　昭和三二（一九五七）年

『能因本枕草子』解説

周知のごとく、『枕草子』の本文は三巻本、能因本、前田本、堺本の四系統に分かれ、前二者は雑纂形態、後二者は類纂形態であるが、前二者が、形態・本文ともに、後二者に比べて、原形を保存するに近いと考えられている。ただし、前二者のうち、三巻本の方が、能因本より、さらに比較的古形を保持しているとみるのが、現在、枕草子研究諸家の多数の御意見のようである。

そんなわけで、能因本の末流本文による『枕草子春曙抄《しゅんしょしょう》』が江戸時代以来昭和初年までは全盛をきわめたのにかかわらず、昭和六年の岩波文庫の『枕草子』が『春曙抄』に拠ったあたりを最後として、一般流布の用には三巻本のみが採られるように切りかえられて、爾来、朝日新聞社の「日本古典全書」も、岩波書店の「校注日本古典文学大系」も、その他、大学用教材としての諸単行本なども、すべて三巻本が印行されるようになってしまった。こうして、現在では、『春曙抄』を古書の市に見つけ出すことさえ困難といってよいほどの奇現象を呈しているのであるが、果してそれでよいのか、疑わしいといわねばなるまい。

現に、枕草子研究諸家の、三巻本をもって、能因本にまさるとせられる方々も、能因本を作者以外の人による手入れ本と見るより、三巻本を作者の草稿本、能因本を作者自身の手入れ本と見よう

とする向きが多いようであり、そうだとすれば、能因本は、等閑に付することができないはずの本であって、その末流の『春曙抄』も、本文・注釈ともに、今後の研究の資として、再び容易に入手せらるるように配慮せらるべきであり、いわんや、その祖本の能因本自体は、もっとも完全な形で、研究家並びに一般読者に、提供せらるるのが急務というべきであろう。

とは言いながら、能因本本文の現存随一の本たる三条西家旧蔵本はその翻刻刊行さえなかなかむずかしい事情があった。それは、やや粗雑な伝写本をもとにしていたためか、又は、書写者自身が幾分粗雑な筆づかいをしたためか、誤写とおぼしき個所がかなりに多くて、それを現行平仮名活字に翻字すると、いよいよ、本来のあるべき姿から遠ざかって、ほとんど読むにたえないきらいさえあって、ためらわざるを得なかったからである。したがってそれを活字印行するためには、諸本との詳密正確なる対校本文の併記が必要であった。それを多大の困難を克服して果されたのが、田中重太郎博士の『校本枕冊子』（上巻昭和二八年、下巻昭和三一年刊）であったが、博士は、三条西家旧蔵本を底本にえらばれて、これを完全な形で、翻刻せられ、その本文の不備は、併記の他本の校異に拠って一目瞭然たらしめるよう工夫せられ、世の学者に提供せられたのであった。こうして、世の学者は、博士の恩恵に浴して、研究の資にこれを活用することができるようになったのであるが、この校本は五〇〇部の限定出版であり、その後、近年再刷されたとはいえ、それも二〇〇部にすぎず、一般研究者の入手は、なおはなはだ困難であるうらみがのこったのである。

一方、古くから専門の学者方の間にのぞまれていたのは、三条西家旧蔵本の、そのままなる写真複製本の刊行である。写真ならば、活字翻刻のような原字とのずれによる不便さも解消されて、至極都合がよいわけであるが、ぐあいがわるいことに、該本は室町末期の写なので古筆としての一般的価値はないにひとしく、さりとて語学資料として特殊な価値をもっているわけではなく、ただあるのは、『枕草子』という一作品固有の、文学資料としての価値だけなのであるから、刊行のあかつき、その需要のせまさは、あまりにも瞭然としているので、これを引きうけてくれる出版者がないのはけだし当然というべく、該本が三条西家から学習院大学にゆずられて以来、同大学に奉職する当事者として私も、応分の努力をしたのであるが、その実現の可能性はほとんど見つけかねていたのであった。ただ、戦後「古典文庫」の名においてきわめて良心的な翻刻あるいは写真複製の事業をつづけ、学界に甚大な利益を与えておられる吉田幸一博士がおられるので、学習院大学当局の諒解を得て、先年博士に、該本を、博士のお手によって同文庫の例月刊行の一篇に組み入れて下さることをお願いしたところ、さいわい博士の御快諾を得てここに、はじめて、さながらなる写真複製刊行の実現が期待されたのであったが、さて実行の段取りになってみると、該本の文字の大きさや筆づかいのあらさや虫食の甚しさなどから、到底、同文庫の例月配本の小形版に縮写することは著しく困難と判断されるにいたって、その刊行は、しばらく見送られることになった。

そうしているうちに、このたびの笠間書院の「笠間影印叢刊」の企画の話がもちあがり、吉田博士から該本を、それに組み入れたら、原寸又は原寸に近い大きさで刊行できるのだから、好都合で

はないかとのお申し入れがあったので、改めて、古典文庫への組み入れの予定から、こちらへ変更させていただくことになったわけである。

該本は虫食がはげしく、したがって、虫穴のあとなど紙の様子までは正確に再現できない、この種の簡易写真複製では、なおまぎらわしい節々も多く、十分満足できないうらみはないとはいえないけれど、廉価頒布できるが故に、いままでは絶望的であったはずの写真複製が、ともかくこうして実現できたのであるから、私としては、これでいちおう満足すべきだと思うし、犠牲的出版を引き受けて下さった書院主にあつく礼を述べたいと思う。

この本が三条西伯爵家に古くから伝えられた由緒正しい本であることは今更いうまでもない。この本を昭和二四年に学習院大学におゆずりいただいたのは、ひとえに三条西家の御当主三条西公正博士の御好意によるものである。昭和二〇年の戦災で東京高田のお邸は焼亡したが、さいわい疎開しておかれた貴重な古文書の数々は無事であったのにつけ、博士の御子息で国書古文献の研究の道をえらばれるものがいらっしゃらないことをお考え合わせになって、私のまことに無しつけな懇請を快くお許し下って、博士の母校である学習院に、『定家本伊勢物語』『珊瑚秘抄』その他貴重な書物の数々とともに、ほとんど御寄付同様の、まことに問題にもならない価でおゆずり下さって、永く後世に確実に保持し伝えることをお任せ下さったのであった。ここに記して博士の御厚情を深謝申し上げる。

この本は、戦時中の、ままならぬ御保管事情のために、学習院におゆずりいただいたときは、かなりの虫害が見られ、とりわけて巻初巻末の数葉においていちじるしかったので、その後、補修の専門家に託して、全巻にわたって慎重に補修してもらった。

本書の体裁のあらましを次に記す。

上下二冊。縦二六・五センチ、横二〇センチ。本文の用紙はうす手の楮紙で、袋綴《ふくろとじ》であるが、現在は、補修のため、用紙は裏打ちして厚手になっている。ただし絶妙な技術によって、一見貼り合わせとは考えられないほどである。墨付上巻一〇〇枚、下巻一一五枚。表紙は紺色の紙製で、もとは虫食のため寸断せられていたが、今はきれいに補修された。表紙左肩にはうすい楮紙で仮りの題簽「枕草紙上」「枕草子下」が貼られてあるが、三条西公正《きんおさ》博士の筆である。上巻の表紙見返しには本文の紙と同質の白紙一葉が貼られてあるのが原形であったが、今は、補修のおりに、もと表紙裏に下地紙として貼りつけてあった「有座主来相看次師問（以下虫食デ十分確カデハナイ）」にはじまる十一行の漢文が有枠有罫のなかに印刷されている一葉が、見返しがわりに貼られ、本来の見返しの一葉は遊紙の形で次に添えられている。したがって本文はその次葉の裏（この写真本［能因本枕草子上笠間影印叢刊］の二ページ）からはじまる。上巻の裏表紙見返しも同様であって、本来の見返しの紙は表裏白紙の遊紙の形で、本文末に添えられ、見返しには、本来の下地紙の消息文の断葉が貼られている。下巻の表紙見返し、裏表紙見返しも、全く同断であり、前者には消息文の断葉、後者には「便出去師云莫道無事好首座侍立次師云還有過」ではじまる、前記上巻表紙見返し下地の紙と同趣

の漢文の一葉が貼られている（この写真本では、これらの下地紙は本来見えないはずのものなので、省略して、本来の形にもどした）。本文は一面十一行に書かれ、その筆者は三条西実隆またはその子公条《きんえだ》かといわれているが、十分確かではない。

その他は、写真本をみればわかることだから、説明を省略するが、この本の虫食の部分を補うことのできる貴重な資料が別に存在しているので、それを御蔵本主の鈴木知太郎博士の御好意によって、次に紹介させていただく。

それは、鈴木博士が、昭和八年に三条西伯爵家から拝借して影写されたものの、陽画感光紙による複写本上下二巻であり、博士によって慶安刊本、十二行木活字本、十三行木活字本、十行木活字本、高野辰之博士本の五本を以って丁寧に校合されている。墨による影写本そのものは戦災で失なわれたが、陽画感光紙本は校合本のゆえをもって疎開保存なさったのが、今日にのこされた所以である。下巻末に「昭和八年六月十八日　以三條西伯爵家蔵能因所持本之転写本書写了　於阿佐ケ谷寓居　鈴木知太郎」の奥書がある。昭和八年のころ、すでに若干の虫害はなかったとはいえないが、鈴木博士本は、虫食の部分が文字にかかっているかぎりは、丁寧にその虫食の形を模写しのこしておられ、しかもその個所がきわめて稀少なことから判断すると、難読を招来するほどの虫食は、やはりなかったと推測してよいと思われる。陽画感光紙本は、うす紫色に文字が現像されていて、あいにく写真には撮りがたいので、仮りに私がその上巻の巻頭の墨付第一片を、感光紙本からさらに影写して、ここにかかげる。色がうすくて影写しにくく、鈴木博士の筆の真実をつたえそこ

ねている節も多いと思うが、お許し願いたい。要は、現在本の虫食欠損の部分の原形をしのんでいただきたいのである。なおその写真の一一行目末の「なまめかし」の「かし」が田中博士の『校本枕冊子上巻』初頭の写真では、虫食破損のため全く欠けうせてしまっているように写されているのが、現在の補修学習院本では、その破損の紙片の中からみつけられ補修せられて復元されたものの、その位置が本来のあるべき位置より著しく右寄りになっていることを示すなど、興味ふかいものがある。

（以下、「虫食破損」補塡一覧表―省略）

笠間影印叢刊『能因本枕草子』解説　笠間書院　昭和四六（一九七一）年

学習院大学蔵『珊瑚秘抄』

『珊瑚秘抄』一巻は、『河海抄』の著者四辻善成《よつつじよしなり》が、秘説として敢えて『河海抄』には載せなかった注を、自ら集めて書き残したものである。天下唯一の写本が三条西家に伝えられ、昭和二四年に、三条西公正博士の篤志によって、学習院大学に譲られ、現在、その国文学研究室に収蔵せられている。

『河海抄』に「秘説あり」「此事秘説あり」「此事有殊秘説註別紙」「有別紙」などと標記して、その注を省いているものがあることから、別に「秘説」を記した「別紙」の存在すべきことは推測されていたのであるが、その存在すべきものの実体は長く確認されないでいた。

それが確認され、世に公にされたのは、右の『珊瑚秘抄』一巻を、池田亀鑑博士が、博士の学友三条西公正博士（池田氏は東京大学文学部国文学科を、三条西氏は同国史学科を、大正一五年三月に卒業された）から恩借せられ、それについての報告「珊瑚秘抄とその学術的価値」を昭和七年五月の『国語と国文学』に発表されたのがはじめてであった。

池田博士の右の報告は精緻をきわめ、現在なお新らしくつけ加えるべきものはなきにひとしいから、委細は、就いて見るべきであるが、ここでは、博士のそれにほぼ従って、必要な範囲内で「解

説」をほどこすことにする。

三条西家旧蔵『珊瑚秘抄』は、縦約八二ミリ、横約一七三ミリの綴葉装《てつようそう》横細の小冊で、一面一一行に書かれ、用紙は薄褐色の鳥の子である。筆者は三条西実隆であろうといわれているが、率直にいって、三条西家の人々の筆蹟は実隆・公条・公順など互いに酷似しているふしがあって、はっきりと定めかねる。ただ、用紙・筆蹟ともに時代は実隆のころを下るものとは思えないし、こうした秘説の写し手が、然るべき人でないはずはないことをも考え合わせれば、実隆をその人に当てることは、いちおう穏当とすべきであろう。

この『珊瑚秘抄』の成立を後述のように嘉慶二年（一三八八）以後とするなら、三条西実隆（一四五五—一五三七）がそれを又はその伝写本を筆写したのは、せいぜい一〇〇年ばかりのちのことで、爾来、三条西家に秘蔵せられて、遠く三条西公正博士の代に至ったわけであり、世の古文献の多くが、その筆写者の手を放れてから、無関係な人々の手に転々して伝えられたのとはちがって、その伝来の貴重さもまた特筆せらるべきであろう。

成立および成立事情は、次の奥書が示している。

往日貞治始依故宝篋院贈左大臣家貴命令撰献河海抄廿巻、是摸保行法師素寂陪関東李部大王之下問撰進紫明抄之例也、此物語先達注釈甚多疎略於此抄者究諸流所渉猟也、至面受口决之秘説者自古只存心中未呈毫端而今恐生後之廃志竊録此一巻、名珊瑚秘抄、依為河海之淵源之故也、

海底生珊瑚之謂也、門弟之中一人之外莫聴披閲而已

故宝篋院贈左大臣は足利義詮《よしあきら》である。右の奥書によって、『河海抄』は貞治（一三六二年九月二三日康安を改元）の始めに義詮の依頼をうけて、善成が撰し、その成立は義詮の死んだ貞治六年（一三六七）一二月以前であろうことがわかるが、善成はなお「面受口決」の秘説については永い間これを只心中にとどめて筆に残さなかった、しかし、今や自分の死後、それが廃滅するであろうことを恐れて、ひそかにこの『珊瑚秘抄』一巻を録したというのである。その時期は義詮の死の貞治六年以後であろうことは勿論であるが、さらに「とのゐものゝふくろ」（賢木）の注の中に「先年於故後普光園摂政殿亭、有此物語講読予尺申」、また「をしかいもとあるしはなはたひさうにはへたうふ」（乙女）の注の中に「是も故摂政殿源氏沙汰之時、以紫明抄説不得其心由被示之間」などとあるなかの「故後普光園摂政殿」「故摂政殿」は、二条良基のことであるから、良基の死後、すなわち嘉慶二年（一三八八）六月一三日以後、善成の死んだ応永九年（一四〇二）九月三日以前に限定される。なお『珊瑚秘抄』の説は、それが録されるまでは、このようにまとめて別紙に書かれたものではなく、「面受口決」つまり、じきじきの口伝として、ただ心中にとどめられていただけであったわけだから、『河海抄』に「秘説あり」「有別紙」などと注記したのは、『珊瑚秘抄』の成立後に、善成が自ら『河海抄』の改訂に従事している過程において、『河海抄』の本文中に、補い加えたものと推定されよう。『河海抄』には、義詮に撰進の時の稿本あるいはそれに若干の修正を加えたものとおぼしき本で「中書本《なかがきぼん》」と称せられるものと、その後さらに善成自らかなりな覆勘を加えたものとがあ

り、「覆勘本」には「此抄一部廿巻手自令校合、加覆勘畢、可為治定之証本焉、儀同三司源判」との奥書があったことがわかっているが、中書本・覆勘本とも、本来の純粋な形のままの伝本は現在残っていないようである。それはそれとして、「覆勘」が善成の儀同三司（太政大臣・左右大臣の三司に儀は同じきもの、准大臣）の地位にあるときに行なわれたとすれば、嘉慶元年（一三八七）から応永元年（一三九四）の間のいつかということになる。そして、その「秘説あり」などの注記の書き入れについては、『珊瑚秘抄』成立後のこととすると、上限はもう一年下げて嘉慶二年（一三八八）で、下限は応永元年（一三九四）ということになろう。もっとも覆勘は、このいわゆる「覆勘本」以後にも引きつづき行なわれなかったとは断ぜられまいが、治定之証本と為すべしといっているのだから、いちおうこれで終った、従って、この折に「秘説あり」などの注記は記入し終ったものと考えておいてよかろうか。

『珊瑚秘抄』の項目は、『源氏物語』五四巻のうち、桐壺から浮舟にいたる間の二〇巻にわたって、総計三二条あるが、「いまさりともな、とせあまりの程におほししり侍なん」（帚木）、「夕顔の花を美人の皃にたとへたる事」（夕顔）、「いかさまにつくりかへておとらぬ御ありさまに世にいてものしたまはまし。月日の光の空にかよひたるやうにそ世人もおもへる」（紅葉賀）、「すみすきて」（若菜下）の四条をのぞいては、すべて『河海抄』に見える。ただしそれらの条項に対する注釈は、『河海抄』に見える注釈の本文とは全く別のものであり、もし『河海抄』に重複する説をあげる必要のあるときは、「河海ニ勘載了」「載河海抄了」などと注記しているが、その例はきわめて少な

い。またこの三二条の注は、『源氏釈』・「奥入」（高野博士本）に対してはあまり密接な関係をもたず、「釈」と合致する条目はわずかに二項、「奥入」に合致するものは、「釈」と合致する二項目をふくめても五項目にすぎないが、『原中最秘抄』（前田家本）・『紫明抄』とは比較的一致した項目が多く、『最秘抄』と合致するもの九項、『紫明抄』と合致するもの一四項にも及ぶ。但し、かならずしもそれらの注を引きうつしたり、焼き直したりしたのではなく、先人の説を批判し、それから一歩前進しようとする努力をうかがわせる。

『珊瑚秘抄』の奥書や注によってはじめて知られたこととして、池田博士は次のことどもなどを挙げられる。

1『河海抄』の成立事情と成立年代——前述

2『紫明抄』の成立年代と作者——奥書に「是摸保行法師素寂陪関東李部大王之下問撰紫明抄之例也」とあるうちの関東李部大王は将軍久明《ひさあき》親王をさすことは明かであるが、久明親王が将軍になったのは正応二年（一二八九）一〇月であるから、『紫明抄』の成立はそれ以後であることがわかった。また、『紫明抄』の撰進者素寂《そじゃく》の俗名が従来明らかでなかったのが、保行《やすゆき》であることがほぼ推測される。

3善成の学統——『河海抄』の序に「先師忠守朝臣」とあることによって善成が丹波忠守に師事したことはわかっていたが、「揚名介事」（帚木）の注に「祖師義行先師忠守朝臣施一巻、仍不及重記」とあるから、その忠守が義行（法名聖覚。義行は、『源氏物語』についての祖父光行・父親行《ちかゆき》の秘説口伝

をひとりで悉く相伝したことを『原中最秘抄』の奥書に記している）の学統に立つことが明らかになった（ただし善成は、自由な立場から、定家・素寂等の説も参酌して、親行の学統を固執してはいない。『河海抄』の底本にも河内本を採らなかった）。

4　『原中最秘抄』と『水原抄』との関係――『河海抄』における『珊瑚秘抄』、『花鳥余情』における『源語秘訣』の関係から、類推すると、原形本『原中最秘抄』(佚亡)は『水原抄』(佚亡)の中における最秘とする説のみを一冊としたものと考えられそうである。　以上

『珊瑚秘抄』の名の所以は、奥書に「名二珊瑚秘抄一依レ為二河海之淵源一之故也。海底生二珊瑚一之謂也。」とあるが、『河海抄』の最秘の貴重な説を集めたものの意であろう。

伝本がこの一本しか残されていないのは、奥書に、「自レ古只存二心中一、未レ呈二毫端一」というように口訣をあつめ「門弟之中一人之外莫レ聴二披閲一而已」ときびしく限った貴重な秘本であったためと思われる。なお池田博士は昭和五年一月ごろに、「秘抄」と称する『河海抄』秘説の残欠零本を一見したと記しておられるが、それが『珊瑚秘抄』とどういう関係にある本かは明らかにしておられない。

この一巻は、三条西家に蔵せられている間に、池田博士（『源氏物語大成　巻七　研究資料篇』P136写真参照）その他（『国語国文学研究史大成3　源氏物語上』P224写真参照）一、二の学者によって影写せられ、昭和三五年刊の『国語国文学研究史大成3　源氏物語上』には、その全文が活字に復刻印行せ

られているが、率直にいえば、その復刻ははなはだ杜撰で、使用には警戒を要する。たとえば、「夕顔の花を云々」の注で「怪二其美士一」の「美」を脱し、「さかゆる春に云々」の注で「心おほきに不可相叶者也」の「相」を脱し、「冷泉院事」の注で「以此由仰右大臣〻〻申云令参議朝綱朝臣共議」の「〻〻申云令参議朝綱朝臣」を脱している、「水むまや」の注で「後設餐」の「設」の次に衍字「饌」を加えている、「冷泉院事」の注で「ことさら村上ニよせある也」の「ことさら」を「殊更」とし、「あをきあかきしらつるはみの事」の注で「つるはみなと云歟」の「云」を「いふ」とするなど無用とおぼしい用字の変改を加えている、「執政臣致仕事」の注で「而令文并続日本紀の心によらは」を「而今文并続日本紀の公によらば」と読み誤っている。さらに恐らく拠った影写本の誤によるものであろうが、「末摘」をわざわざ「未摘(ママ)」とし、「ことりしるしはかり云々」の注の中の「此荻枝事は」をわざわざ「此萩(ママ)枝事は」としている、そのほか校正ミスによる誤植ともおもわれる個所も少なからずある。他日、同書が重版されるおりには、改訂しておいていただきたい。

はからざる天変地異によって、万一の焼亡などのことがあれば、この天下の孤本の直実の姿は永久に消滅するであろうことに、長年心をいためつづけてきたが、今日ようやくこうして写真複製して広く世に供することのできたのは、三条西博士からこの秘抄を博士の母校学習院にお譲り頂く直接その衝にあたった私として、この上ないよろこびであり、改めて三条西博士の篤志に深謝申し上げたい。

「古代文学論叢」6輯　武蔵野書院　昭和五一（一九七六）年4月

浜松中納言物語末巻との出会いの頃のこと

私が東大の国文科に入った昭和三年は一八の高校からの入学者三七人の内九人が一高出身という異常な多さであった。その翌年も六人だったが翌々年は中島敦一人に減った。この現象を、当時東大国文研究室副手池田亀鑑氏が一高非常勤講師として国文学史を情熱をこめて講ぜられた時期と連関させる説があったが、全くの謬説《びゅうせつ》とは言い切れないかも知れない。

さて入学した九人は特に群がっていたわけではなかったが、他校出身者は静岡高の五人を除いては何れも二人以下だったのでそれぞれ真剣に学びの友を求め図書館や研究室で勉学に励んだようであるのに対して、吾々九人は随時二三人連れ立っては駄弁を弄し、図書館はともかくとして研究室というような恐しい所には全く近寄らずに過して来た。

二年目の晩秋であったか、何かのっ引きならぬ用事で研究室を覗いたところ、偶〻《たまたま》その日は池田副手の出勤日でお一人で坐っておられた。一高の教室以来初めての師弟の対面なので名のりをあげて御挨拶したら、池田先生はもとより松尾生徒を覚えておられるはずはないのだが、例の懐しげな御面持で色々と昔話をされた挙句に「ところで卒業論文は何を」との仰せ。私はその頃日本文学における可笑味の表現と意義について関心を持っていて、『古事記』から漱石・藤村に至る主だった作

品から該当部分をぬき出して十数冊のノートを作っていた折柄だったから、その話を申し上げたら先生は一往耳を傾けて聞いて下さって若干のアドバイスもお与えのあとで「それはそれとして」と、先年の関東大震災が東大の図書館を初め諸家所蔵の古文献の多数を焼亡させてしまったこと、幸に残存せる全国の古文献を調査することこそ現時点での最大の急務であること、自分は芳賀博士記念会委託の源氏物語諸注集成の仕事に従っているが寧ろ本文蒐集《しゅうしゅう》・校本作成の方が先行すべき仕事だと考えそれに取りかかっていることなどを熱心に話され、若い諸君もこういう時点に生まれ合わせた因縁を思って、自分の手の及ばない作品の内のどれか一つをでも分担してその伝本研究をやってくれまいか、ともかく自宅に来てくれ、蔵書を見せるから、と熱心におっしゃる。

　こうして私は先生の椎名町のお宅（現在の遺邸から程近い所にあってまだ小さなお家だった）に伺って色々な写本を拝見させられた結果、〝浜松中納言物語の伝本研究を基礎とする研究〟に卒業論文題目を変更する始末と相成ったのだが、どうしてそれまでに読んだことのなかった『浜松』などを択ぶことになったのかについては、呆れたことだが全く記憶にない。ただ択ぶなら『源氏』に近い物語をと思っていたことだけは確かだから、既読の『更級日記』と作者が同じと伝えるこの物語に心が動いたのかも知れない。先生の蔵書の中に『浜松』の写本はなかったが、丹鶴叢書八冊本のきれいな版本があった。それを拝借して、さながらに影写することから私の仕事は始まった。その後九人の内の又二人、小木喬君が『住吉物語』、田村遂君（故人、前橋図書館長）は禅宗の坊さんだったから『宝物集』を択んで先生のお世話に預った。写し終えた丹鶴叢書本をもととして、当時売り出さ

れた理研の陽画感光紙で複製数部を作成、それを持ち歩いて、池田先生のではむずかしい場合は主任教授の御紹介状を頂いて、諸文庫・諸家の御蔵書の調査・校合をさせて頂きにまわった。京都では、池田先生が長期逗留には京大病院前の宿が安いと教えて下さったので、同行の小木君と相部屋、確か一人二円で泊った。食事も悪くはないので喜んで帰って仲間に話したら、それは重病人が入院待ちに泊る宿だぞと言われて、ぎょっとしたが先生には黙っていた。

そんなこんなで一往閲覧または拝見できる限りでの三〇部ばかりの伝本を調べ終えて猶一本残っていたのが尾上博士の御蔵本であった。というのは真偽の程は判らないが、博士にお目にかからせて頂くのにには並々の紹介状では駄目だという噂があって億劫だったのと、その御本は『校註日本文学大系』でS・I教授が担当され「尾上八郎博士所蔵の写本をもととし二三の異本を参照した」とあることから、既に正体の判っている平凡な伝本の一つだと推測されたので何も急いで拝見するまでもないと思っていたのとからであった。でも省くわけにはいかないとて池田先生のお口添えで、尾上先生にお親しいという大野木克豊先生の御懇切な御紹介状を頂いて、恐る恐る尾上邸に参上したのが昭和五年の九月十余日のこと。博士は案外御機嫌よく御引見下さって、無造作に小型の本を一重ね私の目の前に置いて「持っていって家で調べなさい」との仰せ。重ねた本の表紙だけを拝見して唯々御礼申し上げて風呂敷に包み直ちに退下。お邸近くに住む旧友の医学部学生加藤朝捷君を訪ねて、今尾上邸からの帰りだと言ったら、博士の御養子は自分の知人だと言う。これも奇縁と一入心が和み、二人で東大の植物園をのんきに逍遙、夕方帰宅して風呂敷を開いたら何と五冊本であ

る。一瞬目を疑ったが、正に五冊目は三〇〇年埋れていた末巻だった。後日尾上先生に伺ったら大正震災前に美術倶楽部の売立ての最終日に売れ残りの雑本の中から何気なく拾い求め、その後捨てお置きになった御本だった由。とすれば『校註日本文学大系』本の底本は別の本ということになるが、博士はこの御本以外はお持ちにならない御様子。謎はついにいまだに解けない。

「日本古典文学会々報」101　昭和五九（一九八四）年5月

研究余滴

新版『校異源氏』夢物語

池田亀鑑博士の『校異源氏物語』(のちに『源氏物語大成』に「校異篇」として収められた)が昭和一七年に公刊されてから、はやくも三五年になる。この、まさに画期的なお仕事が、どんなに貴重なものであったかは、喋々するまでもないことであろう。出版を前提として作られる「校本」として、考えに考えぬかれた結果、可能の最極限の形でみごとに結晶したものが、この『校異源氏物語』だと、吾々はただ感歎するばかりであった。

だが、三五年の歳月は、出版について「可能の最極限」を著しく拡げ、また変えた。印刷技術・複製技術の格段なる進歩、需要の拡大による企業としての危険度の減少などによって、現在なら、より完全な、より見やすい「校本」が作られたであろう。さらに、卒直に提言することを許してもらえるなら、そろそろ『校異源氏物語』の改版なり作りかえなりが企画されるべきころではないか、などと夢のようなこともいってみたくもなるのである。

というのは、三五年の歳月の間、ことに敗戦後の社会変動の間に、新たに放出され、紹介され、あるいは発見された貴重な伝本が多数あって、『校異源氏物語』にそれらの伝本がそっくりそのまま当然補い加えられなければならないことが第一であるが、それはいちおう論外としておいても、

『校異源氏物語』（以下『校異源氏』という）自身にいろいろと使いにくい点があるからである。簡単にそれらについて述べあげてみよう。

（一）『校異源氏』の紙面一面には、中央に底本本文が三五字詰一四行載せられ、別欄に、その本文に対する校合用本の校異が、青表紙本・河内本・別本ごとに、底本本文を適宜別に抜き出しつつ、それとの対比において示されている。この形式は、見にくいことは百も承知の上で、紙面の節約、組版技術ならびに費用に対する考慮などから、考案され採用されたものにちがいなく、当時としての最善の表現であったことは重々諒解できるのではあるが、やはり使いにくいことは、どうしようもない。その一面（一ページ）をただじっとにらんでいるだけでは、到底伝本間のちがい自体も、ちがいの性質も、ちがいの系統も、読みとるべくもないのである。だから、大学の「演習」などで諸本の関係・性質、したがってその善不善の判断などを問題にしようとするときは、学生に、新たに「校本」を作りなおさせることになる。たとえば、桐壺巻で青表紙本は底本のほかに四本、河内本は五本、別本は四本あるとすると、適宜な紙の中央にまず底本の本文を一行だけ記し、その右なら右に、青表紙本四本、左に河内本五本、さらにそのどちらかの右なり左なりに別本四本の、それぞれ底本との差異本文を一目瞭然たる形で並べる（底本本文のどこの部分に校異本文があたるかは、適宜、縦線、二重縦線・曲線などを底本本文の右なり左なりに施して、対応させることなどで明らかにされる）。こうした並べ替えによってはじめて「使いもの」になるのである。だから、そうした形に、『校異源氏』を組み変え、改版するだけでも、現在なお低迷している源氏の諸本研

究は格段に進歩するのではないかと思う。もちろん三五字詰一五行一ページであった底本本文が、仮りに三五字詰一行一ページの底本本文ということになったら、一五倍の紙数を要することになるわけだが、一ページは、A5版に縮小して十分であろうし、二〇七〇ページ、分けて三冊の『校異源氏』が、三一〇五〇ページ、分けて五〇冊（一冊六二一ページ）の『改版校異源氏』の手ごろの本として再生すれば、どんなにか、あらゆる点において便利なことであろう。今は、写植が進歩しているから、そうした造版は容易であり、費用も驚くべきほどではないと思う。

（二）（右に述べたことは、『校異源氏』における表記をそのまま、ただ場所的に移動させればすむことであるが、以下に述べることは、『校異源氏』に採用したすべての伝本自体〔底本をのぞく〕にあたり直さなければならないことだから、現在恐らく不可能なことではあろうか、ともかく〝のぞましい〟こととしてあげておく。）『校異源氏』では底本と諸本との間の仮名遣の相違、および漢字と仮名との相違は掲げていない。従って、たとえば底本が「し給」である場合、校合用本が「したまふ」でも「したまひ」でも同じに見すごされてしまっているわけであり、文脈がそこで切れるかつづくかが文意を解く上で重大な意味を持っているときなどには、まことに無念な思いをさせられる。田中重太郎博士の『校本枕冊子』のように、こうした違いのすべてがそのまま掲げられるものであってほしい。となると、『校異源氏』所採の諸本のうち、現在所在不詳の本とか所蔵者の許可を得がたい本とかを除いて、再びその本文をさながらに活字化することが許される伝本のすべて、それに、「(『校異源氏』ノ)原稿作成ノ都合上、昭和一三年以後ノ発見ニ係ル諸本ハ割愛シタ」（『校異源氏』「凡例」）と池田博

士のいわれる「諸本の一切」、ならびに、それ以外の、現在までに新しく存在を知られた諸本のある限りについて、それらがたとえば総計五〇本あるなら、その五〇本の本文を一本一行ずつ五〇行一ページに、（校合の形でなしに）そっくりそのまま活字にして並べてもらえるとありがたい。そして、底本以外の諸本の底本との相違本文はその部分だけゴチック活字にすれば、「校本」として役立つことになろう。（青表紙・河内本・別本〔別本のなかで、またいくつか系統が分けられよう〕に分けて並べることは勿論である。）つまり「改版」ではない『新版校異源氏』の誕生である。

（三）『校異源氏』は底本の本文中に存する「補入」や「見せ消ち」を（恐らく印刷面を簡略にするためであろうが）いちおう正当なものとみとめたかたちで、本行に採用してしまっている。その部分について別欄の「校異」において、原形を明示していることはいるのだけれど、『校異源氏』の底本本文だけを見て行くとき、その個所について何等のシルシも施されていないので、読者は、毎ページいちいち「青表紙本」の校異欄を確かめて行かなければならなくて、ひどく煩わしい。実のところ「補入」「見せ消ち」は、ほとんどが他本との校合にもとずくものが多いので、それを本行に採用すると、本文の不純化をきたして、まことにぐあいが悪いのである。『校異源氏』を新しく作り直すときは、こうしたこと（書入れを本文にとり入れること）は厳に控えてほしいと思う。〔なお（二）に述べた『改版校異源氏』が、もしできるのなら、その折には、「補入」「見せ消ち」を無視してもとの本文に還元したものを底本にしてもらえるとよいと思ったのだが、そうすると、その還元された底本本文の部分について校合用本本文に相違があった場合、その校合用本本

文と還元底本本文との間の仮名遣・漢字仮名の相違がどうであったかがわからないので掲げようがなくて、やっぱりそれは不可能であった。だから、その場合は、せめて読者に注意を与えるために、その部分の底本本文（補入・見せ消ちによって改められた底本本文）に、＊印なりをつけてほしい。」

㈣　おしまいに、私の望んでいるほんとうのところを述べてみよう。——写真刊行が容易な現在において、いわゆる「変体仮名」で書かれた写本の本文を現行活字に改めて印行して、それを相互比較しつつテキストクリティクをあげつろうなどということは、すでにナンセンスではないか。今こそ、右の㈡にあげたような現存の諸伝本の変体仮名そのままの本文を、㈡に述べたような形式で、五〇本なら五〇本を、底本の一行にあたる部分について五〇行並べて、写真版行すべきであろう。校合用本の一行を底本の一行に合わせるために、連綿の仮名を切りかねるときは、適宜行末行頭にダブらせて（その旨を何か記号でしるして）その形態を示しておけばよいであろう。こうした原形のままの「諸本並列の本」が出版されたら、『源氏物語』の本文検討は、まさに文字通り飛躍的に発展進捗するにちがいない。その日の到来は、どうやら私の命のあるうちには望めまいが、二〇年さきには必ずあることを私は確信している。

「天理図書館善本叢書月報」38　昭和五三（一九七八）年1月

百人一首の一つの歌について

奥山にもみぢふみわけ鳴く鹿の声きく時ぞ秋は悲しき

どなたもご存じ、『百人一首』に猿丸《さるまる》大夫の作として採られている歌で、『古今集』にもよみ人しらずで載せられている。意味についても、

奥山にもみじをふみ分けて鳴く鹿の声をきく時こそ秋は悲しい。

といったように、現代語ではつかわない「ぞ」を、ただ「こそ」に言いかえただけで、そっくりそのまま「現代語訳」ができあがるほどで、問題は何もなさそうに見える。

ところが、どうしてなかなか問題は多いのである。まず「もみぢふみわけ」るのは、作者か、鹿かという議論がある。近ごろの説では圧倒的に鹿が有力であるが、作者説もそれなりのわけがないではない。というのは、「声きく」といっているのだから、作者は鹿からかなり離れた所にいるのであろう。だとすれば、鹿が「もみぢふみわけ」鳴いたかどうかわかるはずはない、といういちおうもっともな主張である。それに対する反論は次のとおりである。まず「鹿が鳴く」といえば、妻を恋うて鳴くのにきまっている。たとえば、『万葉集』巻一〇の「詠二鹿鳴一」の一六首を一覧しても、「妻呼ぶ鹿の声のさやけさ」「さ男鹿の妻ととのふと鳴く声の」「さ男鹿の妻呼ぶ声を聞かまし

ものを」「を鹿鳴くなり妻の眼を欲り」「妻恋ひすらしさを鹿鳴くも」「さを鹿の妻呼ぶ声はともしくもあるか」「さを鹿そ露を分けつつ妻問ひしける」のように一六首のうちの七首までが、はっきりと鹿の妻問いの声をとりあげる句を持っている。だからこの歌の作者も当然「妻問いして鳴く」鹿を詠んだにちがいない。妻問いするのなら、ただぼんやり立っていて牝鹿の寄って来るのを待っているはずはない。当然苦労してさがし求め歩くであろう。ところで、『古今集』で「ふみわく」という語はすべて「ふみわけ」という形で、六例見えるが、この歌の「もみぢふみわけ」をのぞく五例すべて「もみぢは宿にふりしきぬみちふみわけてとふ人はなし」「ふみわけて更にやとはむもみぢ葉の降り隠したる道と見ながら」「雪ふりしきて道もなしふみわけてとふ人しなければ」「山のしら雪ふみわけて入りにし人のおとづれもせぬ」「雪ふみわけて（オタズネシテ）君を見むとは」のように、もみじか雪に隠された道を苦労してさがし求めて人をたずねる場合にのみ用いられている。となると、この歌の「もみぢふみわけ」もまた苦労して妻問いして歩く様子を詠んだものと推定してさしつかえなかろう。つまり「もみぢふみわけ」は作者の行動ではなく鹿の妻問いの行動であることを、自明のこととしてこの歌の読者たちは諒解してくれるであろうことを、作者は予想してこの歌を作ったにちがいない。作者が現実に見てもいないそうした鹿の行動を、見ているかのように述べているのは、「奥山で鹿が鳴いている限りは、もみぢふみわけて妻問いしているのだ」とわれひと共に合点するからだ。ざっとこんなことである。さらにはまた、現実に見えていない「もみぢふみわけ」を敢えて詠みこんでいるのは、屏風絵を見て詠んだのだとみれば、ごく自然なこと

になるという説もでている。屏風絵云々の説は、さておいて、「もみぢふみわけ」るのは鹿だとすることについての右の説は従ってよいと思う。

その次の問題は「奥山に」は「もみぢふみわけ鳴く」にかかるのか、「きく」にかかるのか、ということであるが、前者だけにかける説、後者だけにかける説、両者に重ねてかかるとする説、それぞれ言い分があるが省略する。ただ作者自身が奥山の中にあって比較的身近に聞いているのと、奥山のほとり（奥山の外）にいて遠声を聞いているのとでは、場景も気分もかなりちがうであろうから、軽く見すてるわけにはいかない。私としては後者に傾いてはいるものの、確実にどちらを採るべきかについては、正直のところまだ迷っているところである。

もう一つの問題は、「もみぢ」は、紅葉か、黄葉か、または何の木のそれか、ということである。お正月のかるた遊びに、この歌をよみあげる人たちは、たいてい、この「もみぢ」を楓などの紅葉と思いこんでいて疑うことなどさらさらないようであるが、実は萩の黄葉であることは恐らく動かせないであろう。というのは、前にあげた『万葉集』巻一〇の「詠㆓鹿鳴㆒」の一六首のうち九首は、たとえば

君に恋ひうらぶれをれば敷の野の秋萩しのぎ（踏ンデ）さを鹿鳴くも
秋萩の散りゆく見ればおほほしみ妻恋ひすらしさを鹿鳴くも
秋萩の咲きたる野辺はさを鹿そ露を分けつつ妻問ひしける

のように鹿と萩とが取り合わせられていて、他の木と取り合わされることはまったくない（残りの

七首は鹿の鳴き声だけを取りあげている）。またこの「奥山に」の歌が『古今集』におさめられているのは、「秋歌上」の二一五番であるが、その前の二一四は鹿、そのあとの二一六、二一七、二一八は鹿と萩、二一九、二二〇は萩、二二一は雁の涙と萩、二二二、二二三、二二四は萩と露が扱われている。従って二一五の「もみぢ」は萩のもみじの落葉と、少なくとも『古今集』の撰者は諒解してこの位置にこの歌を置いたものと推定されよう。鹿がふみわけるもみじは萩の落葉であることは、この歌のよまれた頃の人々にとっては常識だったわけである。

ただ『百人一首』でおなじみになってからのこの歌としては、「もみぢ」が妖艶な紅葉と諒解されがちになったのには、それなりのわけがあった。『百人一首』は藤原定家の撰といわれるが、その定家の自筆本と伝えられる『伊達家本古今和歌集』（嘉禄二年〔一二二六〕四月の奥書がある）や伝俊頼筆『元永本古今和歌集』（元永三年〔一一二〇〕の奥書がある）には「もみぢ」が「紅葉」と漢字書きされているのである。平安末鎌倉初にかけて確立された、いわゆる新古今の歌風からは、この「もみぢ」は「紅葉」であるべきであったのにちがいない。こうしてこの歌は原作者（乃至《ないし》は『古今集』撰者）の真意から離れて、一人立ちしてもう一つの新しい意味を持った歌として歩き出して、『百人一首』の世界で新たな優艶な映像を確立しているのである。

さて、『百人一首』ではこの歌の作者を猿丸大夫とする。猿丸大夫は『古今集』真名序にも見えるが伝説的人物で信じがたいといわれている。そこで『古今集』を見ると、通行本（たとえば岩波の『日本古典文学大系』の底本や、小学館の『日本古典文学全集』の底本）では、「是貞親王家の歌合の歌」とい

う詞書のある壬生忠岑《みぶのただみね》の歌の次におかれて、詞書はなく「読人しらず」として載せられている。つまりやはり是貞親王家の歌合の歌だということである。だとすると、作者は誰だかはわからないが、是貞親王家の歌合に加わった人であることはわかり、どういう境遇の人かの見当はつく。そして、この歌合は寛平年間（八八九―八九八）の初期に催されたと考証されているから、その頃の人だということになる。つまりこの歌は八九〇余年頃できたことになる。『古今集』撰進の年といわれる九〇五年（延喜五年）に先き立つわずかに一〇余年である。それにしては、かなり古風な、すなおな歌風の観があると、ふと疑念を抱かれるお方があられるかと思うが、その疑念を元気づける材料が、またあるのである。それは、『古今集』の元永本（前出）や、伝藤原佐理《すけまさ》筆の筋切（元永頃の写という）、および伝藤原清輔《きよすけ》筆本（鎌倉初期写）などでは、この歌は「題不知（マタハだいしらず）よみ人しらず」になっていて、直前の歌の詞書とは無関係の歌ということになる。言いかえれば、『古今集』撰進の年以前に出来ていたが、それより前いつ頃の出来かはわからない、従って『万葉集』と『古今集』との中間ごろの作とみてもかまわないということにもなるわけである。

そうするとまた話はもとにもどるのだが、この歌は古風で万葉風だから、古今風の七五調によむべきではなく、万葉風の五七調によみ、且つ解くべきだという考えから、一首を「奥山にもみぢふみわけ」「なく鹿の声きく時ぞ」「秋はかなしき」と区切ってみる賀茂真淵の説をまったく無視するわけにはいかなくなる。それに従えば「もみぢふみわけ」るのは当然作者であるが、最近でも『日本古典文学全集』で小沢正夫氏はこの真淵説に従っているのである。

ただし、今まで縷々《るる》述べたように「もみぢふみわけ」たのは、やっぱり鹿であろう。五七調であっても、五七の「七」と次の五七の「五」とのなかの動詞の主語が共通である例は——正しくは調査が必要であるが——皆無とは思えないし、あるいは又、この歌は形は万葉風でも、調子は七五調で作られた、万葉から古今への過渡期の産物であるかも知れないともいえるであろう。さらに言えば、この歌を、もしA「作者がもみじ（この場合「もみじ」は萩にはかぎらないことになる。何かの木々の落葉である）をふみわけ」それからB「作者が鳴く鹿の声を聞く」と解くとすれば、AとBとの関わりの緊密性が、行動の面からも感動の面からも著しく散漫で、「鹿が萩の黄色い落葉の群をふみわけて妻問いして鳴くその声を作者が聞く」という作者の緊迫したひたすらなる感動の表現と比べて、格段につまらない歌になってしまうと思われるのも真淵説に従いかねる一つの理由である。

だが、それに対しても、作者はつまらない歌を作らなかったと、どうして証明できるのか、おまえの方で、本来はつまらない歌を勝手にこのましい歌に曲解してしまっているのかも知れないではないか、「もみぢ」にしたって、「萩」ということばがまったく出ていないのに、「萩のもみぢ」にきめるのは作者に対して失礼ではないか、とでも開き直られると、もうお手あげであることは、確かである。所詮、解釈というのは、断定は不可能であることは重々承知していながら、この一見なんでもないような『百人一首』の一つの歌にさえ、こうして散々引きまわされて、あげくの果てにはうっちゃられかねないとすると、こうした仕事一筋につながるわが一生は、はかないものだと思うことしきりである。

「学習院大学三十年めの自画像」学習院　昭和五四（一九七九）年12月

繋ぎのための仕事をして

震災と戦災は日本各地の貴重な国文学古典資料の多くを滅した。そうした事を二度と繰り返してはならない。それには国立の古典資料収蔵館の設立が絶対必要だ、というのが晩年の久松潜一先生の、従ってそれをお助けする市古さんたちの熱烈な念願であった。その念願が、国文学界に分立する三〇にも及ぶ学会を総結集させ、久松先生を会長とする「国文学研究資料センター設立推進連絡協議会」なるものを発足させて、それらの関係者をして政府筋に設立請願に及ぼうと決意させたのは昭和四二年五月だったが、率直にいってまだそれから数年の間は、設立の実現への道は遙かであって、寧ろ悲観的な観測さえ流れがちであった。こうした情勢のままで時がたてば、折角の三〇学会員たちによる盛り上った気運も空しく凋れてしまって、その挫折感は今後の古典資料研究者たちに悪影響をのこす、それを何とか防がなければというのが市古さんの考えであったようである。こうして市古さんによって文部省の「科研費補助金による総合研究」による、いわば「資料センター」設立実現までの「繋ぎ」の、全国的の資料調査研究の構想が生まれた。昭和四五年の秋頃の事である。だからそれは市古さんによって主宰されるべきものであったのだが、当時はなお大学紛争が鎮静せず、東大教授としてその任に当りかねるから比較的穏かな学習院大学で君が何とか引き

受けてくれないかとの、たっての御依頼で、私は否も応もなくお引き受けしないわけにもいかなかった。こうして、資料センター設立の準備過程としての研究である含みを御諒解頂いた上で御協力を、北は北大から南は熊本大に至る全国各地域一八大学の研究者一八名にお願いし私が研究代表者という形で、全国それぞれの地域にある国文学古典文献の調査・撮影・書写などを目的とする「日本文学の基礎資料の総合的地域研究」を題目として科研費補助を文部省に申請、幸に当局の御理解を得て、初年度七〇〇万円を含め三か年で総額一、八〇〇万円という当時としては破格の巨額な補助金を四六年四月から頂く事になった。それから満三年、各大学の先生方はそれぞれ研究協力者を動員されて活発な調査をして下さって、その結果を総て私の手許にまで提出又は報告して下さったのであるが、それら御提出文書・文献の整理はもとより、それに伴う諸先生からの請求書乃至は領収書付きの会計報告関係の総決算を私一人でお引き受けしたので、その間私自身は調査研究の時間は乏しくて、寧ろ事務職としての不馴れの仕事にかかり切りの三年だったというのが実情であるが、一方その間に久松先生を中心とする請願の熱意が容れられて案外早く四七年五月には設立実現、右の「総合研究」の成果は、挙げて資料館に引き継いで頂いた。それらはなお不備不整のままの調査であるものも多く、資料館としては難有迷惑であるものもなきにしもあらずであろうが、「繋ぎ」の仕事としてそれぞれ精一杯の努力をしたという、ささやかな誇りと懐かしい思い出とは、それに携わった吾々研究者・研究協力者一同の、現在も抱き持つ感想であろうと思う。

国文学研究資料館十周年記念「十年の歩み」　昭和五七（一九八二）年10月

十周年にあたって〔国文学研究資料館〕

発足してから一〇年というのは、そう長い時間ではありませんが、国文学研究資料館が、その長からぬ年月の間に、現在見られるような、見事な成長を遂げたのは、もとよりその間における管轄官庁の十分なる理解と援助とがあってのことであろうとはいえ、直接的には市古・小山旧新両館長ならびに館員各位の旺盛な意欲と不断の情熱とが、発足以来の厳粛な使命感に支えられて、着々と事を進め、物を整え、積み重ねつづけてゆかれた努力のたまものであることを思い、謹んで敬意と祝意とをささげたいと存じます。

紀元七一二年に成った『古事記』あたりを初めとして明治改元までの、一二〇〇年に近い年月の間にあらわれた文学文書の数は、想像に絶するほど厖大なものがあったでありましょうが、例えば一二七一年に成った『風葉和歌集』という物語歌を集めた歌集に見える二百種の物語が、それから二百年後の応仁の乱を経た頃には、僅かにその一割の二〇種ばかりを残して凡て亡び去ってしまっていたらしい、というような事実からも想像されるように、幾度の天災、とりわけて火災は、多くの文書を年々亡ぼしつづけました。現にこの六〇年ばかりの間にさえも、大正の震火災、昭和の戦火災が、かけがえのない貴重な文書類を、恐らく何十万という数をはるかに越して亡ぼし去ってし

まったことを、私どもはまざまざと目に見、耳に聴かされています。

こうした天災、火災などをくぐり抜けて、幸にも現在に伝え残された文書の名のほとんどは、かの『国書総目録』八冊の中に集められておりますが、文学文書と限定すれば、その八冊の中の、更に一部分にすぎないわけで、明治を遡る一二〇〇年という長い長い年月の間に、それこそ一日の休みもなく日本全国で書かれ写され、あるいは印刷刊行されていたはずの、その総量と思い比べれば、残されたものの、あまりにも僅少なことに慄然とせざるを得ないと申せましょう。

かくて、これ以上、天災火災などによる文学文書の滅亡を空しく座視していてはならない、民間の力の及ばぬ限りは、一日も早く公の力によってその滅亡を防ぎとめる方策を講じてもらいたい、それにはまず各地各所に伝存する文学文書の、いやしくも何らかの価値あるものの、可能な限り多数の複写本を作り集め、さらにそれらについての調査をも加えて、末永く国文学古典の研究を栄えさせるための公の機関を作ってもらわなければならない、という久松潜一博士の切実な念願が、昭和四二年の春、国文学関係の三〇に近い学会の総連合を生み、やがて博士の念願の趣旨を体しての、博士を中心とする総連合関係者たちの、その筋への献言・請願となり、その五年後に、めでたくこの国文学研究資料館が成った次第でありますが、それから十年を経た今日、資料館設立の第一目的である文学文書のマイクロフィルムなどによる複写収集は、はやくも五万点に達し、それも原本所蔵者の公開を禁じておられるものを除いては、すべて、すでに広く研究者たちの利用に供せられている由でありますから、さらに一〇年二〇年ののちには、それらの収集が、あるいは二〇万

点、三〇万点ともなれば、昭和初年の頃の私どものように、東奔西走して公私の図書館・文庫・蔵書家を一軒一軒訪ね、限られた時間の中で、謹んで拝見し調査し書写する苦労などは、よほど特別な場合を除いては、無用となり果たすことでありましょう。今後の研究者のしあわせは、私どもには、いささか空恐ろしくさえ覚えると申したいほどであります。

また、この資料館では、年々の逐次刊行物所載の論文類の大多数を収集所蔵し、その閲覧や複写サービスに応じている由でありますが、これ又、昭和初期の研究者だった私共としては夢としか思えぬ恩恵であります。その他、大学院教育への協力、解題研究を中心とする共同研究、海外の日本文学研究者との交流、講演会などの普及活動、などなど、諸方面にわたって一歩一歩着実な業績をあげておられることは、それぞれ極めて重い意味をもっていることでありまして、今後のいやましの発展をいのらせていただきたいと思います。

機械によわい明治生まれの人間である私なので、ついつい電算機利用の効果についての讃辞を述べおくれて申しわけありません。情報処理などについて驚くべき機能を発揮しているこの文明の利器は、ついに連歌資料の処理にまで応用されようとしているとのことでありますが、こうした試みは、この資料館でこそ、はじめて可能なのでありましょう。こうした意欲的な試みは、今後ともいよいよ拡げていって頂きたいと思います。電算機に対する私個人の夢ともいうべき希望を申し述べることが許されるなら、例えば、成って既に四〇年になる『源氏物語大成』の校本の不備の是正の必要が痛感される今日、現存する源氏物語諸本による新しい校本の作成とか、あるいは又、平安時

代のすべての仮名文学作品の語彙を一つに集めた語彙総索引の作成とか、いろいろとあるのでありますが、遠からぬ日に実現して頂ければ、此の上ない幸と存じます。

いずれにせよ、国文学研究資料館ができて、国文学古典の研究は、あらゆる面において、まさに画期的な、且つ飛躍的な進歩が可能であり、将来とも可能であろうことを、この一〇年で確実に実証しました。この喜びは国文学研究者すべての喜びであると共に、国民全体の喜びであろうことは申すまでもありません。館の各位の一層の御努力が、今後とも限りない、すぐれた効果をあげつづけて行かれますことを信じ、創立一〇周年のお祝いのことばを終わらせていただきます。

昭和五七年一〇月二九日

「国文学研究資料館報」20　昭和五八（一九八三）年3月

一つの提案

与えられた機会の最後にかねて気になっていることの一つを記す。それは書物の編著者の冒した記載上のミスの救済（訂正）方法についての一案である。——自分の事で一番単純なミスから取り上げるが、自分の校正ミスを初めて見つけた時の気分は頗《すこぶ》るいやなものであった。それが生憎校正厳格で定評のある書肆発行のもので、しかもそのミスが読み手に必ずしも誤りと思われない惧れがあったのだから私は全く救われなかった（そして五〇余年後の今でも救われないままでいる）。私の発表歴での第二作『岩波講座日本文学　菅原孝標女』の本文の細かい割注で「本当に」が、なんと「本間に」になっていたのである。私は生国のお江戸追放に遭ったような衝撃を受けたことを今でも覚えている。

近頃は新聞でも不急の原稿は初校はみせてくれることもあるようだが、昔は渡したら凡てあちら任せ。これは自分の事ではなく、それも大昔のこと、学習院の英文学の織田正信教授が世にも情ない顔で私に訴えたのは、〝某新聞に頼まれた随筆の題を考えに考えて「隣は何をする人ぞ」とつけて内心大満足で新聞の届くのを待って今朝開いてみたところ、「隣は何をするんだ」に誤植されていた〟というのである。教授の達筆の「人ぞ」が「んだ」に化けたわけである。

ミスも右の二例のようなものは笑い話で済まされもしようが、古典本文の翻刻でのそれとなると、学問的な大罪とも言うべく深刻なことになる。初版の校正ミスを幸に再版の機を得てそこで改めるとしても、初版本を買った不特定多数の方々にはそのミスを知らせるすべは実際にはあり得ないから、編著者は唯々「相済まない」と心に詫びるしかない。ただ叢書の類だったら次回配本に訂正紙片を挟み込んでもらうこともできようが、入手者側ではその小紙片をそのまま つい散佚させてしまうことも多いのではないか。（私の古典文庫刊『校本小夜衣』〔昭32〕は卒論審査に追われ重校を疎にして、後の配本に一一個所についての訂正紙片を挟んで頂いたが、それの添わぬものが古書肆に流れているかも知れぬことが今も不安である。）

校正ミスの訂正に限らず記載事実についての訂正をも含めて、それらが僅少個所で事が済むというような場合は、当該個所に、重版の際、通常象嵌《ぞうがん》訂正を加えるが、その場合はどの発行元でもその奥付に「訂正版」と明記することはまずなく、唯「何版」と記すだけだから、初版所持者が市中の書店でその後の訂正の有無をその重版書で確かめようとしても無駄である。例えば私は岩波の大系の『浜松中納言物語』でも小学館の全集の『枕草子』でも重版でミスの少数個所に象嵌訂正を加えたが、その個所がどこかは重版では別記されていない。その重版所持者には全然無用の事だからである。

そこで私は空想的な一つの提案をしたい。世の中で自分の書き物のミスについて訂正を公示したい人は何万何十万といるだろう。そうした人達のために訂正個所を公示する場を作ってほしいので

ある。具体的に一例を挙げて言えば「編著者別　中古文学語学関係書要訂正個所一覧」といったようなもの。その原稿は一定用紙にそれぞれ編著者自身が自分の本について校正ミス・記述ミスを自筆で記したものを提出し、出版者はそれを集めその儘写真印行する。各人各様で印刷面が無様だという人もあろうが、美術書ではない。正確でさえあれば十分である。ただ製本は本綴り、装丁は堅牢にして学校・図書館等で長い保存に堪える様にする事は肝要である。毎頁一万円位原稿提出者から費用を徴収すれば、二、三百頁程度の本はそう高い定価をつけなくて市販可能ではなかろうか。時代別だからそれぞれ需要はそれなりにあると思う。勿論原稿提出者にも必ず一冊買ってもらう事を紳士協定で約束させておく方がよい。私自身旧著の悉くについて要訂正訂補の事項が多いことを痛感しながらほとんどその儘に見過しているのは、従来その公示方法がないからである。右のような提案が実現するなら私は自分の編著の凡てを読み直してその要訂正補の部分を拾い出して、これまでの過誤怠慢の罪（例えば私は小著『平安時代物語の研究』の中で「正室」を「側室」と誤記したことに早く気づいていながらその儘その個所を探しそこない、再版でもあわただしさに紛れて見送ってしまっているというような小さな怠慢から始めての数知らずの怠慢の罪）をせめて最小限度になりと償いたいと思っている。なお仮りにこれが実現するのだったら必ず出版者は購買者名簿を作り、一〇年目毎位に出す増補版の増補分だけを別冊にして、旧版所持者に連絡して実費で頒布すべきことを忘れてはならない。

原稿提出者を編著者自身に限定したのは、他者のミスについての指摘は種々の理由から控えるべきだと思うからである。唯古典本文の翻刻や用語総索引などでの明らかな校正ミスや判断ミス・遺

漏などを見つけた場合は、利用者のために見のがすべきではないはずだから、そうした場合はその編著者に直接そのミスをお知らせすればよいであろう。その編著者御自身が幸に受け容れて右の「原稿提出者」の一人になる可能性は十分にあるであろうから。問題は編著者が故人の場合である。これにも、ある限定なり条件なりをつければ可能かと思うが、今はそこまで立ち入るべき余白がないから、これで止める。

「日本古典文学会々報」104　昭和六〇（一九八五）年3月

書評

新刊紹介　『校本夜半の寝覚』と『校註夜半の寝覚』

「国語と国文学」10巻8
一九三三・8

最近標題の如き二書が相次いで出版された。『夜半の寝覚』の活字印行程、平安朝文学の研究者にとって嬉しいことはない。殊に本書が内容形式共に整った堂々たる大作として、狭衣濱松等を優に凌《しの》いで、直ちに源氏に次ぐものである事を信じている私共にとっては、寧《むしろ》狂喜といってよい程に、此企《くわだて》は有難く感ぜられる。

『校本夜半の寝覚』は橋本佳氏の著、『校註夜半の寝覚』は藤田徳太郎、増淵恒吉両氏の著。橋本氏は、平安朝物語の専攻家、嘗《かつ》て雑誌『思想』に「現存夜半の寝覚は果して改竄《かいざん》本なるか」の一篇を公表されて三〇年来誤り伝えられていた本物語の面目を明かにし、本物語研究に一新区画を与えられた学者であり、藤田氏は周知の如き平安朝文学に造詣深き大家、且夙《かつつと》に氏の編著『平安朝物語選要』において、本物語の創見に富む全般的解説を述べられた学者、増淵氏は本物語の専攻家、嘗て『岩波講座日本文学』付録文学に「寝覚物語絵巻に就いて」を執筆せられ、絵巻研究に新生面を開かれた学者であるのを思えば、両者の何れもがいかに権威ある著作であるかを知る事が出来よう。而《しか》して読者にとって興味あり、且幸福な事は、両著が同じ物語を取扱い乍ら、夫々別個のすぐれた特徴によって、各を互に精彩あらしめていることである。今両著を本文、頭註、付録並に解

説、其他に分って比較紹介しよう。

（一）本　文

橋本氏本は元来その「校本」の名が示す如く、本文校合に氏の全力を傾倒されている。即ち本書は帝国図書館本を底本として、それに前田家本、竹柏園本、東北帝大本、静嘉堂文庫本等現在その存在を知られ、且つ使用を許された凡ての本を以て綿密精緻なる校合を加えている。底本は、もとより仮名遣の誤、誤字、当字をも改めず、凡てもとの儘とし、校合は、（イ）仮名と漢字の差（ロ）「眺めて」「眺て」等の如き送仮名の多少（ハ）「い」「ゐ」「ひ」等の如き仮名遣の差（ニ）「几帳」「木丁」等の如き当字と正しい文字との差（ホ）「時鳥」と「郭公」等の如き単なる用字の差、の五の場合を除く以外の凡ての場合について之を行い、猶上記の五の場合でも、苟《いやし》くも疑の起り得る場合には一々慎重に校異をとっている。従って、校合用本の方が一見誤謬と認められるような場合にも、凡て之を記載しようとしている事は云う迄もなく、諸本について、見せ消ちの状態、補入の状態、又それらの校合、見せ消ち、補入等が墨で行われているか、朱で行われているか等まで明瞭に示して居り、更に「つ」と「へ」の如き類似の文字が紛わしい場合においては、五本中二本に「つ」とあり、三本に「へ」とあり而もその三本は好意的に読めば「つ」とも読み得、且実際は「つ」の方が意味が通るとしても、厳密に校異を示す事によって、諸本の系統が暗示出来る場合には精密にその校異を示すという態度をとっている。

かくの如きつとめて主観を排斥しようとする繁雑なる校合態度は、普通行われる如き校合用本の本文が底本の本文と比べて「よいと認められるもの」乃至は「よいわるいを判断し難いもの」のみを採用しようとする簡明なる校合態度と比較して、一見、無用極まる業のように思われがちであるが、必ずしもそうはいえない。即ち後者の校合態度は、よい本文わるい本文を見分ける標準を、とかく「よみやすいか、よみにくいか（意味の通るか、通らぬか）」に置くために、ともすれば、「種々の事情から、後人の目から見て、よみにくくなっている本文を、猥《みだり》に後人が手を加えて改竄して意味を通してしまっているもの」を、知らずに「よい本文」として採用したり、そうでないまでも、「もと本文の傍に、その本文をよんだ人が『……か』の如く不審書したものを、後人が伝々書写の中に、『イ本』として本文に採られてしまった（此場合は従来の本文は無断で捨てられる）もが伝写の中『か（主として草体の可）』を、『イ』と誤り、従って、右の不審書が『……イ』となり、更に後人の」、内至は「一般に傍註として記し置かれたものがいつの間にか本文として採入れられてしまっているもの」を、同様に「よい本文」として採用したりする過失を犯す惧れが多いのである。もとより、これらの改竄、不審書竄入《ざんにゅう》、傍註竄入等に就いては、前者の如き厳密なる校合態度をとっても、所詮それが改竄、不審書竄入、傍註竄入等なる事を的確に推定する事は不可能な場合も多く、従ってかゝる厳密な校合態度も、たゞ単に積極的な過失を防ぐという事のみしか役立たない事も多いであろう（もとよりこれも重大な効用であるが）。併《しか》し又、後者の如き校合態度はある校合用本を使用するに当ってともすればその本全体の性質という事を考慮に入れる事を疎《おろそか》にし勝ちであるため

に、更に一歩進んで、「明瞭に改竄なる事を判断し得る本文」までも、気附かずに「よい本文」として採用するような誤を犯すこともあるのである。言いかえれば、一体、改竄──殊に質又は量において相当多くの改竄を経た本は、その本全体を他の諸本と厳密に校合比較する際には、たとえある個所個所にては一見よい本文を有する如く認められるとせよ、他のいずれかの個所において、その本が明瞭に改竄を経たる本なる事を暴露する事が多く、従って、その一見よい本文も、事実は明瞭に改竄の本文なる事を推定し得る（勿論この場合は概ね他の諸本の性質、及びその諸本の当該部分の本文との比較の援をかる事が必要である）事が稀ではないのであるが、後者の校合態度は、この判断に、とかく不足になりがちなのである。

こういうような見地からすると、橋本氏の採られた客観的校合態度は、充分に尊敬するべきことであろうと思う。もとより橋本氏本の校合態度も必しも、純客観的なそれではない。即ち前述の（イ）から（ホ）に至る五の場合を除外した如きは、それらの場合でも苟くも疑の起りうる場合にはつとめて一々校異をとっている用意を怠らぬとせよ、当然不徹底と云わねばならぬ。従ってそれによって生ずるいくらかの過失は免れ得ないであろう。併しこれは活字に植えるという点を考慮すれば、現在の印刷術及印刷費用の関係上、これ以上を望むのは、事実、望む方が無理であろう。従って、私は、この橋本氏の校合態度は、現在において、事実上望みうる最高のそれであると推奨して差支えあるまいと思う。唯私としては、上述の如き、一本の性質上、並に諸本の性質及諸本の当該部分本文との比較上、積極的に改竄本文なる事が明瞭である本文が、万一、橋本氏の校本において

もあったとしたら、それらに就いては、一応、一々その旨を註記する親切があった方がよかったかと思う。少なくとも筆者の判断の参考としてこの註記は必要であろう。而《しか》してこの事は必ずしも、氏の客観的校合態度を傷けるものとは思えない。

藤田、増淵氏本はその「校註」の名が示す如く「校合」と「註釈」との二方面に力を分けられている。といわんより寧《むしろ》「註釈」の方面にその大半の力を傾倒され、事実その方面にその真面目を発揮されている。従って橋本氏に比して、「本文校合」においては、著しく見劣りがするのは蓋《けだ》し止むを得まい。即ち本書は「本文の方が悪く、他本の方が宜《よろ》しき場合、或は、本文でも他本でもどちらでもよいが、参考にまで、記しておいた方が便宜を思われる場合、その他、本文の読解を助ける点などに限って校異を加えたのであって、あらゆる相異を網羅しているのではない。たゞ底本だけでは、明瞭に誤謬が存して、到底読解出来ないので、それを読み易くするのが校異を加えた主眼である。故に他本の悪しき場合は、寧ろ省いてこれを記さなかった」という方針によって、竹柏園本を底本として他の四本との校異をイとして、所々に註記している。従って、その校合態度は著しく主観によって左右されている惧《おそ》れが充分ある。たゞ付録の「諸本研究」の項に、約三〇頁近くに互《わた》り別に底本と諸本との「主たる相異」を諸本別に一括表示して、その嫌を補おうと試みられているが、これも猶決して充分なるものではない。試みに、本書本文中記載の校異及びこの付録の表の指示する所に従って、本書の本文の初頁（第四頁）における本文相互の差異を検するに、前田家本、東北帝大本、帝国図書館本と底本（竹柏園本）との差異は一つも挙げられていなく、唯静嘉堂本と

の校異が三ケ所あげられている。これを翻って橋本氏本に拠って調べてみると、同頁に該当する部分に、竹柏園本と他の諸本との差は、右の静嘉堂本との差三ケ所の外に、更に帝国図書館本との差八ケ所、東北帝大本との差六ケ所、前田家本との差四ケ所、静嘉堂本との差一一ケ所、都合二九ケ所、外に諸本の補入訂正見せ消ち等を示す個所一二ケ所、総計四一ケ所を知るのである。而して、もとよりその大部分は両氏の所謂《いわゆる》「他本の方が悪しき場合」と認められたものであろうが、仮にその態度に全然従うとしても、なお、「(太政大臣の北の方二所が各々男二人女二人を残して競い薨《こう》じた後、大臣は) 世をうきものに懲り果てていと広く面白き宮に独り住にてをとこ女きん達をも皆一つに迎へ寄せて世の常に思《おぼ》ししつらふ御心を絶えて一人の御羽の下に四所を育み奉り給ひつゝ(第一六行)」の「しつらふ」が、前田家本、東北帝大本、静嘉堂本では「うつろふ」となっているのをも捨て去られたる如き、又「八月十五夜常よりもあかしと云ふ中にもくもなきに(第一六行)」の「くも」が前田家本、東北帝大本、帝国図書館本では「くま」となっているのをも捨て去られたる如き、又「給ふそちの宮の(第七行)」に対する静嘉堂本の本文は「給ふにはの宮の」とあって「は」の左傍に朱圏点を打ち、右傍に、朱で、「そか」と不審書をしてある(橋本氏本巻頭写真参照)のを、この藤田増淵氏本の校異表で、何の断りもなく直ちに「竹柏園本そちの宮——静嘉堂本その宮」とされたる如き、又竹柏園本では実際は「おとゝ二人」とあるものを無断で、「男二人《をのこ》(第七行)」と改められたる如きは、何れもいさゝか大胆に過ぎはしまいかと考えられる。以上は巻頭の一頁のみについて述べたのであるが、必ずしも之を以て全斑を推さんというのではない。たゞ、かくの如く諸本につい

て幾分ずつの校異を示す労力と紙面とを寧、前田家本一本なりとの厳密なる校合に費された方が、より遥かに望ましかったのではなかろうかと考える。

(二) 頭註

藤田増淵氏本の真面目は、まさにこの「頭註」にあると云わなければならぬ。本文約三三〇頁の上欄に約四一行一四字詰で殆んど毎頁ぎっしりと詰っている(時には本文欄にまではみ出している)と云えば、その精細な頭註なる事を知ることができよう。而してこの頭註は、前半は藤田氏、後半は増淵氏が、これを記されたが両者とも原稿及び校正刷を見て、幾度も誤を訂正しあったので、御両者の意見が一致融合しておられるということであるから、蓋《けだ》し信頼すべきものと考えてよいものであろう。且又本文の文章が二様に解せられる所は、二様の訳を加えて読者の便宜をはかられた親切もうれしい。一体、先人が既に多数の注釈書を残している古典の注釈を新たに書こうとするのでさえ、一通りの努力では出来かねるものであるのに、先人が全く顧なかった古典の注釈を全然新たにものせられた両氏の御努力は大変なものであったであろう。而して、両氏はこの点において開拓者と完成者との両様の喜びを身一つに享受される幸福に浸っておられることであろう。私共はその点充分尊敬の念を表したいと思う。橋本氏本には頭註はない。

（二）付録並に解説

与えられている紙数をとうに超過してしまったので以下簡単に紹介しなければならぬ事を著者並に読者に御詫びする。橋本氏本には『寝覚絵巻詞』横山由清著『窓の燈火（寝覚の研究書）』の二付録及び「夜半の寝覚について」以下八項約六〇頁の解説が付載せられている。解説は本校本並びに本物語に就いての全般的研究であり、その所説は概《おおむ》ね極めて穏健妥当である。藤田増淵氏本には、橋本氏本と同じ二付録の他に、増淵氏の論文「夜の寝覚物語の研究」約一三〇頁、藤田氏の論文「夜の寝覚物語について」約二五頁、和歌初句索引、無名草子寝覚の条の抄出、年表、系図等が付載されている。増淵氏の論文も、本物語についての全般的研究であり、その所説は、同じく概ね極めて穏健妥当である。殊に親切丁寧なる梗概、参考書研究、研究史等は一般読者を裨益する事大なるものがあろう。唯一、二気付いた点を簡単に述べる非礼を許して頂けるならば、末の闕巻の梗概において、寝覚上の偽死と、寝覚上が白河に逊れた事件とは夫々別個の事件と見做《みな》されたのは興味ある見解であると敬服に値するが、たゞ百番歌合十五番右における「たちをくれにし云々」の句、及び十六番右における「くもの限り云々」の歌をいかに解釈されるのであろうか。殊にこの十六番の歌は、『長恨歌』及び『源氏物語』桐壺所掲の「尋ねゆく幻もがな云々」の歌等を頭に置いて作られたものであると思われるから、なんだかやはり「死」と関係がありそうに思われる。又『無名草子』の「中の上うせ」なる語を、偽死を指すものと解して、この物語をハッピーエンドに終らし

めておられることも、同じく興味ある一説であると思うが、『風葉集』哀傷所載「まねけども君なき宿は云々」の歌の詞書に「入道大政大臣女かくれ侍て日数すぎていでけるに云々」（京大研究室本『風葉集』に拠る。窓の燈にもかくある。藤田増淵氏本所載の窓の燈は「大臣女」の「女」の字を落しているが、これはミスである）とあるのを見ると、やはり中の上は真に死んだのではないであろうか。『風葉集』哀傷所載の他の歌の詞書において「かくれ侍」と云う詞は何れも真の死を指しているように思えるし、又偽死の場合なら、百番歌合十七番右の詞書に「母上かくれ給ひぬと聞えし時」とあるように、やはり「かくれ侍りきと聞えて日数すぎて云々」とでもしそうに思われる。藤田氏の論文は短いものであるが、暗示に富んだ好論文である。巻数論はその圧巻であろう。和歌の初句索引、年表、系図等は便利である。

(四) 其他

最後に装幀について簡単にのべれば、藤田増淵氏本は、表紙は日本紙木版数度刷、極彩色金泥散らし、天金金文字入、玻璃版別刷寝覚絵巻詞書二葉嵌込み、見返しオフセット版寝覚絵巻詞書二葉という絢爛目を奪う豪奢《ごうしゃ》版である。題字を定家の『更級日記』の奥書から取ったのもまことに気が利いている。これと全く対蹠《たいしょ》的に、橋本氏本は、表紙は墨の単色のクロース。たゞ背に細い金文字で、「校本夜半の寝覚」と書かれているのみで、著者の名前さえ記されていない。著者が飽くまで「校本」ということを念頭に置かれた奥床しい心づかいを示すものであろう。見返しは純白紙。な

お藤田増淵氏本には巻頭に、佐々木、藤村、島津、久松四先生の序文、及び藤田増淵両氏の自序二四頁がついている。

これを要するに、橋本氏本は、その精密正確なる本文において、藤田増淵氏本はその親切丁寧なる頭註、付録において、各々独歩の地位を、今後の『夜半の寝覚』研究の世界に占められることと思う。三氏の今後の御研究には更に一層刮目《かつもく》して待つべきものが多いであろう。評言中の失礼は重々お詫び申上げたい。

(『校本夜半の寝覚』東京麻布笄町一七六　大岡山書店発行。価三・五〇。『校註夜半の寝覚』東京神田表神保町中興館発行。特価六・五〇。三〇〇部限定出版。尚、校註本は右の外に、本文（頭註付）、絵巻詞、欠巻部の梗概、窓の燈、系図のみをまとめて教科用普及版を発行している。価二・八〇)

書評　岸上慎二氏著『清少納言伝記攷』

「国語と国文学」20巻7
一九四三・7

一

岸上氏の研究が公刊されることになったそうだと始めて人づてに聞いた日の私の喜びは一方ではなかった。その喜びは、一面には、もとより天下衆人のためのそれであったことに相違はないが、少なくともその瞬間の喜びは私の個人的の喜びが何をも圧して強かったと白状するのが穏当なようである。それというのは、岸上氏の清少納言に関する、特にその伝記に関する造詣の深さは、十数年前まだ氏と相知らぬうちから先輩にも聞かされ、承知していた私であった。従って後日氏の交誼を得て、私がまず期待したことは、氏から心ゆくまでその高説を拝聴することであったといっても無理ではあるまい。然るにこの期待は見事に外れた。謹厚なる氏は、たゞ笑っているのみで、決して自説を語らない人であることを知ったからである。たゞもとより、こちらで、ある具体的な事柄を提げて、氏の意見を求めるときは懇切丁寧に教示を与えられるのであるが、そうした具体的な事柄を提示するにはこちらに相当の知識が必要である。不勉強な私は、結局空しく清少納言の宝庫を傍にして無知のまゝで年月をすごした。否、若《も》し強説するならば、清少納言に関する豊富正確なる

知識の庫を確実に身近にもっているという安心が、私をして清少納言について自ら調べる興味と努力とを失わしめたといってもよいかも知れない。こんなわけで、私が不断ひそかに欲求していたのは、岸上氏の研究を細かに知って、当然欠かせておくべからずして欠かせつゞけた清女に関する私の知識を一日も早く補い充さんことであった。今やそれが達せられるに至ったのである。新装のこの書を手にしての私の喜びに無理はないであろう。

だが、私は思いがけなくも本誌の編輯室からこの書についての「新刊紹介」をものすことを要請せられた。これはありていに云えば、甚だ迷惑なるべかりしことであった。その理由は云うまでもない、さきにも白状した如く私の清女に対する知識は皆無だからである。凡《およ》そ書を紹介するには、紹介するだけの力あるものでなければ、為すべきではない。かくて私はその際御辞退申上げるのを至当と十分十二分に思い、その引きうけをたゆたったのであるが、結局承諾の返事をしてしまったのは、思えば、この書を今日こゝに手にし得た喜びを語りたい私情であったのである。されば、こゝに私の描き出す本書の紹介は、所詮象を撫でる盲の如く、氏の著作の真価の片鱗をさえ伝え得ぬのみか、間々的外れのことも多いであろうことは、まず著者岸上氏に対してこの上なく申訳ないことであると共に、大方に対しても罪深いこととあらかじめ御詫びしておかなければならない。

二

本書は、「清少納言の名について」「清少納言の家系について」「清少納言の家庭について」「清少

納言の宮仕について」「清少納言の晩年について」の五章より成る。本書の特徴は、その精密周到なる調査と、その調査の上に立つ剴切《がいせつ》なる判断とにあるといってよいであろう。

試みに、その周到さを第三章「清少納言の家庭について」において例示してみよう。本章は「一、父について」「二、母について」「三、兄弟について」「四、出生時について」「五、結婚について」「六、子供について」の六節に分れる。その「一、父について」は、まず異説顕忠《あきただ》説をとり挙げて検討し、その根拠とする資料の危険性を述べ、且つ顕忠・元輔《もとすけ》・清少納言三者の年齢関係から之を否定する。ついで元輔説をあげ、『枕草子』自身をはじめ、『中古歌仙三十六人伝』『実方朝臣集』『今鏡』『無名草子』『悦目抄』等に見えるそれが関係記事を掲げて、通説を肯定したるのち、次に元輔の一生についてその官歴を、『三十六歌仙伝』『大日本史』によりて紹介し、その和歌の上での業蹟について『本朝文粋』『袋草子』『八雲御抄』『源順集』等にいかに述ぶるかを記し、『元輔集』の考察にうつる。『元輔集』は『類従本』『歌仙歌集本』の二本の比較検討にはじまり、その歌の考証によって再び元輔の官歴、及び彼が出入していた貴顕の家との関係について具体的な成果を示している。更に勅撰集入集歌を勅撰集別に統計をとって、各時代に対する元輔の影響力の変遷を調べ、最後に歌の特徴を考えて、元輔の性格に及び、『袋草子』『今昔物語』等に見える元輔の逸話の妥当性を裏づけ、卒時、邸宅を考えて父への考察を閉じている。「二、母について」は、『無名草子』にみえる唯一の説「檜垣嫗の子」説をまずとり挙げ、嫗の伝をその家集『大和物語』『後撰集』等によって調べて、到底清女の母ならざるべきを定め、次に元輔に関係ありし女性を一わたり考察

している。「三、兄弟について」は、森治藏氏《こうぞう》の発見せられた「致信戒秀」の二兄弟、関根博士の見出された「理能の妻となった姉と思しき女」の三人を紹介したるのち、この三人を確実ならしめる著者発見の新資料を、『御堂関白記』『扶桑略記』『小右記』『権記』等の中から掲出し、かねてそれら三人の伝記を種々の資料によって組立てている。次に特筆すべきは、著者は以上の三人の外に新に雅楽頭為成をその兄弟として発見せられたことである。資料は『小右記』であり、この発見は、『枕草子』の音楽記事の解明にも大きな寄与をなすものであろう。「四、出生時について」は、『春曙抄《しゅんしょしょう》』以下関根博士に至る七通りの説を紹介し、それら七つの説を一々新に検討している。而《しか》してそれらの説のくい違いは、出生時推定の根拠を清女自身大体の年配を記しおいた記事におこうとするもの、清女の交友の年齢におこうとするもの、夫と見做《みな》される人物の年齢におこうとするものの差にあることを反省し、これら三つの推定方法のとる結果が等しい所に帰着するものが、その真の出生時なるべきを結論して、それら三つの根拠となれる資料を種々考察しておられる。而してこゝでも著者は、清女の初期の夫を則光とし、その子則長は即ち清女の子なりとする新見を示されて、第三の推定法の有力な根拠とせられ、清女の出生を康保三年と認定せられる功績をたてていられる。次には清女の生まれたのちの環境が付記せられている。「五、結婚について」は、清女の結婚の基礎条件を家柄・素養・容貌の三つに置き、その各々について具体的に資料を考え、次にその夫と称せられて来た棟世・理能・実方・則光等の人々についての諸説を細密に整理し批判しておられる。即ち右のうち棟世は有力なるもの、理能は清女の姉の夫ならん、実方は夫にあらずして単

に情交のありしものと判断しておられるのであるが、就中《なかんずく》実方について、その根拠として関根博士の提示された文献以外に『拾遺集』に「元輔がむことなりてあしたに」という詞書をもつ実方の歌のあるのをひいて、これを一応有力なる新文献とせられた上で更にこれを『図書寮本拾遺集』によってしらべて、この元輔は清原にあらぬ藤原元輔で、作者は実方ならぬ信賢であることを紹介せられ、この新文献を従うべからずとする興味ある断案を下しておられる。さて著者の考察は最後の則光説に至って更に光彩を発揮する。則光は、『春曙抄』で情人、詳解では義兄と解せられ、評釈亦義兄説をとって、以後通説の如くなっているが、近く鹽田氏は漸く情人説を復活せられた。併し著者は、更にすゝんで、『尊卑分脈』『図書寮本枕草子勘物』『小右記』『御堂関白記』『左経記』によって則光の伝をきわめたのち、元輔が寛和二年肥後守に任ぜられたこと、三巻本巻末に則季の官歴を注記せること、則季の子孫に「清」の字のつくものの多いことに注目して、則光こそは、清女の初期の正式の夫であったと推定しておられるのは、蓋《けだ》し卓説というべきであろう。次に則光棟世両人を夫とするときその前後についての考察を以てこの節は終る。「六、子供について」は、まずその女子について、『新拾遺集』『範永朝臣集』『尊卑分脈』『清原系図』『実隆公記』『清少納言集』等に見える資料を列挙して、契沖・武藤氏・森氏・西下氏・後藤氏等のこれに拠る説を紹介批判し、但《ただし》その清女に上東門院に奉仕していた小馬命婦なる女がありその父は棟世であったことを肯定し、但その小馬命婦は治暦の頃禖子内親王家歌合等に頻りに出席した「こま」ではなかろうと定めておられる。更に、『新拾遺集』にみえる「清少納言女」を検討し、これは小馬命婦と恐らく別人で、もう

一人の女ならむと考察される。次に男子については則光を夫とする考から、則長をあげ、更に新にその弟季通をも同腹と推定する新見を以てこの節を終えている。

以上が第三章のあらましであるが、これだけのことが本書の約四分の一弱の量の中に叙《の》べ果されていることを思えば、本書の内容がいかに細密豊富であるかは想像するに難くあるまい。而して、まことに、氏の真骨頂はむしろ第四章「清少納言の宮仕へについて」或は第五章「清少納言の晩年について」にあるのであろうことは、往年国語・国文誌上に発表せられ、今又本書の付録として収載せられた「枕草子の史実の文の年時について」（本論文については『国語国文学年鑑』において西下経一氏も特に注目しておられる）の読者ならば、何人も諒解するであろう。ここにそれらの内容をも紹介したいのであるが、饒舌《じょうぜつ》徒《いたず》らに紙を費して余なきを嘆くのみである。唯、初宮仕の年時決定に際して示された、積善寺供養の行われた南院に対する判断、或は中宮の献五節の年に対する判断、其他随所にみえる俊敏なる判断は読者をして考証の醍醐味を満喫させせるに十分であろうことを付記するに止めよう。なお行成が清女への手紙に「別当少納言殿」と記したことに注目して定子皇后の御許における清女の勢力を推断されているのなどは興味深い。

これを要するに、本書は、清少納言伝の資料集成の書として完備せるものであると同時に、清少納言伝それ自体として今日において可能なるべき至高至上の書であるといって過言ではないであろう。而して、最後に付言したいのは、本書を読んで吾々がしみ〴〵感ずるのは著者の誠実なる魂のいぶきである。文は人なりというが、本書はこの「人」が成した完璧なる作品というべきであろ

う。否、このことは私などが敢て多弁を弄するまでもない。著者の恩師山田孝雄博士が本書にお寄せになった序をこゝに掲げさせて頂けば十分である。「顧みれば十数年前の事なりき。或日の会合に金属製版所主人七條愷氏古銭の拓本を印刷せる見本二葉を余に示し二者同じきか否かといふ。見れば二者同一のものにして墨色また同じ。されど熟視するに、両者その感じを異にす。ここに余答えて曰はく、両者全く同一のものの如くなれど感じを異にす。乙は甲よりは奥深き感じあり。然れども、何故なるかを知らずと。主人曰《い》はく、甲は濃き墨にて一度印刷したるなり、乙は薄き墨にて度重ねて印刷し、次第に濃くしたるなりと。この説を聞きて、印刷の技術の上に門外漢の測り知らざる苦心の存することを思ひぬ。岸上氏の日本大学にての卒業論文は枕草子の研究にして、爾来倦《う》まず、撓《たゆ》まず、孜々《しし》としてその研究を続けて今日に至れり。今茲《ここ》に公にする所はその研究の一部にして余が畝傍書房主人に薦めたるものなり。岸上氏は自ら十年前の研究と殆ど異ならずといふ。謹厚の人は常にかくの如く思ふものなり。されど、その外観は十数年前の論文と大差なしとしても探究の精到、論断の緻密は決して同日の論にあらざることは上にいへる印刷見本の如くにあらむ。岸上氏の研究は世に略《およ》そ定評あり。もとより之《これ》を完璧とはいひ難き点も或はあらむ。しかも之を不完全なりと論ずるものも亦《また》この論より受くる所の恩恵蓋《けだ》し少からざらむ。これ余が敢へて之を薦めたる所以《ゆえん》なり」と。

（二月刊、Ａ５判五一〇ページ、五円、麴町区九段一ノ一六　畝傍書房）

書評　山岸徳平氏著『堤中納言物語評釈』

所収不明
一九五四・11

　昨年暮山岸教授三〇年来の研究の結晶たる『堤中納言物語評釈』が世に出されたことはまことに欣快《きんかい》事であった。「はしがき」によると、原稿を三分の一に削減縮少された由であるが、それでもなおB6七四〇頁の大冊である。戦後国文関係専門書の刊行が、購買層の財的貧困のために殆ど不可能とされている折から、その不可能事を敢えて可能とし、而《しか》も比較的低廉な価で提供された書肆有精堂の勇気はまず以て大いに讃えらるべきであろう。而して有精堂をしてそのように奮起させたのは、教授の本書に打ち込まれた強い情熱であったにちがいない。それほど本書からは教授の力づよい息吹が感じられるのである。

　本書は、教授の誠実な人格をそのまゝ、極めて綿密な調査の上に立って事実の報告がなされているということを第一の特徴とする。たとえば、「よしなしごと」にあらわれるおびただしい人名・地名・物名は従来不明なものが多いのであるが、それらはまだ調べてなお且つ不明だというよりは、調べるのが煩わしくて放置されていたといってもよいのであった。

　博学なる教授は、それらについて屢々《しばしば》適切な指摘をされているが、就中《なかんずく》最も困難な地名・名産については一々あるいは自ら実地を踏査され、あるいは知友門弟に幾度となく書をいたしてその調査

を依頼されて少なからぬ結果をあげて居られるようである。

すべて教授の博学と綿密さとが合するところ、あらゆる面にわたって、隠された事実に対する種々の推定が行なわれているのであるが、就中、本文批判について極めて絢爛たるものがあることを第二の特徴とすべきであろう。教授は諸本を比較調査すること三〇年、恐らく現存諸本を最もひろく見て居られるであろうが、本書においては、それらの諸本の異同を一々掲げて対照することはしないで、「古筆以下、多くの仮字書体や、自由な表音的仮字遣によって長い年月の間に生じた仮字の混用をも注視し、誤写による仮字の変化や、混用による誤謬を考察して、本文の復原につとめ」るという態度で、具体的には「平仮字や変体仮字の書体が、多様性と変化性を持つために、転々書写の間に誤を生じて、遂に文意をも不通にする。また語義の不明になったものが、筆写者の臆断によって変改をも生ずる。それらの原因や由来を、古筆や各時代の写本の書体とか、定家仮字遣以下、幾多の自由な表音的仮字遣による混用を考察し、また方言などをも調査して、成るべく多方面からの根拠の下に復原に努力」(はしがき二ページ)をされているのであるが、その個々についての論断は、まさに明快そのものである。たとえば、「虫めづる姫君」のはじめ数葉の本文について見よう。

姫が毛虫を「(明暮は耳挾みをして)手のうらにそへふせて(まぼり給ふ)」とある本文は、この稿者の管見に入った諸伝本ではすべてそのまゝなのであるが、教授は「籠《こ》のうちにうつぶせて」と本文を定める。「籠《こ》」「ち」はそういう本文をもつ伝本に従われたらしく、「手のうちに」とある本文

については「こ→て→手」の誤だから従わないとされているのであるが、「うつぶせて」については、伝本の本文に直接の証を求めるのではなく、「そへふせて」では「意味が熟さない」「仮字の書体から見れば『そ（活字の「う」に似た「曾」の草体）へ』は『うつ』の誤写から来る、故に今改めた」という推理によって居られるのである。こうした推理は、さらに「この虫どもを朝夕に愛し給ふ」という現存諸本には異同なき本文に対しても発動して、他の部分はすべて「愛で給ふ」と記されているという理由から「愛で」の「て」が「し」と誤写されたものであるとの判断を生んで「愛で給ふ」と改めて居られる。

「聞ゆることは深くさいらへ給へば」は筆者の知る伝本は「さいて」とあるものをのぞき、異本文がないのであるが、教授は「さいらひ・さはらへ」などの本文をもつ伝本を根拠として「さいらへ←さいらひ←さハらひ←さからひ」という変化を想定されて、「さからひ給へば」と改められる。

さらに難解を以て有名な「いかてわれとかむかたないてしか成はか虫なからみるわさはせし」の歌については清水泰氏の「いかでわれとがむかたなくいでしかな、かは虫ながらみるわざはせし」の本文を採る考をも退け、「いてしか成」は「いて丶かく（くハ具ノ草体）↓いて丶かなる↓いてしか成」と誤写されたものと定めて、「いかでわれ説かむ方なく、出でて、斯く鳥毛虫ながら見る業は為し」と解釈しようとされる新見を出して居られる。

以上は、ほんの本文の数葉の間において示された教授の実績を紹介したのであるが全巻にわたってこのような前人未遂の本文整定が極めて手ぎわよく行なわれて、その見事さはまさに感嘆に堪え

ないのである。

もとよりこうした本文整定の方法は、多大の危険をともなうものである。一往拠るべき善本と目せられる伝本における意味不通の本文を、その内容から推測して意味の通じやすい本文に改めることは、よしんばそれについての拠るべき伝本本文があるにしても、その伝本本文が過去において改竄の手を経ていないことを十分に吟味した上でないと軽々には採用できないことは、校本作製など、本文批判の仕事に少しでも経験のあるものなら知らないものはないであろう。いわんや、拠るべき一の伝本本文すらないのに、たゞ校訂者の、内容ならびに字形に対する推測的判断によって、本文を改めるなどは、決して「常識」とはいえないのである。従って、そうした「常識」に反した教授の態度を非難することは極めて容易なのであるが、教授はそうした非難に対しては、恐らく黙してたゞその温顔をほころばせて微笑を以てむくいられることと思う。

と思うわけは、吾々は、教授が『河内本源氏物語』の研究をはじめとして、本文批判の学問における最高権威者の御一人であることを知っているからである。更に又、本文批判において、危きものは採らず、危からずとも証なき限りは決して採ろうとしない態度を堅持している吾々自身は、あまりにも過ちに対して潔癖にすぎて、教養を目的とする一般読者へまで、専門的厳しさを強い、古典に親しまんと志す一般読者を、わざ〳〵古典から遠ざけていること、恰《あたか》も民衆に対して天皇を護衛しまつる警察官のそれに似ていることをも知っているからである。吾々は、本文不整で難解のため、あたらうずもれていた珠玉の短篇集を、一般教養層に、明快通達の書として解放しようとされ

た教授のこの大胆なる試みを、教授の本文批判の作業に永年没頭せられた貴重なる体験が生んだ一つの尊敬すべき「報告」としてうけとらなければならない。そしてさきにかゝげたような教授の数々の推理的な仮設的本文整定の御実績を、吾々後学のものが、今後の不断の伝本捜索の努力によって、実証的に裏付けすることが、教授の御労苦に対する謝恩の方法であることを信ずるものである。

以上、整定本文について筆を費しすぎたが、巻頭二〇〇頁に及ぶ各篇の解題に見える創見のかず〳〵を本書の第三の特徴として述べ洩らすことはできない。たとえば、その成立時代については、「花桜折る少将」を連歌の性質から、「このついで」を明り障子から、「ほどほどの懸想」を和歌の格調や今様の手蹟《しゅせき》から推定せられ、作者については「花桜折る少将」と「貝合はせ」とを構想の類似から同一人かとし、「思はぬ方に泊する少将」をその文体・歌風から京極関白家の女房肥後かとし、「花々のをんな子（「はなだの女御」を上のように改めて居られる）」を四条大皇太后宮に仕えた主殿かとし、「よしなしごと」を僧聖冏《しょうけい》かとし、更に「冬ごもる」の断草を一〇篇にまとまったものを所持した人の書き添えかとせられるごとき、もとより異論はあろうが将来の研究への問題を提供されたものとして極めて興味がふかい。そのほか、虫めづる姫君を萎黄《いおう》病患者と診断せられ（このことはすでに昭和九年に雑誌に発表されて著名であるが）又そのモデルを藤原宗輔の娘若御前と推定せられての考察、動詞「さかす」に対する考証、「花々のをんな子」の叙述と史実との関係の追求など、教授の深い学識の生んだもので、教授の独壇場である。

なお、本書の「評」および「解」が親切にして適切なことはこゝに特徴としてかぞえあげるまでもないであろう。敢えて最後に一言したのは、それが自明であるからである。

ついでに言い添えるが、本書の表紙の堅牢なこと、紙質のよいこと、挿絵が適切でかつその拠り所を明記してあること、摘解する語句をゴチック活字で示してはなはだ見やすいこと、など著者と書肆との呼吸がぴったり合っていることが想像されて快い。たゞ製本は分厚な本に対してや、粗末で、使っている間にこわれそうな懸念があるのが、瑕瑾《かきん》というべきであろう。

（昭二九年一一月三〇日刊　Ｂ６判七四〇ページ・五八〇円　東京都千代田区神保町一ノ三九　有精堂）

書評　鈴木弘道氏著『平安末期物語の研究』

「国語と国文学」37巻7
一九六〇・7

狭衣・浜松・ねざめ・堤中納言・とりかへばや・松浦宮の六つの物語が、『源氏物語』のあとにでた平安時代の物語で現存するもののすべて（ただし近年「有明の別」が発見されて古典文庫で刊行された）であるが、このうち短篇物語集である『堤中納言物語』をのぞいては、戦後の今日は、神田の古本屋街をくまなく歩きまわつても、そのテキストを求めることさえ困難になつてしまつている。たとえば、戦前には狭衣は、有朋堂文庫・『校註日本文学大系』所収の本が、それぞれ円本又はそれに近い本として手軽に手に入つたし、浜松・とりかへばやは、『校註日本文学大系』本の外に、博文館叢書で単行されて居り、松浦宮は岩波文庫本できわめて容易に求めることができた。ねざめだけは、橋本氏の校本、増淵・藤田氏の校註本とも限定版又はそれに近いものだつたので、当時としてもやゝ高価で普及度は低かつたようだけれど、それにしても、入手が困難であったというほどのことはなかつた。もつとも、戦後でも、それらが全然出版されていないわけではない。たとえば昭和三〇年には吉田幸一氏によって蓮空本の狭衣、昭和二六年には宮下清計氏によつて校註本の浜松など、それぞれ画期的なすばらしい刊行が成しとげられている。だが、前者は厳重な会員組織の限定出版であり、後者は当時の社会情勢にあわずに少部数で絶版になつてしまつたらしい。結局、今の

ところこれらの五つの物語は、極めて少数の篤志家の座右にとどめられているだけであつて、学問に志す若い世代の人々からは空しく遮断されているといつて過言ではないのである。こんなあり様だから、戦後十数年の間の源氏物語研究が、多数学者によつて、華麗、目をおどろかすまでに展開せられたのにひきくらべて、これらの物語の研究は、この道や行く人なしのさびしさで、前記吉田・宮下氏、および狭衣における三谷栄一氏（さらには近刊を伝えられるねざめ註釈における関根慶子・小松登美氏、あるいは、私の知る限りでは、若い学徒で、浜松の語句索引を完成して、全面的な研究に精進しておられる池田利夫氏、ねざめに五年間打ちこんで、構想論などに新見を近く公表されるはずの永井〔旧姓前田〕和子氏など）を別としては、ひとり鈴木弘道氏によつて保持されている状態である。その鈴木氏が戦後の十数年に書きためられた、ねざめ・浜松・とりかへばやの三物語に関する多数の論文を集めて一冊にされたのが本書である。四五〇ページに及ぶこの大冊を拝見すると孤軍奮闘する勇将が思われて、たのもしさと讃歎の気持を抑えることができない。

氏の論文をつらぬくものは誠実さに裏づけられた正確を尊ぶ精神である。あいまいさをきびしくきらう心である。だから本書には「奇想天外の新説」や、いわゆる「示唆に富んだ卓説」の類は絶えてない。氏の敢えてとらざる所だからである。氏の力はもつぱら不確かなものを確かなものにすることにそゝがれる。そのみごとな成果が、「第一篇夜半の寝覚」における中村本の考察である。周知のごとく中村本は原作本の後部を捨てて書きちゞめた「改作本」であり、その内容のあらましは早く藤岡作太郎博士によつて紹介されていたが、実物は姿をひそめて知られなかった。それが戦

後、昭和二九年に巻二だけの同系統本の存在が鈴木一雄氏によって報告せられ、同年暮から翌年にかけては待望の全五巻が御秘蔵者故金子元臣翁の嗣子武雄によつて復刻公刊された。この本自体は鎌倉期の改作で、平安物語の埒外にあるが、原作本の欠巻部分を補う資料として極めて重要な意味をもつのである。この金子武雄氏による秘本の公開後、この本を資料として原作本の「知られざる部分」についての探求を志してその業績を示しておられる方には他に北川大成氏などがあるが、鈴木氏ほど執拗なまでに徹底的な究明をつゞけている学者はついに見当らない。だから、氏の究明は、時に、一見わかり切つたこととか、どうでもよいようなこととかをくどくどと並べあげているように感じられることがあるかも知れない。だが、静かに考えて見ると、その一見わかりきつたことや、どうでもよいようなことが、決して、わかりきつたことでもどうでもよいようなことでもなかつたことを、はじめてはつきりと知らされて、思わずハッとさせられることが多いであろう。つまり鈴木氏によつて、それらがはじめて「動かすべからざる事実」として決定されようとしているのである。鈴木氏なかりせば、今後なお長い年月あいまいのまゝで放置さるべき「未確定」のものの多くが、一つひとつ丹念に、こゝに確実化されたのである。学問とは、まさにこうしたものであるべきだとしみじみ私は思うのである。この第一篇では、中村本を資料としての原作本の欠巻の検討のほかに、中村本自身の改作の態度と実態の探求にも多くの筆が費され、細微な報告が完成されている。

「第二篇浜松中納言物語」は、他に「爛柯の故事」「させまろ伝説に関する考察」「唐の后の昇天」

の三章があるが、主力は、「ねざめ・浜松の成立順序」の章に集中されている。氏は、「作者を（通説に従って）同一人と仮定して」という条件のもとで、つとめて細密な実証を試みようとされるのであるが、実証を重んぜられる立場から、「浜松よりねざめの方が、思想・文章の円熟している点から考えて後に作られた」とする説を、「単なる主観から出た抽象的な考え」「頗る独断的な抽象論」としてまずきびしく退けた上で、ねざめより浜松の方が後に作られたとする説の方が拠るべき理由が多いとして、その種々の証拠をあげて解説しておられる。そのほとんどすべてが、まだ人が言わない事がらや、人が見落した事実や、今まで人がその角度からは見ようとしなかった判断であることは、やはり氏の細心緻密な性格がもたらした発見力のほどをあらわして遺憾がない。ただ強いて言えば、この章の論は、多くを並べたてようとするいそがしさからか、や、端折つてしまわれて固めの不足を覚えさせる節がないではない。たとえば、ねざめに比べて浜松には文章で同一語句のくだくだしい繰返しが多いのは、浜松が老年期の筆らしいことを示すとされるのは、それだけ浜松がねざめより幼稚な時代の作であったとする根拠ともされそうだし、浜松に歌がねざめの二・五倍の頻出率を示しているのは、作者の作歌力の進歩に伴うものであろうとされるのは、氏には珍らしいや、軽率な独断であろうし、浜松に故事伝説をそのま、の形であげることが多く、ねざめにはその例が殆ど無いのは、作者の晩年における「過去」への追慕の発露と解されるといわれるのは、やはり浜松の表現技術がねざめに比べてはるかに幼稚であったことを示すと考える方が穏当であるようだし……等々といったような反論的疑問が一往頭に浮んで来る。そのような当然考えられそうな反

論を予想されての氏の固めが、事前にもつとあつてよかつたように思うが、いかゞであろう。ことに、「浜松よりねざめの方が思想・文章が円熟している」とする説を、実証的な吟味がそれらの論者から全く公にされていないからといつて「独断的な抽象論」として事もなげに退けるのは、やゝ偏つたきらいがある。やはり「思想・文章が円熟している」という説に氏自ら正面から立ち向われて、その果して円熟せりや否やを実証的に吟味して批判される（これはかなり困難だが、決して不可能とは思えない）ことが、氏の論を固める上で極めて重要な意味をもつていたはずではなかろうか。今後、この点について氏の研究を期待するのは私一人ではあるまいと思う。「爛柯の故事」と「させまろ伝説」とは、手がたく有益な考証である（たゞその爛柯の故事の使われ方によつて、浜松・ねざめの成立の先後を推定される説は、『綺語抄』の記事一つが論拠となつているが、それから氏のような結論が果して出せるかどうか、いさゝか不安である）。第三篇の「とりかへばや」は、ほとんど見捨てられているこの物語に対して、氏の精根をつくした見事な研究業績である。なかでも第二章の「とりかへばや物語に現れた愛情」は、田辺つかさ・塩田良平・中村真一郎氏等の片言に示唆されての立論かも知れないが、この頽廃的な物語の隠れた一面を細密に調べ上げられて、説得力に富んだ堂々の論である。この物語を二十数年前に読んだまゝで捨てていた私など、改めて読みなおしたい意欲に駆られたほどである。「無名草子に於ける今とりかへばや論」も富倉氏説並に卑説（松尾説）を批判して新生面を開かれている点、貴重である。附録の研究文献目録（二二一ページ）は完璧。この種のものの範とするに足りる。巻頭の清水泰・後藤丹治両教授の序文は愛弟子を祝福される誠意にあふれて襟を正させる。「後

記」によれば、この出版は田中重太郎氏の慫慂による結実だという。著書の周囲にもろもろの厚意がうずまいているのは、著者のお人柄によるのであろう。この種の出版は極めて困難であるが、一旦実現されたからには五〇〇部の需要はあろうと思う。三五〇部の限定であるのは惜しい。必要とされる向きは、早急の購入を怠れば、永く悔をのこすであろう。老婆心ながらつけ加えておく。なおついでに言えば、はじめにも述べたように、平安末期物語はテキストすら入手しがたい現状については、何とかならないものであろうか。出版関係の方々にも考えていたゞきたいことである。「もはや戦後ではない」とさえいわれている今日なのだから。

（昭和三五年三月刊　A5判四五二ページ　一三〇〇円　京都市東山区　初音書房）

書評　伊原　昭氏著『平安朝文学の色相——特に散文作品を中心として——』

「国語と国文学」181　一九六八・6

昭和三四年の『色彩と文学——古典和歌をしらべて——』、昭和三九年六月の『万葉の色相』に次ぐ伊原さんの第三作である。

序説
　平安朝の散文作品における色彩の特性
各論
　土佐日記の色彩表現
　くれなゐのなみだ——宇津保物語における——
　服色の表現——宇津保物語における——
　色彩の対比的表現——枕草子における——
　自然に対する一態度——枕草子における——
　自然物象の色彩の描写——源氏物語と枕草子と——
　色紙と文付枝の配色——特に源氏物語について——
　紫の象徴——源氏物語における——

色によるすがた・かたちをとおしてみた人物造型への一態度――源氏物語における――
墨染の美――源氏物語における――
墨蹟の光輝の発見――源氏物語における――
〝なまめかし〟の色彩世界
服色の色調とその情動
付表
Ⅰ色名一覧
Ⅱ対象物象及び色種一覧
色名索引・事項索引

などの項目から成るA5判四二〇ページに近い大作であるが、文字通りの労作といって然るべきであろう。

序説は、むしろ本書の「各論」を綜合して得た結論ともいうべきものであるが、「平安時代の散文諸作品にみられる色そのものをとりあげて一括総合し、歌謡・歌にみられる上代の主流としての色、及び同時代の和歌の世界における色の中にこれを位置づけて大観し、色自体の様相の特徴ともいうべきものを考察し」次に「平安時代の色をもう一度各作品の中にもどして、色彩が文芸にいかに造型されているか」を探ってみた結果、「平安時代の散文諸作品における色の造型」には次の三

つの峰がそびえているとされる。

(1)最初の峰――「散文的な様相の色が、素材的な面であるけれど、ともかく驚異的な量をもって初めて形象されたもの」。宇津保物語でなしとげられた。

(2)中の峰――「色彩が作者の鋭い高次の感覚的な情動によって把握され、ある場合には、色彩自体が主体となって文芸が造型されて」いるもの。枕草子によって成された。

(3)奥の峰――「色彩が作品の構想に緊密な連繋を持ち、その内奥に深く融合し、文芸性を動かす力にもなっているもの」。源氏物語によって成しとげられた。

そして、右の三作品の「他の作品は、これらの峰につらなる連山としてながめられる」と説く。さらに「源氏物語によってなしとげられた奥の峯」については、

様々な色、色によって表現される種々の物象、またそれから発せられる多種多様の情動、それらすべてが必然性をもって緊密にむすびあい、作品の中に単にちりばめられているのではなく、必らず、ある目的―それは作品の構想に必要であり、作品を動かす主要な部分を占める―を達するために、作者によってとりあげられ、それは作品の内部に深く入りこみ、それでいてそれがわからないくらい渾然と融合している、そうした文芸的そのものの色の姿、それが『源氏物語』によってなしとげられた奥の峯だったのである。

と細説されるのであるが、こうなってくると、論はかなり主観的になりすぎてしまって到底そのままますなおにはついて行けないような惑じを覚えるのは、私一人ではないであろうと思う。そんなわ

けで、かなりな疑惑の念を抱きつつ、各論に目をうつしてみると、これが又、前掲のような項目の配列であつて、かなり雑然として体系らしいものはほとんど全くみとめられないので、一層疑惑の念が深まる感じにおそわれるのであるが、さてその各論の一四章を章を追ってよみすすめてゆくと、何とおどろくべきことには、朝霧のおぼつかなさが、朝日に追われて晴れ冴えわたるように、伊原さんの精細・緻密な調査と整理と分類とに裏づけられた、動かしがたい色相に関する諸々の事実が、有機的な関係を構築しつつ目の前に厳然と集積されて、そのすべてが伊原さんの結論に向つて欣然《きんぜん》としてひた走つてゆくのに、目がさめる思いをさせられるのである。この魔法のごとき奇蹟が実現する所以《ゆえん》のものは、所詮は伊原さんの多年の色彩研究の深さのほとんど底知れぬまでであるのによると思うが、その研究の一端を示す資料としての、本文中にはさまれた二〇に近い各種の表、巻末に付されたⅠⅡの付表などは、拝見するだけで気が遠くなるような、根気のいるお仕事で、ただただ頭が下がるばかりである。

各章を追って、こまかにその独創的な新見のかずかずを紹介したいのであるが、紙幅の制約はいかんともなしがたい。要するに、この一書は女性特有の感性のするどさと、女性特有の綿密・忍耐・持続・整理・分類の特質が、みごとに融合して、絶妙な開花結実をとげたものといえると思う。伊原さんは、恐らく、この第三作で筆をおさめられるはずはない。ただちに、更に巨大精緻な第四作を計画しておられるのであろう。御健康をいのりたい。

なお、ほめつ放しは「書評」の定式に外れるから、おわりに些細な「きず」を求めるとすれば、

誤植さがしというようなことになろうが、これがまたまことに少ないのである。私の気がついたものは、わずかに次のいくつかにすぎない。（括弧内が正しかるべきもの）

八一ページ　一四行「てこ、うした」（「て、こうした」）
一〇六ページ　一三行「刻明」（「克明」。一六行には「克明」とあるのに、どうしたことであろうか。）
一二七ページ　終行下段「濡」（「澪」）
一三五ページ　三行「圧離」（「厭離」）
一三七ページ　九行「おり。」（「おり、」）
二五三ページ　五行「一例づつ」（これは意識して「ずつ」を用いられなかったのかも知れない。）
二六四ページ　一行「静隠」（おそらく「静穏」）
三三一ページ　四行・三三四ページ　七行「やつれる」（「やつる」であるべきではないか。）

文章。語彙もすべて正確であり、間然するところはないが、明治生まれの吾々老人はまだ使わないことばに、「優美の面に集中している感がある」（「観がある」としか、吾々は使わない。「感」なら「感じがする」である。）「先学」（「後学」に対する語として昭和の十数年頃から用いられたらしいが、「後学」は「後からでた学者」の意でないことはいうまでもない。しかしついに一般に用いられて、広辞苑には載ってしまっているから、認めてよいのであろう。ただ私は死ぬまで「先覚」としか用いないつもりである。）などがある。世代の差を覚えるというだけである。ついでに明治生まれの人間には、いつも不便至極と思うことは、近頃の論文は、注をすべて章末にまとめることである。（今、座右にある阿部・今井・秋山など源氏学者諸賢の

本をひらいてみたら、やはりすべて然りである）よみながら、終始、章末のページをはぐる煩につかれをさえ覚える。本書においても、たとえば四二ページにはじまる三五の注のうち、本文のうちに活字の大きさを落して括弧にでも入れて挿入して一向さしつかえないと思われるものは、三三に及ぶ。戦後の論文のこの悪風は、外国の論文のまねなのであろうか。何とか改めてほしいものである。

（昭和四二年九月二四日刊　A５判四〇七ページ　三〇〇〇円　笠間書院）

書評　三浦和雄氏著『文語文法　用例と論考』

「国文学研究」54
一九七四・10

文語法は、広範囲にわたる古典の豊富な用例を帰納的に考察することによって理解されるものだから、文法書は、引用する用例そのものが生命であり、その用例に帰納的考察力をはたらかせることによって生徒は、語法の原理の理解に導かれるのだ。しかるに、従来の文法教科書は、用例が不適当不十分で、生徒に実証的な考察をさせることは望むべくもない、従って結局教科書の不備を補う用例の収集は教授者自身の努力にゆだねられる——という著者のお考えによって、本書は「卑近な古典教材二一作品に拠り」ご自身の収集された用例約二千を、「文法教科書・(古典作品の)総索引・古語辞典を批判しつつ」整理されたものである。そしてその一部は、昭和四三年一一月『月刊文法』の創刊号から四六年三月同誌の休刊に至るまで二六回にわたって連載されたものの由である。

「目次」によって構成を紹介すれば、Ⅰは第一章動詞、第二章形容詞、第三章形容動詞、第四章副詞、第五章連体詞(以上三五〇ページ)、Ⅱは語法的鑑賞編(以上二〇ページ)であり、Ⅰはそれぞれの項目の中で、それの名に属する語のうちの注意すべきものを拾い出して、説明を加えておられる。たとえば、「第一章動詞」の〔1〕はナ変活用をとりあげ、「死ぬ」「いぬ」の二語が四段活用と呼ばれない根拠は、「しぬる」「いぬる」、「しぬれ」「いぬれ」と活用する連体形、已然形がある

からだが、「手もとの高校文法教科書一〇冊」についてみても、「死ぬれ」の用例の掲げられたものは皆無で、山田孝雄博士の『平安朝文法史』にも「已然形の用例は発見せず」とあるほどに「死ぬれ」の用例はまれである、と著者は述べたあと、その「死ぬ」「いぬ」の連体・已然の用例を、ご自分の調査に従って、二段組一〇ページにわたって、作品別各活用形用例数表をも加えて、こまかにあげておられる。大変なご努力であったであろうし、こうした一目瞭然たる用例の列挙によって、労せずして功を利用させていただける現場の教授者であるわれわれは、深い感謝の心をささげないわけにはいかない。ただ、恐らく「月刊文法」に連載する際の紙幅の制約によるものであろうか、それらの多数の用例が、いわばなまのままで平等に列挙されているだけなので、一、二乃至は二、三の例を、いざ教授者が生徒に示して実証の用に供しようとするに当たっては、まずどれを取りあげるべきか、つまり、どの用例を取りあげれば信用度も確実であり、又それだけで必要且つ十分であるかというような判断は、すべて教授者(読者)の側に任されているのが、やや不親切であり、せっかくのご努力に対して惜しい感じがしないではない。これだけの用例を挙げてさえあれば、教授者(読者)たるもの、どれを採るべきかの判断力ぐらいは当然持っているはずだから敢えて省いたのだというなら、それまでではあるが、案外、現代の若い教授者(ことに大学で現代文学を専攻した学生の、「先生」になって古文を受けもっている人)は、そうした初歩的の知識に暗いこともあるようなのである。具体的にいえば、著者は連体形「死ぬる」の用例を時代順に一四あげておられるが、その第一は『万葉集』三四九の歌、

生者《いけるもの》つひにも死ぬるものにあれば今《こ》の世なる間は楽しくをあらなである。原文はあげていない。しかしこの原文は

生者遂毛死物尓有者今在間楽乎有名

である。現在、諸家こぞって「死物尓有者」を「死ぬるものにあれば」とよんでいるとはいえ「死物」は「死なむもの」とよめないわけではない。しかも『万葉集』全体の中で「死ぬる」とよんでよいとされる用例がこれ一つしかないということも考え合わせれば、やはり用例として実証の材料にするには、ためらわれよう。もとより材料とならないわけではないが、確実度の順位からはかなり低いことを教授者（読者）は諒解すべきであり、それが断りなしに果して諒解できるであろうか、私には若干の心もとなさが感じられないではない。このほか『万葉集』の用例は本書ではすべてよみ下し本文であげられているが、たとえば「いぬ」の連体形「いぬる」の用例は「盛可毛行流」（盛りかも去ぬる・一五九九）下二段動詞「知る」の連用形「知れ」の用例は「人尓令知管」（人に知れつつ・一四四六）、同じく已然形「知るれ」の用例は「人尓令知哉」（人に知るれや・五九一。しかも、この連用形「知れ」、已然形「知るれ」のそれぞれ一つずつの用例が万葉集中で下二段「知る」の用例の全部であり、又、連用形「知れ」已然形「知るれ」の用例は「二一作品」の中、他には全て見えないのである）、四段動詞「足る」の終止形「足る」の用例は漢詩「上巳風光足覧遊」（上巳の風光は覧遊するに足る・三九七二）に拠っていることなどは、教授者（読者）によくわからせておく親切心がほしいようである。山田博士が用例を発見しないといわれた「死ぬ」の已然形の例として上代から中世までの八例のほかに「二一作

品」以外からも『栄花物語』の一例、『今昔物語』の二例を採集して示してくださっているのは、ありがたい。ただ最初の挙例、

鯨魚取り海や死にする山や死にする死ぬれこそ海は潮干て山は枯れすれ（万葉三八五二）

の原文は「鯨魚取海哉死為流山哉死為流死許曾海者潮干而山者枯為礼」であり、万一には「死にすれこそ」とよまなかったともいえまいから、やはり教場で生徒に無条件で示すわけにはいかないであろう。又、『源氏物語』、『更級日記』あたりまでの中古の作品では『宇津保』に一例、『落窪』に一例しか見えないということは、『宇津保』、『落窪』のその伝本本文の吟味が必要かも知れないということなども注記しておいてくださった方がよいのではなかろうか。

そのほか、章節を追って二三拾えば、ラ変動詞に「いましかり」をあげておられるのは、『大鏡』の「なま不合にいましかりしを」の一例以外に用例皆無なのなら、本来存在の必然性乃至は可能性が推測されない限りは、疑わしい語であることとの注記が必要であろう。又「いますかり」と「いますがり」とを説明なしに分けてあることも一段の配慮がのぞましい。「うづむ」の下二段用例についての諸辞書の不備の指摘、「蹴る」の用例を任意の作例でのがれている若干の現行文法教科書へのきびしい不満表明（なお「蹴る」については、『梁塵秘抄』にみえる「くゑさせてん」などの用例についても付記した方がよかろう）などは、まことに痛烈である。なお著者は随所で、辞書ならびに文法書において「さる」（「さり〔さあり〕」の連体形）、「さるべき」、「さるを」、「さりとも」、「さらでだに」、「さこそ」といったような形の連語がその意味の判断のゆれから品詞についての認定がまちまちであ

り、検索にも生徒への説明にも不便であることを、それらの諸書での分類の現状をこまかに表示しつつ指摘しておられるが、まことにごもっともであり、特に各人各様の辞書を持つ生徒たちに、国語とはあいまいなもの、いいかげんなものとの、不必要な不信感をいだかせるもとでもあることを思えば、一般向の国語辞書編集者間では何とか協定することができないものか、と痛切に思う。これは学問の問題ではなく「教育効果」の上でのゆるがせにできない、現実の大きな問題であることを、著者は言外に強く指摘しておられるわけで、傾聴しなければなるまい。同様のことは、副詞と形容動詞連用形、連語と連体詞それぞれの判別の不統一などについても細述しておられる。

厳密な語索引として定評のある『竹取物語総索引』の「生く」、『土左日記総索引』の「満つ」の活用分類、『枕草子総索引』の「りやうりやうじ」の品詞分類についての誤の指摘は、世の中には千慮の一失があることによくよく注意しなければならぬことを教えて貴重である。上二段自動詞「ひづ」の項で「袖ひぢてむすびし水の」の「袖ひぢて」を「袖ガヌレルノモ忘レテ」と訳すべしとされるのは「生きた口訳」に努力される著者の平生の教壇でのお姿をしのばせて敬意を表したい。終止形「多し」は、『紫式部日記』の用例「徐福文成誑誕多し」は漢詩の訳語であるから除く(漢文訓読での例は中古でも若干見えるのである)とすると、中古では『宇津保蔵開上』「おほしや」、『蜻蛉日記』「……とぞおぼゆるよしおほし」の二例があるだけだということになるが、あるいはこの二例の本文には伝写の誤があるのではなかろうか。『宇津保』の本文にはこのあたり異同があるし、『蜻蛉日記』の本文は解し難い。疑いについての注記があった方がよいようである。ただし、中古

の仮名文には絶無という「多けれ」の一用例（「うちにほ、ゑませ給ふ時多けれど」）が、『宇津保蔵開上』にはあるのをしも、今直ちに誤伝本文とも言い切れないとすると、あるいは「多し」も、あるがままで提示しておいてよいのであろうか。

IIは量的にいってわずかのものであるが、『新古今集』の「とふ人も嵐吹きそふ秋は来て木の葉にうづむ宿の道しば」の「うづむ」は、他動詞だから「秋が宿の道しばを木の葉の下にうずめる」、芭蕉の「荒海や佐渡によこたふ天河」の「よこたふ」も他動詞だから「荒海が天の河を佐渡の島によこたえている」と解くべきだとの説で、用例でこまかに実証しようとしておられる、語法的に説得力の豊かな論文である。

以上、こまかいことを並べたてすぎたので、一見あらさがしに傾いたようでさえあって恐縮であるが、本書が現場の教授者としての読者に与える便益は、いうまでもなく絶大である。絶大であるからこそ、私は敢えてこまかいあらさがし風のことをさせていただいたのだというのが、むしろほんとうというべきであろうか。『月刊文法』に公にされたものに新しく相当加えての御出版と思うが、まだまだ著者のお手控えのノートには無限に近い材料がおさめられているのであろう。続篇・続々篇の公刊をつよく期待する。

なお誤植は、五ページ下一四行の五九九九（一五九九）、二二一ページ下二行の新湖（潮）、二四一ページ下一六行終止形（已然形）ぐらいしか目につかなかったほど、校正厳密で、感服した。（四九・八・三）

（昭和四九年一月刊　A５判三七一ページ　四八〇〇円　明治書院）

書評　久下裕利氏著『変容する物語――物語文学史への一視角』

「学苑」617
一九九一・3

本来物語られた物語が、成文化され定着したのちに、作者自身又は読者によって変化させられてゆく現象が、多かれ少なかれ現在知られている平安期のほとんどすべての物語について見られることは周知のことであるが、本書はそれら多数の物語の、その変容の実体と意義とについてくわしく掘り下げて追窮しておられる貴重な研究である。物語の変容だけにしぼって一書を成されたのは、恐らくこの著者久下氏をもって始めとするのではないかと思うが、著者がこの問題に思いをひそめられたのは、「あとがき」に「著者は異本や改作の問題を『狭衣物語』を中心に考察していて、このような検討が必要欠くべからざる作業としてあった」と述べておられることで、なるほどと納得させられた。ことほどさように、『狭衣物語』の変容の状況はすさまじい（ためしに岩波の『大系本』と朝日の『古典全書本』とを読み比べてみられたい）。その昔私などは、継子いじめ説話から成された『住吉物語』のようなものが、後の読者から自由に手を加えられ、加除されて幾通りもの異本を生ずるのは一往当然としても、『源氏物語』のような個人によって完成された作品は、容易に後人の手は加えられまい、従って『源氏物語』の河内本本文などは、ただ原作本の本文が古風で読みづらくなった頃有識の読者がその読みづらい所を読み易い表現に変えて通行させたもの、だから例えば、

英訳すれば青表紙本も河内本も別本も同じ英文になってしまう。従って『源氏物語』に続く源氏物語風の物語も、おおむねその程度の差を持つ異本しかないのだろうと想像していたのだったが、あに図らんや初めて『狭衣物語』に接した時はびっくりした。幾系統もある本が、全篇に亘って筋も人の出入りもすべて変わりないのだけれど、文章・表現におびただしいちがいがある。明らかに中世の初頃までの間に改作者がかなり気ままに手を入れたものと思われた。『源氏物語』はほぼ原作のままなのに源氏のミニアチュア版の『狭衣物語』はこんなに勝手気儘に手を入れられているのはどうしてか。それだけ『源氏物語』は手を入れる余地もない完璧の作品であるのに対して、狭衣は作品としての凡庸さが却って改作者たちを狎《な》れさせて気楽に手を入れさせ、それが当時の読者たちに歓迎されたのだろうか、などと考えたものの、その改作本文相互間の差の様相や意味するものについてなどは、ただ一読した程度の私には当然判断はできなかった。こうした『狭衣物語』の異本どもの表現の差を、著者は三谷栄一氏の、女房文学として成立したこの物語が、時代の下るに従ってその享受層が女房層以外にひろがっていったために、物語中の女房の心理描写を縮めたり省いたりしたのだとか、更にはこの物語の歌を「抜群」と認めて珍重した藤原定家あたりが積極的意図的に改変したかとする説などを、批判を加えつつ紹介して私の蒙《もう》を啓いて下さっている。これは第一章の「異本の発生」の一こまに過ぎないが、この章には『紫式部日記』に見える『源氏物語』の浄書本作成事情の記事から察せられる異本発生の様子とか、『住吉物語』の異本発生に関する石川徹氏以下諸家の説の紹介などが記されている。第二章には『源氏物語』の別巻「桜人」「狭席」「巣

守」や「かがやく日の宮」に関わる堀部正二氏以下諸家の説を紹介しつつ自説を展開するが、特に「巣守」についてはくわしい。寝覚・浜松の散佚の巻々については「享受の過程で故意的に欠落させられた巻とも考えられはしまいか」という新見を提出しておられる。直ちに賛成することにはためらいを覚えるが、それなりに研究に値する御意見と言うべきであろう。第三章は一つの物語が後に成立した物語の中に摂取されて蘇生再生しているといわれる物語の例として「交野」「隠蓑」「狛野」の物語についての論であるが、中野幸一氏や稲賀敬二氏をはじめとする近年の諸家の説を検討批判してくわしい。第四章は原作本文を点綴《てんてい》しつつ作り上げる略本を「梗概本」と規定して三条西家本『いはでしのぶ』をはじめとして『源氏物語』や『宇津保物語』(俊蔭巻)、『狭衣物語』などのそれを挙げ、更に人物名の下に略伝を注記することで大略物語の概要がわかるからとて『源氏物語古系図』をもこの範囲に収めている。次に梗概文から成る「梗概書」として『源氏宮鑑抄』『源氏大鏡』『源氏小鏡』の類に触れ、最後に中田剛直氏によってその存在が知らされた書陵部蔵の孤本、伝教秀筆の『狭衣物語』の「梗概本」の本文を、『大系本』や『蓮空本』(古典文庫)の本文五例によって比較して原作圧縮の方法を具体的に説明する。第五章は原作を素材にして新たな物語世界を創り出すことを目的とする「改作本」についての章である。『とりかへばや物語』についてはほぼ無名草子の評言を紹介しているだけだが、『住吉物語』については大斎院前の御集下巻と『異本能宣集』に見える資料をもとにして古本と現存本の内容の相違を諸家の論を引いて検討する。又原作本に対する改作本として著名な『中村本夜寝覚物語』について、その改作の様相と意図を要領よく

解説している。第六章は物語本文における矛盾の存在を特に作中人物の年齢矛盾にしぼって『竹取物語』の翁、『源氏物語』の六条御息所、光源氏、紫上、明石君、薫を取りあげ、それらは必ずしも作者の不用意の誤りではなく、それぞれそれなりの事情なり意味なりがあることを論述している。第七章は玉上琢弥氏の言う「女のため女が書いた女の世界の物語」は「姫君のために女房が書いた姫君の世界の物語」であるが、それが「女房のために女房が書いた女房の世界の物語」に変容してゆくのが王朝物語文学の歴史であり、その終焉であることを具体的に多くの物語について説明する。

以上が本書の内容の粗雑な紹介であるが、これだけでも王朝物語研究者必読の書であることは諒解して頂けたと思う。ただ何ぶんにも満八四歳に近い老耄の身、読みとり方には飛んでもない間違いがないとは限らない。著者と読者にあらかじめお詫びしておきたい。

(平成二年一〇月刊　B6判一七二ページ　定価一八五四円　新典社)

「あとがき」の前に

学者としての松尾先生――吉岡　曠

「学者としての松尾先生」というのが課題ですが、私にはこの課題に応えられるような文章を書く資格も能力も自信もありません。そのことは締切が迫った今日この頃、特に痛感しています。しかし、いったんお引受けした以上書かないわけにはいきませんので、泉下の松尾先生が、吉岡がまた一知半解なことをと苦笑していらっしゃるのを承知の上で、ひるむ心に鞭打ちながら筆を下すことにします。とにかく先生の御業績をひたすら、あたう限り忠実に、追尋する以外に手がありません。

私は松尾先生とは五十年にわたる師弟のおつきあいなのですが、先生がいつ、どういう因縁で国文学研究の志をお立てになったのか、ついうかがいもらしました。このことはまことに残念でもあり、迂闊なことだったと思います。と申しますのは、あまりにもお若いうちから、先生の国文学研究者としての御姿勢が確固としたものであり、その御学識がまことに豊富であり、すでに第一級の文献学者の風貌を備えて学界に登場しておられることに瞠目せざるをえないからです。

松尾先生は、浜松中納言物語を対象とする卒業論文を提出して、昭和六年三月に東京帝国大学国文科を卒業なさいました。『平安時代物語の研究』の「自序」その他によりますと、論文の対象に

浜松中納言物語をお選びになったのが昭和四年の秋、諸本（二十数本）の校合に取りかかられたのが同年冬、尾上八郎博士蔵五冊本にめぐり会って、四百年来散佚したと信じられてきた末巻を発見されたのが翌五年秋、論文提出同年十二月、です。この一年とちょっとの期間内に先生がどのような卒業論文をお書きになったのか、「浜松中納言物語末巻略考」（昭6・2・15成稿。「国語と国文学」昭6・4。『平安時代物語論考』所収）その他をもとにして再現してみましょう。

右の論文は三章から成りますが、第一章は末巻に言及するための「前書」として書かれたもので、題名について、作者について、欠巻である首巻及び他の四巻の梗概について、諸本の本文の分類について（二十二本をA～Fの六グループに分類）、がその内容です。第二章は尾上本五巻全体の解説で、はじめの四巻と新発見の末巻とはもと別箇の存在であり、はじめの四巻は六分類中のCグループに属すると結論づけておられます。第三章が末巻についての解説で、従来末巻の存在を傍証する資料として指摘されてきた無名草子の記事及び風葉集の和歌がすべて末巻中に見出されることをはじめとして、この末巻が後世の偽書ではありえないことをさまざまな角度から縷々として説いておられます。以上の本論文の内容はそのまま卒業論文の内容だったと推定されますが、二、三章の尾上本に関わる部分は、尾上本末巻の発見の時期からいっても、卒業論文の記述内容は本論文のそれとほぼ同規模のものであったろうと推定されます。しかし第一章の各項は、卒業論文の記述を思いきって簡略化した、そのレジュメといってよいものではなかったかと思われます。たとえば首巻の梗概は、「みつの浜松の物語」（「文芸文化」昭14、5・6・7・8。『平安時代物語の研究』所収）がそうであ

るように、復元のための資料を一々吟味し、推定の根拠を一々のべながら立論されていたでしょうし、諸本文の分類も、「浜松中納言物語伝本考」（「学習院大学文学部研究年報・第一輯」昭29・12。『平安時代物語論考』所収）がそうであるように、一々の本について書誌的な解説がほどこされていたことはいうまでもなく、分類の根拠も詳細に明示されていたことでしょう。それだけではありません。前記の「自序」によれば、夜半の寝覚の中間と末尾の欠巻の復元も卒業論文の内容にふくまれていたらしいのです。「菅原孝標女―その作品『夜半の寝覚』の形態について―」（岩波講座「日本文学」昭7・7。『平安時代物語の研究』所収）はその活字化と思われます。以上、この一年間の先生の猛烈な御精励ぶりとその大きな御成果は、私などには殆ど信じられないくらいです。

先生の卒業論文の復元に紙数を費し過ぎましたが、実をいうとまだのべたいことをのべ尽しておりません。右に触れた「伝本考」は「本文批判の方法の実例を示すための」という副題が語っているように、学生を念頭に置いて、浜松中納言物語での御自身の体験をもとにして、「本文批判の方法」を説かれたものです。先生は、この物語の諸本文間の異同箇所の中から三例を引いて、そのいずれの場合も、六グループ中のEグループの本文が私意による改竄ないしは傍注の混入であることを明快に説明されます。そしてその説明を通して、個々の異同箇所にのみ注目しているのでは本文批判上の何らかの断定には達しえないこと、EグループならEグループの全本文を他のグループ諸本の全本文と比較校合することによってはじめて断定が可能になること、すなわち、ある作品の現存諸伝本のすべて、しかも諸伝本の全本文を視野に入れて比較校合することが本文批判の鉄則であ

ることを説得力をもって主張されているのです。私が先に、先生の学問的姿勢がお若い時から確固としたものだったとのべたのはこのことを指しています。先生の卒業論文における浜松中納言物語の諸本校合がこの鉄則を前提としてなされていることは、「伝本考」の中で、卒業論文の場合は一年間という時間的制約から「遺憾ながら」この鉄則を遵守することができず、二十数本の伝本（おおむね四巻本）の各巻冒頭の五千字ずつ以内の調査にとどめざるをえなかったとのべておられることで明白でしょう。私は、先生のこの学問的姿勢の厳格さは、本文批判の分野のみならず他の分野においても、御一生を通して棒の如く貫かれたと思っています。

あとは駆け足でのべなければなりません。浜松の首巻や寝覚の中間・末尾の欠巻の復元を手がけられたことをきっかけとして、先生の御興味は散佚物語の形態復元へと向かい、戦時中の先生の研究時間のほとんどはそのお仕事に捧げられました。のちに『平安時代物語の研究』（昭30）としてまとめられましたが、四十六種の散佚物語の原姿のほぼ全貌なりあるいはその一端なりを現代に甦らせた御功績は不滅といってよいでしょう。古典語の語意・語法に通暁し、現存の作り物語を読みぬくことでその骨法を自家薬籠中のものになさっていた先生ならではのお仕事です。ところで先生は、「この種の研究は、仮説の上に立つことが運命」（「自序」）であり、仮説の提示に終ることが「運命」であることを百も承知の上で、そういう研究にまる四年間没頭なさったのです。それだけではなく、個々の資料から仮説（物語の全体像）を組み立て、その仮説から資料が再吟味されて各々そのところをうる、というのが先生の散佚物語研究の方法だったと思われます。このことは、一語

一語に密着する手堅い実証的な学者という先生についての定説（事実その通りなのですが）とは別の、もう一つの先生のお顔を見せてくれるように思われます。つまり、仮説を立てるということを、方法として取入れた数少い文献学者のお一人だったと申し上げてよいでしょう。あの『うつくし・おもしろし攷』（昭51）にしても、あの恐るべき精緻な用例の吟味は、「うつくし」の語意は〈かわいらしい〉で統一的に把握しうるはずだという仮説から出発しているのです。駆け足を更に速めなければなりません。散佚物語の御研究を海面下の氷山のように支えていた語意・語法についての御蘊蓄は、戦後、『国文法入門』（昭26。改定版・昭48）、『うつくし・おもしろし攷』、『語意の紛れ易い中古語攷・正続』（昭59・平3）という一連の御著書と、二十点以上に達するであろう注釈書群となってその全貌を現しました。前者のうち、東条操先生が「入門」ではなく「入道」だといわれた『国文法入門』は、生涯で学恩を蒙った本を一冊だけ挙げよといわれれば私はこれを挙げますし、晩年の三冊の御本も巨大な御学恩の塊だとしか申し上げようがありません。後者（注釈書）についても、正確で周到でかつ抑制の利いた注釈という点で先生の御注釈の右に出るものは少いと思われます。それにつけても『全釈源氏物語』（昭33〜45）が朝顔巻までで書店の事情で中絶になったことはさぞかしお心残りだったと思いますし、私どもにとっても惜しんで余りあることです。学者としての先生、教育者としての先生、人間としての先生がまさに三位一体、不可分であられた稀なる御人格を忍びつつ、甚だしく偏頗な叙述になったことをお詫び申し上げて、筆を擱きます。

「礫」一九九七年　12月―松尾聰先生追悼号

お別れの言葉――永井和子

松尾先生。いつもお元気でいらっしゃるのが当然と考えておりましたので、まだお別れを信ずる事が出来ず、茫然としております。ほぼ一年前の御発病後も、この一月まで着々とたゆまずお仕事をお進めになり、御研究を続けていらっしゃいました。今後も、その御成果は公になるものがあると存じます。今にして思えば、最高の医療のもとで、奥様始めお子様方・御家族の懸命な御看病と、先生の、体力の限界をも超えようとされた類まれな強靱な精神のお力によってなされた奇蹟であったと存じます。

先生は厳しい方で、正しいと信じたことは敢然とやり遂げよ、言うべきことははっきりと表現せよといつもお教えになり、御自身もそれを毅然として実行なさいました。一旦原則を決めた以上は、それに厳しく従って筋を通し、公平に対処する、ということを重んじておられました。それだけにその原則を決めるまでの徹底した鋭く厳密な御調査、全体を見渡す細やかな御配慮には、並々ならぬものがございました。このことは先生の偉大な御業績にも、言葉や言葉遣いに対する数々の御論文にも、又、学習院大学国文科や、代表をおつとめに

なった紫式部学会、創立に関わられた中古文学会などの組織に於いても厳しく貫かれた御姿勢であったと思います。

その厳しさの反面、先生は本当にお優しく折り目正しく、また生き生きとした才気に溢れていらっしゃいました。全力を傾けて勉強せよ、又絶対に一筋の道からはずれるな、という厳しさは、同時に自分らしく自在に伸びやかに生きよ、ということと同じお教えでございました。バッハのマタイ受難曲に始まる音楽への御傾倒が象徴しておりますように、美しく清らかなもの、純粋なものに細やかな心を寄せられ、人の世の悲しみを知り尽くしておられました。ぴりりと辛いユウモラスなお言葉や、きびきびとした軽やかなお身のこなしも、御年齢を超えていらっしゃいましたし、芸術作品の如き流麗優美な御筆跡は、お手紙によって多くの方が御存じのことと存じます。

私事でございますが、私は御縁がございまして、学習院の大学院でお教えを受け、常磐井和子さんに続いて筑摩書房の『全釈源氏物語』のお手伝いをさせていただいた頃に始まり、現在小学館の『新編日本古典文学全集　枕草子』の仕事を御一緒に進めております。その四十年程の間、筆舌に尽くせぬほどのお世話になり、それにすっかり甘えておりました。

もはやお動きになる力も失われて、おやすみになり上をお向きになったまま、したためて下さった昨年十二月二七日のお手紙にこのようにございます。「めずらしい紺碧の空がつづく冬空のなかを、陽のうき沈みにわずかに冷たい風が動いてゆくさまを、しずかに窓辺から

ながめながら、どうやらわたくしも八十九年四ヶ月あまりの馬齢を加えられそうな希望がもてそうになっています」。一月十日の最後になりましたお手紙は「澄み切った空、これでは当分生きていたいなあ、と思うのも、未練だけではなく動物の本能かも、と苦笑しています。お大事に、おしあわせで。だんだん字が小さくなるのはびんぼー症です。アナオソロシヤ」と結ばれております。

目立つこと大袈裟なことがお嫌いで、謙虚に簡素な生活を静かにお続けになり、御家族、特に奥様・御子様に対しては溢れるほどの御愛情を先生一流の方法で表現しておいでになりました。そのお慈しみを、私共の一人一人にも及ぼして下さったことを強く感じております。生まれながらの品格と明敏な御頭脳・御才能を豊かにお持ちになり、なお御自分の信条に添いつつ志を高く保って節を曲げず、最後の最後まで毅然として生き抜かれ、学究として書き抜かれた先生。その御資質をお子様方はそれぞれにしっかりと受け継いでいらっしゃいます。

先生は、お手紙にありましたように、澄み切った静かな空の中にいつまでも生きておいでになることを心から信じております。

（告別式弔辞）

平成九年二月八日

あとがき

吉岡　曠

松尾先生の御遺稿集三冊は、ひとえに、奥さま八洲子様の先生に対する尽きることのないご追慕の念と、松尾光君の比類ないご孝心とによって成ったものです。

光君は先生の御逝去後、御書斎をあさりつくして、御生前に御著書に収められなかった、さまざまなジャンルの御文章の目録を作製し、(第Ⅲ巻末「著述目録」参照)、その中のしかるべきものの出版を笠間書院にご依頼されました。その時点から、永井和子氏と私が相談にあずかりましたが、私どもは、光君のできうべくんば全御遺稿を収めたいというご希望を重々察しながら、その全てを収載することは困難であることをご理解くださるようお願いしました。最終的には光君も納得してくれましたが、彼の孝心の足を多少ともひっぱることになったことを申し訳なく思っております。

この遺稿集全三冊に載っております御文章は、先生の主たる御業績からしますと、もとより片々たるものなのですが、その片々のひとひらひとひらに先生が全力を傾注しておられること、そして、内容の重味からすると、片々どころかまことに含蓄に富んだ、海面下の氷山の大きさを思わせる、珠玉のごとき御文章であることに改めて感じ入っております。先生はもろもろの作品の本文を

こよなく大切になさる方でしたが、先生御自身の御文章・御表現もこよなく大切になさる方であることに改めて感じ入りました。

いつか奥さまからうかがったのですが、「あなたはよくまあさっさと、一晩に何通も手紙が書けるのねえ」とおっしゃったところ、先生は、相手に対する誠意があって、自分の気持のままに書けば、いくらでも書けるとお答えになったそうです。なるほど、文章の極意はここにあると、私は思いました。

先生が亡くなって間もなく満四年になりますが、先生への思いは年々に深まるばかりです。先生の蓮の上の御温顔をしのびながら、あとがきにもならないあとがきの筆を擱きます。

この「あとがき」を書き終ったあと、平成十二年十月二十四日に、八洲子奥さまがお亡くなりになりました。前夜までまったくお元気で、たまたま泊り合わせていた光君も何にも気がつかないうちに、眠るように息をお引取りになっていたそうです。

先生のお宅にうかがってインターフォンを押し、吉岡ですと申し上げると、必ずといってよいほど先生ご自身が玄関を開けてくださり、応接間に案内してくださり、冬ならばストーブをつけてくださいます。しばらくして奥さまがお茶とお菓子をお盆にのせてご登場になり、やおらお話が始まるのですが、奥さまのお話が始まると、先生はやんぬるかなというご表情で、瞑目して、腕を組んでおしまいになります。しかし、この奥さまの長話が、まことに臨場感があり、ユーモアがあり、

機知に富んだお話で、私などはうかがう前からたのしみにしておりました。

お口では何とかかんとかおっしゃりながら、奥さまは心底先生を愛していらっしゃいました。そのことは「礫《れき》」の松尾先生追悼号の奥さまのご文章や、御遺稿集Ⅲの「あとがきにかへて」に如実にあらわれていると思います。

お二人は、しばらくのお別れの後、今度こそ永遠のきずなでお結ばれになったのです。合掌。


（平成一三年一月一〇日）

あとがき

永井和子

『松尾聰遺稿集』全三巻（Ⅰ・Ⅱ・Ⅲ）は令夫人松尾八洲子様と令息松尾光氏の御志によって成った。お二人の先生に対する御思いはⅢ・Ⅱの「あとがき」について見られたい。笠間書院の池田社長と橋本孝氏はその御志を受け心をこめて編集の労をとられた。吉岡曠氏と永井は原稿の選択・整理に些かのお手伝いをした。闊達無碍かつ堂々たる文章をもって先生への思慕を語られた八洲子様が、遺稿集全巻刊行を目前に昨秋先生のあとを追われたことはまさに痛恨の極みである。

松尾聰先生は明治四十年（一九〇七）九月二十八日東京にお生まれになり、学習院大学を中心に長く教鞭をとられ、平成九年（一九九七）二月五日に世をお去りになった。古典の核心を極めたその御研究は二十世紀という時代にほぼ重なり、日本において「国文学」そのものを創り育て、独自の足跡をお遺しになった巨人のお一人である。

単行本としては纏められていない御論文その他の精髄をここに集成して、先生の存在の凄みを多くの方々に伝えたいというのが吉岡氏と永井の願いである。残念ながら収録できなかった大多数のものや膨大な御業績の全貌は、俊敏な歴史学者である光氏によって作られたⅢ巻末の一覧を参照さ

れたい。大まかに言えば、Ⅰには明快な論理をもって対象を厳密に追求される断固たる意志を、Ⅱには学問の場に立ちつつも他者に対して類稀な心遣いを示される誠実さとやさしさを、Ⅲには「ことば」に託された悠然たる自在さを、といった纏まりがある。Ⅰ・Ⅱ・Ⅲ全体からは、鍛え抜かれた厳しい学者の姿とともに、諧謔性や反骨精神をも秘めた、温かく生き生きとした人間としての先生の姿が見えてくるだろう。

僭越ながら先生の御足跡の一端を私なりにたどってみる。お若い学生時代の浜松中納言物語末巻発見は国文学研究史の上からも眩しいほどの画期的な出来事であったが、その前後の御研究は実に質の高い鮮烈なものであった。可能な限り写本を集め一字一字読み解くという基礎作業はもとより、徹底的に平安時代の用例を収集した上で解釈を施し、そこから本文研究の方法論を創出された。ここに文法・語法・解釈に通暁された古典研究者としての先生の御出発があったものと思われる。浜松中納言物語研究は、一方で透徹した解析と部分から全体を見通す鋭い直感とを基盤とした名著『平安時代物語の研究―散逸物語四十六篇の形態復原に関する試論―』の成果を生み、一方で本文解釈の視点から『古文解釈のための国文法入門』をはじめとする明快な文法書として結実した。『古文解釈のための国文法入門』は「花咲かむ」「花咲くらむ」「花咲きなむ」「花咲かなむ」に始まる三十三通りの「花咲く」状況が区別できなければ「序説」の部分すら通過できないのである。こうした平安人なみの語学力を駆使して多くの注釈書や論文を書かれたが、一字一字本文を読み解くこ

とから始まる厳しい姿勢はどんな教科書、参考書においても変らない。無数の写本の墨の匂いが先生に滲み込んで、すでに先生と一体となっている、という思いを度々抱いた。多くの写本から一つを選び、他本を混在させずにその一つの本文をなし得るかぎり「ありのままに立ち上げる」、ということは並大抵のことではない。それは古典に対する豊富な知識と、気の遠くなるような時間と情熱と、山のような注記と、多くの苦悩と、潔い決断力を伴う。先生の目指されたこの方向性は、本文を定める場合、現在においても一般に指標の一つとなっている。

やがてこれらの集大成としての『全釈源氏物語』の偉業が完成するはずであったが、これが諸般の事情により中絶したのちは、源氏物語その他の注釈作業の途次に溜まりに溜まった様々な時点における内容的な問題や語義への疑問点を、用例を博捜して解明することに専念された。本文を見据えなければ疑問点の指摘そのものが不可能である。時間的にも空間的にも限られた場である注釈書には、先生の苛立ちと、疑点の解明への萌芽的記述が至るところに散りばめられている。先生の語義に対する結論の一つは、平安時代の言葉はその限りにおいて〈一語一義〉であるはずである、という点であり、それは先生のいわゆる現代語訳においても助詞・助動詞に至るまで厳密に貫かれている。

こうした先生の御研究の流れを前提とした上でI所収のものについてあらましを述べよう。「中古語『ふびんなり』の語意」は、〈一語一義〉という信念に基づき、語義の時代的変化をも視野に

入れつつ用例すべてに解釈を施して検証する、という精緻稠密を極めた鬼気迫るほどの論である。こうした集中力を要する息の長い徹底的な追求は先生の「お気に入り」であって、腰を据えて実に楽しげに格闘しておられた。徹底的に一つ一つを検証するという姿勢はⅡの「『源氏物語』—不幸な女性たち」にも通底する。語意を中心とする点では既刊の『源氏物語を中心としたうつくし・おもしろし攷』『源氏物語を中心とした語意の紛れ易い中古語攷』『平安時代物語論考』『源氏物語を中心とした語意の紛れ易い中古語攷　続篇』に続くものである。「語意・語義」は語義の不変と変化に触れてある点で「ふびんなり」論の解説となり得よう。「諸本解説・諸本との出会い」は文献学者としての厳密な姿勢を集約したものである。「研究余滴」の国文学の世界に風穴を開けるが如き独創的な具体的提案はユーモラスでさえある。「書評」は厳正公平な一面、思いやりに満ちあたたかみに溢れる。これはⅡ所収の諸篇にも窺われるが、恐ろしいほど対象を克明に読みに読み抜かれた上でのことであった。

言葉の達人としての洒脱な面は最晩年に書かれたⅢにおいて特に顕著であって、厳正な学者魂を時には逸脱される妙味は切実で胸を打つ。中でも病床で書かれた93「故老たちの夢物語」の不可思議な世界は、由良琢郎氏主宰の歌誌「礫」収載の時から注目を集めた。

先生の論述は、時に、括弧の中の括弧の中の括弧の中の括弧、（「『「—」』」）といった複雑な構造を持つ。これは先生の明晰にして強靱な思考力に支えられた精神構造でもあって、並々ではついて

行くことが難しい場合がある。しかし先生は本質的には、眼に見えぬ世界を凝視する詩人でいらっしゃる、と私は思う。先生は、言葉・語義、本文・解釈を通じて、古典そのもの、世界そのものの存在と激しく対峙し真剣に格闘された。己れを枉げることなく、不屈の魂をもって御生涯の果てまで、考える・書くという学者としての姿勢を崩さず、最後にはふっと抜け出て、澄んだ自在な境を極められた。この遺稿集から、先生の言葉に溢れる気迫とエネルギーをそのまま感じ取っていただきたいと切に願うのである。

（平成十三年一月）

松尾聰遺稿集 I　中古語「ふびんなり」の語意

2001年3月31日　初版第1刷発行

著者　松尾　聰

編者　松尾　光
吉岡　曠
永井和子

装幀　右澤康之

発行者　池田つや子

発行所　有限会社 **笠間書院**

東京都千代田区猿楽町2-2-5［〒101-0064］

NDC分類：812　電話 03-3295-1331　Fax 03-3294-0996

ISBN4-305-70204-5　ばんり社/モリモト印刷/牧製本

（本文用紙・中性紙使用）

出版目録は上記住所までご請求下さい。

email：kasama@shohyo.co.jp

松尾聰遺稿集　全３巻

松尾聰遺稿集 I　中古語「ふびんなり」の語意　336ページ　本体3800円

松尾聰遺稿集 II　『源氏物語』――不幸な女性たち　312ページ　本体2800円

松尾聰遺稿集 III　日本語遊覧［語義百題］　352ページ　本体2800円

［全３巻　完結］

4/6判上製函入　笠間書院

分売可